本书为安徽省哲学社会科学规划项目
"安徽省高水平大学建设成效评价与
动态调整机制研究"（项目批准号：
AHSKYY2023D012）的研究成果

远景与近为：

长三角区域高等教育一体化发展研究

吴颖 著

The Long-term Vision and Short-term Behaviors:

Research on the Development of Regional Integration for Higher Education in the Yangtze River Delta

武汉大学出版社

图书在版编目(CIP)数据

远景与近为:长三角区域高等教育一体化发展研究/吴颖著.—武汉:武汉大学出版社,2024.9

ISBN 978-7-307-24397-2

Ⅰ.远… Ⅱ.吴… Ⅲ.长江三角洲—高等教育——一体化—发展—研究 Ⅳ.G649.21

中国国家版本馆 CIP 数据核字(2024)第 100654 号

责任编辑:聂勇军   责任校对:鄢春梅   版式设计:马 佳

出版发行:**武汉大学出版社** (430072 武昌 珞珈山)
        (电子邮箱:cbs22@ whu.edu.cn 网址:www.wdp.com.cn)
印刷:武汉中科兴业印务有限公司
开本:720×1000 1/16 印张:22 字数:323 千字 插页:2
版次:2024 年 9 月第 1 版   2024 年 9 月第 1 次印刷
ISBN 978-7-307-24397-2   定价:88.00 元

前　言

一、为什么写

若要从最初的想法谈起，之所以选择"长三角区域高等教育一体化发展"这样一个研究主题，说实话一部分是与我自身的生活和求学轨迹有着密不可分的关系。

我生在安徽一个农村家庭，打记事起，我就知道我们村里除了上了年纪的老人和迫不得已被留在家里上学的小孩以外，许多大人都到"大城市"（在我记忆里听到最多的要数上海、无锡、苏州、杭州、宁波等地）打工去了，包括我的爸妈在内。作为第一代农民工，他们从未接受过良好的教育，却一直都在做着与教育有关的事情——用尽全力供养我和弟弟长大、读书。他们起初是把我们带在身边的，但户口、学籍的紧约束终究让我们不能追随父母，而是留守在老家爷爷身边上学读书。幸运的是，我们的童年从不缺少爱。爸妈在外打工期间竭尽所能满足我们的一切要求，爷爷一人更是揽下家里所有粗重的农活和琐碎的家务，一心只希望我们能安心上学。印象中至亲都希望我们能到爸妈所在的地方读书上大学，哪怕是近一点的地方，慢慢这也就变成了我们自己的梦想。而它也似乎一直很坚定，以至于我和弟弟多年后分别考取苏州大学、上海交通大学时都还反复回忆着最初的梦想。久而久之，"安徽—上海—江苏"成为我来去最频繁的路线，我甚至对它有一种心理和情感上的认同与期盼，即希望它们之间的距离能再近一点。

　　我不知道我是从什么时候真正知道"长三角"这个概念的，或许是在某节公选课上看到了"长江三角洲地区"的标题才晓得这个词。后来读博期间，在导师赠予我的一部他的专著《苏南高等教育与地区经济互动关系研究》中再次看到"长三角"的字眼，让我觉得很是亲切。于是我检索阅读了大量关于长三角地区经济社会发展的文献，但所谓阅读，说实话其实只是浏览，并没有认真地读，更多地是从已有研究中获得对自己选题"有用"的信息。因为我读的专业是高等教育学，所以自然把目光聚焦在长三角地区高等教育上了。自此，这些信息的涓涓细流，慢慢地汇成一种想法（或者说是疑问），就是与长三角地区金融、贸易、交通、旅游、物流等领域相比较，教育特别是高等教育领域的"去边界化"改革思路是不是也有可能呢！这些疑问，开启了我博士论文选题的探索之路。恰逢当时在剪报做笔记时，无意翻阅到习近平总书记在2018年首届中国国际进口博览会上宣布将长三角一体化发展上升为国家战略的一则新闻报道，这直接促使我思考在长三角一体化发展上升为国家战略的大背景下，高等教育的区域化发展问题难道就不值得我们（高等教育研究者）关心和思考吗？

　　当然，真正让我决定就此一探究竟，亦是受我的导师崔玉平教授的启发和鼓励。崔教授早些年围绕这个主题发表过几篇颇有学术影响力的文章，其中相当一部分篇幅是对长三角区域高等教育一体化的理论探讨。我在反复阅读后进一步查阅了国内外有关区域高等教育一体化的研究文献，印象最深刻的是对欧洲高等教育一体化（也称"博洛尼亚进程"）的讨论，可以说半个多世纪以来，欧洲高等教育一体化一直被视为世界范围内高等教育区域整合发展的经典案例，况且还是在横亘着国家主权、民族、文化、宗教等重重关隘的极端复杂情况下。那么，我们何尝不可？当我说出这些想法向崔老师请教时，他甚至直言："想法很好，而据我所知，中国目前还没有一本系统研究国内主要功能区高等教育一体化发展的著作……"我理解老师既想鼓励我又不免担心我难以驾驭这个选题，毕竟，就此作为个人的博士论文确实不是一件容易之事。可我还是希望结合自己对"长三角"的情感认同以及致力于高等教育研究所获得的有限知识，开始我的探索。自此，写作总会在坚持己见与推倒重来之间循环往复。不过，非常庆幸的是我得到了诸多长者、朋辈或大或小的指点和无私帮助，特别是王善迈、龚放、周川、张应强、钱冬明、胡建华、王洪才、沈红、杜育红、卢晓中、李宜江、张宝歌、张珏、王一涛、袁晶等多位老师，我永远真诚地感谢他们！

继续做这个选题的另外一个机缘是，很荣幸，我和导师合作撰写的一篇文章《长三角区域高等教育一体化的演进历程与动力机制》得以在《高等教育研究》2020 年第 1 期见刊，并有幸在当期封面予以推介。

文章刊发后，受到了不少学界同仁的关注，部分学者甚至主动联系本人并进行交流。有学者鼓励我说，这是个很有前途的选题，好好做下去，会更好的。也有学者认为区域高等教育一体化的概念本身值得商榷，在中国情境下的高等教育区域化发展是否必然走向一体化应当得到详细讨论。对此，我在写作时力争从文献、理论、政策、现实等方面进行比较全面(不太成熟的尝试，仍比较粗浅)的分析，避免先验主义的偏颇。还有学者认为长三角区域高等教育一体化发展愿景美好，在理论上是必然，在趋势上是热点，但在改革与发展实践中却"雷声大、雨点小"。对此，我在初稿中拦腰砍去了近 6 万字的内容，增加了对改革与发展实践利益相关主体所思所想的调研分析。诚然，还有类似的许许多多肯定的、否定的意见，这里没能一一列出和回应，而是尽可能将它们消化吸收，并体现在我整个写作、修改过程中。这些都确实给了我极大的鼓舞(压力不可避免)，也鞭策着我继续探索长三角区域高等教育一体化的"远景"与"近为"。文章发表了，心里的句号却始终没有画上，内心深处总有个声音在回响，就是希望这个研究"热点"和"潮流"背后的学术生命能够生根发芽。也正是这个声音的不断回响，由此才赋予了这本书稿今天所有的可能，而它又是在我的博士论文基础上形成的。但愿本书的出版能够激发学界同仁乃至有关管理部门更多的兴趣和关注！

二、写了什么

在国家实施重大区域发展战略的新时代背景下，建设高等教育强区域是高等教育强国的重要组成部分，特别是在我国高等教育进入了普及化发展阶段之后，积极探索区域高等教育改革发展的新模式，逐步形成高等教育更好地支撑国家战略、服务经济社会发展和实现自身高质量发展的区域新格局，是一项重大而紧迫的任务。长江三角洲地区作为我国重要的"极化增长区域"，在国家现代化建设大局和全方位开放格局中处于举足轻重的战略地位。当前，在长三角区域一体化进程中，区域高等教育一体化发展研究也掀起了一股新热潮，此项研究将融入、支撑和推动经济社会一体化发展，是一项极具理论价值和现实意义的课题。

本书采用文献分析法、访谈法、问卷法和统计分析法等研究方法，对长三角区域高等教育一体化发展的理论基础、政策依据、实践历程、动力机制、实践困境及推进策略等问题展开分析，力图从全面、立体的视角对"一体化"之远景与近为进行探讨。全书由前言和四个部分构成，共八章。

第一部分"背景"即第一章。在这一章的开篇介绍了选题背景并提出问题，进而呈现研究目标、研究的理论价值和现实意义、框架及内容、研究方法等，总体起到谋篇布局的作用。

第二部分"远景"（第二章到第五章），为全书体系的一个核心。第二章为概念界定与文献述评，先是重点以区域一体化概念为逻辑起点，对长三角区域高等教育一体化发展做出了定义；再是对国际和我国京津冀、粤港澳大湾区、成渝地区双城经济圈以及长三角有关区域高等教育一体化发展的研究文献做出系统性回顾和评析。第三、四章探讨的是长三角区域高等教育一体化发展的理论基础、政策依据和现实基础，由此为"一体化"远景及其构建提供较为完整的理论认识，也为接下来的调研分析奠定基础。随后，第五章开展了覆盖长三角一市三省范围的实地调研，并着重依据访谈和问卷调查收集的第一手资料来分析当前高等教育改革决策者与相关实践主体对"一体化"的不同看法及其原因，试图从实践与理论相统一的角度"验证"抑或"丰富"前面的理性探讨。

第三部分"近为"（第六章和第七章），为全书体系的另一个核心。面向"一体化"远景目标，第六章先是从整体层面探索了长三角区域高等教育一体化发展的推进策略。第七章则进一步探索构建了一套包含"规划与统筹、联动与协同、协调与平衡、开放与共享"4 个一级指标、9 个二级指标和 28 个三级指标的长三角区域高等教育一体化水平评价指标体系，其目的是推进一体化进程，也是落实"以评促发展"策略的一种初步尝试。

第四部分"结论与展望"即第八章。这一部分主要是对前面章节的总结与概括，以便对本书稿著述目的和当前推进区域高等教育一体化发展问题作进一步的明确，并就研究本身进行反思，指出其中存在的一些问题和不足之处，展望后续研究的可能方向。

在从最初的博士论文写作到改编为书稿并不断修修补补的过程中，我得到了很多人和单位的帮助。除了前面提到的多位老师、同仁以外，我需要感谢的人实在太多。5 位匿名评审专家和参加我博士论文答辩的曹永国、周川、江波、尹艳秋、黄启兵、金国诸位老师对我的这项研究进行了细心审阅，提出了许多建设性的意见；那些参与过项目调研的人，以及帮助我与他们建立联系的人都为我的写作提供了宝贵的第一手资料和数据；我现在的工作单位安徽师范大学教育科学学院给予本书的出版以鼓励和经费资助；武汉大学出版社的聂勇军先生，以及选题委员会和其他编辑在本书的编辑出版过程中给予了高见和帮助；我的家人在本书的写作过程中也给予了无私的支持和体谅。在此，我一并对他们致以真挚的敬意和谢意！

最后需要指出的是，据不完全检索，本书虽然是国内目前专门研究长三角区域高等教育一体化发展问题的第一本学术专著，但总体来说基本上还是属于非常浅显的描述与探讨工作。就本书目前所涉猎的问题和范围而言，由于内涵的复杂性与外延的广泛性，更因作者个人学术功力和精力所限，对有些问题尚难以驾驭，难免会出现这样或那样的肤浅、疏漏乃至错误之处。所以，我诚恳地期待学术界同行以及读者朋友的批评意见与评论。愿本书的出版能够激发更多的人继续研究这一问题的热情和兴趣，为真正推进体现中国特色的区域高等教育一体化发展理论与实践问题的研究贡献力量。

吴　颖

2021 年 9 月完稿于苏州，苏州大学独墅湖校区

2024 年 3 月修订于芜湖，安徽师范大学赭山校区

目　　录

第一章 绪 论

建设高等教育强国，首先要建设高等教育强区域，特别是在我国高等教育已经进入普及化发展阶段的今天，在实施长三角区域一体化发展、京津冀协同发展、粤港澳大湾区建设、长江经济带发展和"一带一路"建设等国家重大区域发展战略的新时代背景下，无论是从国家战略布局要求还是高等教育自身发展需要来看，积极探索区域高等教育改革与发展的新模式，逐步形成高等教育更好地支撑国家重大战略、服务区域经济社会发展和实现自身更高质量发展的新格局，都是一项重大而紧迫的任务。

2019 年 2 月，中共中央、国务院办公厅印发的《加快推进教育现代化实施方案(2018—2022 年)》明确提出，应探索新时代区域教育改革发展的新模式，构建长三角教育协作发展新格局，进一步加大区域内教育资源相互开放的力度，实现资源优势互补和有序流动。[①] 可见，对于经济地位位居前列和高等教育区域化发展基础较好的长三角地区而言，如何率先探索立足区域、引领全国、面向世界的区域高等教育改革发展新模式，是一个极具理论价值和现实意义的课题。

第一节 研究背景

一、立足服务长三角区域一体化发展国家战略

当今世界正处于新一轮大发展、大变革、大调整的关键时期。伴随着国际

---

① 新华社.中共中央办公厅、国务院办公厅印发《加快推进教育现代化实施方案(2018—2022 年)》[EB/OL].(2019-02-23)[2019-11-03].http://www.gov.cn/xinwen/2019-02/23/content_5367988.htm.

政治经济格局的深刻变化和中国特色社会主义进入新阶段，我们亟须从宽领域、多维度来认识、适应和引领经济社会转型发展新常态。

在新形势下，以长三角、京津冀、粤港澳大湾区、海南自贸区、长江经济带、黄河流域、成渝地区双城经济圈等为重点的区域发展战略，将极大地影响我国现代化建设进程，① 特别是长三角经过改革开放 40 余年的发展，已成为最重要的经济区域和对外开放前沿，是我国经济极具活力、开放程度极高、创新能力极强的区域之一，也是我国区域一体化发展起步最早、基础最好、程度最高的地区。② 2018 年 11 月，习近平总书记在首届中国国际进口博览会开幕式上宣布，支持长三角区域一体化发展并将其上升为国家战略，推进更高起点的深化改革和更高层次的对外开放。以 2019 年 12 月中共中央、国务院印发的《长江三角洲区域一体化发展规划纲要》为重要政策节点，一体化发展相关工作随即进入了全面落实的新阶段。2020 年 8 月，习近平总书记主持召开扎实推进长三角一体化发展座谈会并发表重要讲话："必须深刻认识长三角区域在国家经济社会发展中的地位和作用……实施长三角一体化发展战略要紧扣一体化和高质量两个关键词，以一体化的思路和举措打破行政壁垒……凝聚更强大的合力，促进高质量发展。"③可以说，推进长三角区域一体化发展是党和国家在面临世界百年未有之大变局、中国经济发展进入新常态以及区域经济发展变缓等重大背景下，着眼于引领全国高质量发展、完善我国改革开放空间布局、推进我国社会主义现代化建设、增强我国国际竞争力而做出的重大战略决策，这对我国面向现代化、面向未来、面向全球发展都具有重大的战略意义。

---

① 魏后凯，年猛，李玢."十四五"时期中国区域发展战略与政策[J].中国工业经济，2020(5)：5-22.
② 上海市人民政府发展研究中心.长三角更高质量一体化发展路径研究[M].上海：格致出版社，上海人民出版社，2020：1.
③ 习近平主持召开扎实推进长三角一体化发展座谈会并发表重要讲话[EB/OL].（2020-08-22）[2020-09-22].http：//www.xinhuanet.com/politics/leaders/2020-08/22/c_1126399990.htm.

　　谋划、部署和实施长三角区域一体化发展国家战略，必然意味着该地区高等教育与其经济社会发展间的关系进入新的调适期。实际上，早在19世纪60年代初美国颁布实施《莫雷尔法案》，掀起一场旨在促进区域经济发展的"赠地学院"运动，就已经确立了现代大学或者说高等教育服务社会和政治的存在价值。正如克拉克·克尔（C. Kerr）在《大学的功用》一书中所言："现代美国多元化巨型大学为什么能够存在？历史可以给我们一个答案，而与周围社会环境的一致就是另一个答案。"①尔后，德里克·博克（D. C. Bok）在《走出象牙塔——现代大学的社会责任》一书中指出："大学只有努力运用其资源对社会需求做出合理的反应，那才是公平的。"②现代高等教育的存在及其发展始终密切根植于社会需求和时势变迁之中，并且不断对新环境、新需求做出适应性调整。在此意义之下，为了积极应对和服务长三角区域一体化发展战略的实施，长三角高等教育迫切需要进行有引领意义和有胆识、有实效的重大教育改革，形成与国家战略布局相适应、相匹配的长三角高等教育区域发展的新格局。

　　2020年9月，习近平总书记在全国教育文化卫生体育领域专家代表座谈会上特别指出："要立足服务国家区域发展战略，优化区域教育资源配置，加快形成点线面结合、东中西呼应的教育发展空间格局，提升教育服务区域发展战略水平。"③由此可见，高等教育作为教育体系中的最高层次，更要承担好此方面的重任。言下之意，长三角地区的高等教育发展必然要服务于区域一体化发展战略。

　　在这一国家战略背景下，对于教育领域，特别是高等教育领域而言，是否要加入"一体化"大论坛中？是否如全国人大代表、苏州大学校长熊思东所言：

---

　　①　［美］克拉克·克尔. 大学的功用［M］. 陈学飞，等，译. 南昌：江西教育出版社，1993：29.

　　②　［美］德里克·博克. 走出象牙塔——现代大学的社会责任［M］. 徐小洲，陈军，译. 杭州：浙江教育出版社，2001：341.

　　③　习近平. 在教育文化卫生体育领域专家代表座谈会上的讲话［EB/OL］.（2020-09-22）［2020-09-22］. http：//www. gov. cn/xinwen/2020-09/22/content_5546157. htm.

"在长三角地区一体化建设和推进过程中，高等教育一体化可成为其一体化建设的突破口。"①又能否得以顺利进行？以及如何推进？对此开展系统性的研究，并提出有效的对策建议，显得十分紧迫和重要。

二、国际区域高等教育一体化发展的趋势凸显

历史已经证明，哪个国家以相对强盛的高等教育作为后盾，哪个国家就会在较短时间内成为世界强国。对区域来说，亦是同样的道理，尤其高等教育集聚的区域，其是国家参与全球化竞争的重要单元，也是国家竞争力的关键组成部分和显著标志。② 特别是随着经济全球化的加速推进，区域一体化发展已经逐渐成为现代世界经济发展的主导趋势，并且愈加呈现出广覆盖、高标准的重要特点。③ 在这种背景下，国际实践经验似乎表明，有着相对独立目标（提升区域高等教育整体竞争力和影响力）的区域高等教育一体化发展能够以其独特的方式推进区域整体全方位一体化进程。

20世纪六七十年代以来，伴随全球性区域政治和经济一体化进程的持续推进，为了应对日趋激烈的竞争和危机，以谋求更好生存并取得某种优势，已有越来越多的国家和地区意识到进行高等教育区域一体化改革的必要性，因此愈加重视通过加强高等教育的区域性合作、联合或融合来发挥其引擎作用。例如，国际上出现两类比较有代表性的区域高等教育一体化改革实践案例，一类是基于不同国家或地区的高等教育区域一体化发展案例，这类当中比较有代表性的有：以"博洛尼亚进程"（Bologna Process）为推动力进行的欧洲高等教育一体化改革、以联合国教科文组织成立"拉丁美洲及加勒比国际高等教育研究

① 熊思东. 长三角地区一体化，高教一体化要先行[EB/OL]. (2020-03-16)[2020-09-22]. http://www.jsrd.gov.cn/dbgz/dbyd_yzjy/202003/t20200316_521579.shtml.

② 吴岩，等. 高等教育强国梦——中国高等教育区域发展新论[M]. 北京：高等教育出版社，2013：73.

③ 全毅. 全球区域经济一体化发展趋势及中国的对策[J]. 经济学家，2015(1)：94-104.

所"为平台开展的拉美高等教育一体化建设、以"非洲高等教育一体化战略"为总布局推进的非盟和次区域高等教育一体化发展以及以创建"东南亚高等教育国家空间联合会"为目标导向的东盟高等教育一体化改革等。另一类是基于同一个主权国家内部某些地区的高等教育一体化发展案例，这以美国州际高等教育委员会的协作运行最具有代表性。

其中特别值得关注的是，博洛尼亚进程作为欧洲高等教育一体化改革的探索与实践，其影响业已波及世界各地。与其说博洛尼亚进程是欧洲政治、经济一体化在高等教育领域的重要体现，不如说博洛尼亚进程是欧洲一体化的一剂"强心剂"。"欧洲之父"让·莫内（J. Monnet）曾在反思欧洲一体化改革进程时，也承认"如果让我从头开始的话，我会从教育开始"。① 由此可管窥教育特别是高等教育在推进区域一体化发展中的基础性、先导性和战略性作用。对此，国内外大量学者更是做出了广泛的研究和探讨，区域高等教育一体化发展问题也因此一度成为研究的"显学"（可参阅本书第二章第二节有关内容）。

而在中国，"区域高等教育一体化"在理论上是必然，在趋势上是热点，但在改革与发展实践中却举步维艰，这不禁让我们深深地发问：为了提升整体实力以应对日趋复杂的全球竞争格局，若干主权独立的国家之间尚能在高等教育领域做出相应的区域一体化改革，而在我国长三角、京津冀、粤港澳大湾区、成渝地区双城经济圈等多个国家主体功能区内部，却为何难以形成"一体化"发展格局？特别是在省级政府教育统筹权得以进一步扩大的今天，究竟有没有这样的"一体化"需求与紧迫感？各自需要什么样的"一体化"？本书将以长三角区域为例，对此展开论述。

三、高等教育普及化对区域化发展提出新要求

当前，我国高等教育毛入学率进一步提高，迈进了高等教育普及化发展阶

---

① 陈学飞. 高等教育国际化：跨世纪的大趋势［M］. 福州：福建教育出版社，2002：66.

段。这意味着紧抓"质量和内涵"建设将成为发展高等教育的工作重心，不仅要求高等教育自身由"外延式"规模扩张转向"内涵式"发展，更要求下移和拓新其外部功能，即以社会需求为主导方向，进一步提高高等教育服务区域经济社会发展的能力。在新的时代背景下，随着高等教育与区域经济社会发展互动关系的不断增强，下一步如何推进区域高等教育发展，形成与区域经济社会发展"同频共振"的良好局面，是高等教育高质量发展亟待解决的问题。例如，在近年的中国高等教育博览会上就专门举办了一个主题为"区域高等教育改革与发展"的独立论坛，来专门研讨我国高等教育的区域发展问题，尤其强调要积极探索区域高等教育改革发展新模式，推进高等教育强区域建设。

按照潘懋元先生的话说，高等教育的区域发展是必然趋势，并且对我国而言意义重大。① 所谓"高等教育区域化"或"区域高等教育"，其核心要义无非就是：以区域为空间范围或基本单位，打破传统的"条块分割"抑或行政区划藩篱，合理平衡中央与省的高等教育权力关系，② 从而促进高等教育子系统与区域大系统之间的"健康"发展。这里的"健康"包括两个层面的涵义：一是高等教育要有"区域"意识，主动适应并服务于区域经济社会发展需要；二是区域系统也要为高等教育发展提供必要的财力、物力和环境等支持。但"区域"本身为弹性概念，有大小和类型之分。起初，所指区域高等教育大多以省域（包括省、自治区和直辖市）为基本单位，而跨省级行政区意义下的功能区域并未受到足够重视。③④⑤

随着国家经济活动在空间上的不断调整和优化，区域之空间组织及其经济文化内涵也在发生变化。如从 21 世纪以来逐步形成的统筹区域协调发展战略，

---

① 潘懋元. 高等教育地方化的可行性探讨[J]. 高等理科教育，2010(5)：1-4.
② 建设高等教育强国发展战略研究课题组. 建设高等教育强国[M]. 北京：高等教育出版社，2016：23.
③ 潘懋元. 潘懋元高等教育文集[M]. 北京：新华出版社，1991：233.
④ 董泽芳，柯佑祥. 高等教育区域化研究[J]. 江苏高教，2000(5)：31-34.
⑤ 赵庆年. 区域高等教育发展差异问题研究——基于1998—2006年我国省级行政区域的视角[D]. 厦门：厦门大学，2009：15-16.

到主体功能区战略，再到当前的"四三二一"区域发展重大战略，即四大板块（东部率先发展、西部大开发、东北振兴和中部崛起）+三大城市群（京津冀协同发展、长三角一体化发展和粤港澳大湾区建设）+两大经济带+"一带一路"，可以看出，打破传统行政区划的"区域"将逐渐成为我国经济社会发展版图中越来越重要的空间重构举措。因此，长三角这样一个具备率先实现经济社会高质量发展的区域，如何创新区域高等教育改革发展模式，助推长三角区域一体化进程，显得尤为重要。

四、长三角区域高等教育资源分布现状及特征

(一) 长三角区域高等教育资源集聚明显且整体实力雄厚

目前，在我国京津冀、粤港澳大湾区、川渝陕（以成渝地区双城经济圈为核心）以及长三角等四个典型经济区域当中，长三角区域总体上以较少的土地面积，集聚了较大规模的人口、经济总量和密集优质的高等教育资源。

截至 2019 年底，长三角区域以占全国 3.74% 的土地面积，聚集了全国 16.33% 的人口，创造了全国 24.00% 的经济总量，容纳了全国 17.08% 的普通高等学校，其中"双一流"建设高校 35 所，占全国总数的 25.55%；进入泰晤士高等教育世界大学排名（THE）①世界前 200 名的高校有 5 所，占全国的比例高达 38.46%（表 1-1）。以上总体反映出长三角区域是我国高等教育资源极密集、实力极雄厚的区域之一，高等教育资源富集程度与其超高的经济发展水平整体较为匹配。

———————

① 世界大学排名需理性看待，但在更优评价方案出现之前，依然能够在很大程度上反映高校的国际影响力。目前，英国泰晤士高等教育世界大学排名（THE）、英国 QS 世界大学排名、美国 U. S. News 世界大学排名、中国上海交通大学软科世界大学学术排名（ARWU）是国际公认的四大权威大学排名。相比而言，THE 排名主要通过教学、科研、知识转移、国际视野和产业收入等多项指标全方位衡量大学综合实力，指标体系相对更加全面，被视为最权威的世界大学排名。为了制表简洁，本书此处只选取了该排名作统计对比。

表 1-1 2019 年我国四大经济区域高等教育与社会经济部分指标对比

区域	土地面积		常住人口		GDP		普通高校		"双一流"高校		THE 前 200 高校	
	数值（万 km²）	全国占比（%）	数量（亿人）	全国占比（%）	数额（万亿元）	全国占比（%）	数量（所）	全国占比（%）	数量（所）	全国占比（%）	数量（所）	全国占比（%）
京津冀	21.72	2.26	1.13	8.08	8.46	8.54	271	10.08	40	29.20	2	15.38
粤港澳	18.09	1.88	1.23	8.81	13.68	13.80	186	7.17	13	9.49	5	38.46
川渝陕	75.23	7.84	1.54	10.98	9.60	9.69	286	10.64	18	13.14	0	0
长三角	35.92	3.74	2.28	16.33	23.73	24.00	459	17.08	35	25.55	5	38.46
合计	150.96	15.72	6.18	44.20	55.47	56.03	1202	44.97	106	77.38	12	92.3

注：①为使数据对比范围一致，表中四大区域覆盖了全省域，即"京津冀"包括北京市、天津市、河北省，"粤港澳"含广东省、香港和澳门特别行政区，"川渝陕"含四川省、重庆市、陕西省，"长三角"含上海市、江苏省、浙江省、安徽省。

②前五项指标数据来源于：钟秉林，王新凤. 新发展格局下我国高等教育集群发展的态势与展望[J]. 高等教育研究，2021，42(3)：1-6. 同时为方便阅读，对原表中的部分指标单位进行了调整，并重新修订了相应数值和计算结果。

③泰晤士高等教育世界大学排名（THE）数据来源于：The Higher Education World University Rankings 2019 [EB/OL]. (2020-09-07) [2020-09-22]. https://www.timeshighereducation.com/world-university-rankings/2019/young-university-rankings#!/page/0/length/25/sort_by/rank/sort_order/asc/cols/stats，下同。

从普通高校来看，长三角区域内的普通高校数量在四大区域中位居首位，且远超出第二位的川渝陕区域；从优质高校来看，长三角区域内的"双一流"建设高校数量位列第二，略少于京津冀区域；入选 THE 世界前 200 名的高校数量与粤港澳大湾区并列第一，而且在省域分布上相对均衡。从进入 THE Top200 的 12 所中国高校分布情况看：长三角区域共包括中国科技大学、浙江大学、复旦大学、南京大学和上海交通大学 5 所，一市三省均有之；而粤港澳大湾区包含的 5 所高校(香港大学、香港科技大学、香港中文大学、香港城市大学、香港理工大学)均集中于香港单一地区，京津冀区域仅有 2 所来自北京的高校(清华大学、北京大学)，川渝陕还未实现零的突破。

除此之外，有调查表明，① 近年来以长三角等主要区域为代表的高等教育人才培养质量不断提高，表现为本科毕业生的起薪、就业满意度、母校满意度总体上呈现持续上升趋势，其中：相比之下，长三角区域本科毕业生起薪最低，但月收入涨幅最明显；各区域之间在本科毕业生的就业满意度和母校满意度方面相互接近。

（二）长三角区域高等教育省域差距较大但未形成严重的"马太效应"

从长三角区域内部来看（表 1-2）：2019 年，安徽省行政区划面积为 14.01 万平方千米，约为上海市（0.63 万平方千米）的 22.24 倍，浙江省（10.56 万平方千米）的 1.33 倍，江苏省（10.72 万平方千米）的 1.31 倍；安徽省常住人口为 0.64 亿人，约为上海市（0.24 亿人）的 2.67 倍，浙江省（0.59 亿人）的 1.08 倍，江苏省（0.81 亿人）的 0.79 倍；然而，一市三省各自 GDP 拥有量占区域总 GDP 的比例由高到低排序依次为江苏 41.97%、浙江 26.30%、上海 16.10%、安徽 15.63%。同期，一市三省各自坐拥普通高校数占区域高校总数的比例由高到低排序依次为江苏 36.38%、安徽 26.14%、浙江 23.53%、上海 13.94%；另外，上海、江苏、浙江、安徽各自拥有"双一流"建设高校数分别占区域总数的 40.00%、42.86%、8.57%、8.57%；进入 THE 前 200 名高校数分别占区域总数的 40.00%、20.00%、20.00%、20.00%。相关数据反映了上海市和江苏省的高等教育资源尤为密集，明显呈现出优质高等教育资源集聚的省域优势；而安徽省高等教育显然存在"大而不强"的现象，仍然处在追赶状态；浙江省高等教育尚未跟上其经济发展的步伐，存在一定滞后性。

长三角区域高等教育资源分布长期存在较大的省域差距，但这种不平衡状态并未形成严重的"马太效应"，即强者愈强、弱者愈弱。图 1-1 至图 1-4 分别以普通高校副高及以上职称专任教师数、人均教学科研仪器设备资产、生均一

---

① 粤港澳大湾区高等教育大数据研究中心，深新传播智库. 粤港澳、京津冀、长三角地区高等教育与经济发展报告［R］. 深圳：南方科技大学，2020：32-34.

表 1-2 2019 年长三角一市三省高等教育与社会经济部分指标对比

省域	土地面积		常住人口		GDP		普通高校		"双一流"高校		THE 前 200 高校	
	数值（万km²）	区域占比（%）	数量（亿人）	区域占比（%）	数额（万亿元）	区域占比（%）	数量（所）	区域占比（%）	数量（所）	区域占比（%）	数量（所）	区域占比（%）
上海市	0.63	1.75	0.24	10.53	3.82	16.10	64	13.94	14	40.00	2	40.00
江苏省	10.72	29.84	0.81	35.53	9.96	41.97	167	36.38	15	42.86	1	20.00
浙江省	10.56	29.40	0.59	25.88	6.24	26.30	108	23.53	3	8.57	1	20.00
安徽省	14.01	39.00	0.64	28.07	3.71	15.63	120	26.14	3	8.57	1	20.00
长三角区域	35.92	100.00	2.28	100.00	23.73	100.00	459	100.00	35	100.00	5	100.00

数据来源：上海市统计局．2020 年上海统计年鉴［M］．北京：中国统计出版社，2020；江苏省统计局．江苏统计年鉴—2020［M］．北京：中国统计出版社，2020；浙江省统计局．浙江省统计年鉴—2020［M］．北京：中国统计出版社，2020；安徽省统计局．安徽省统计年鉴—2020［M］．北京：中国统计出版社，2020；中华人民共和国教育部发展规划司．2019 教育统计数据［EB/OL］．http：//www.moe.gov.cn/s78/A03/moe_560/jytjsj_2019/；中华人民共和国教育部研究生司．"双一流"建设高校名单［EB/OL］．（2017-12-06）［2020-09-22］．http：//www.moe.gov.cn/s78/A22/A22_ztzl/ztzl_tjsylpt/sylpt_jsgx/201712/t20171206_320667.html.

般公共预算教育事业费支出、国内申请专利授权数等 4 项核心指标来表征高等教育人力资源、物力资源、财力资源以及科技创新，总体显示了 2013—2019 年长三角一市三省高等教育资源的分布情况。各省（市）高等教育在人力、物力、财力和科技创新等各项资源指标上整体均呈持续增长的趋势，虽然各省域差距始终较为悬殊和突出，但总体而言，这种状态并非落在全部资源指标上，比如在高等教育财力和科技创新资源上，省域差距并未呈现出逐年扩大的趋势，其中的原因尚值得探究。

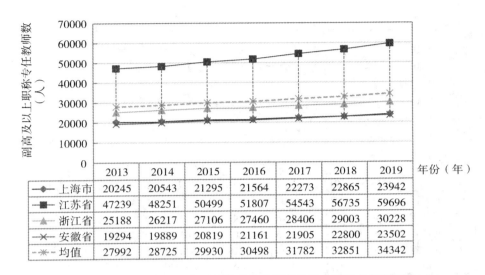

图 1-1　2013—2019 年长三角区域普通高校副高及以上职称专任教师数(人)

注：①根据统计数据整理后自行绘制。数据来源于：李廷洲，杨文杰，李婉颖．长江经济带高等教育资源优化配置研究[J]．中国高教研究，2021(2)：30-35．后同。

②之所以选取 2013—2019 年数据，是因为 2012 年安徽省才正式加入长三角教育协作体，因而与上海市、江苏省和浙江省的数据比较应从次年算起；另外，目前相关教育统计数据更新至 2019 年。

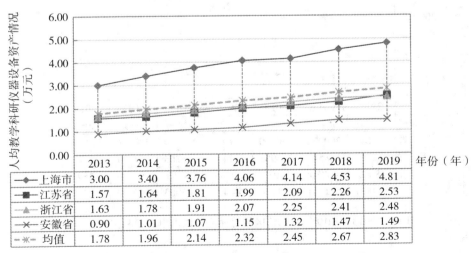

图 1-2　2013—2019 年长三角区域普通高校人均教学科研仪器设备资产情况(万元)

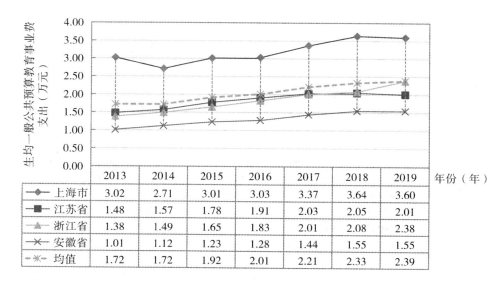

	2013	2014	2015	2016	2017	2018	2019
上海市	3.02	2.71	3.01	3.03	3.37	3.64	3.60
江苏省	1.48	1.57	1.78	1.91	2.03	2.05	2.01
浙江省	1.38	1.49	1.65	1.83	2.01	2.08	2.38
安徽省	1.01	1.12	1.23	1.28	1.44	1.55	1.55
均值	1.72	1.72	1.92	2.01	2.21	2.33	2.39

图 1-3 2013—2019 年长三角区域普通高校生均一般公共预算教育事业费支出(万元)

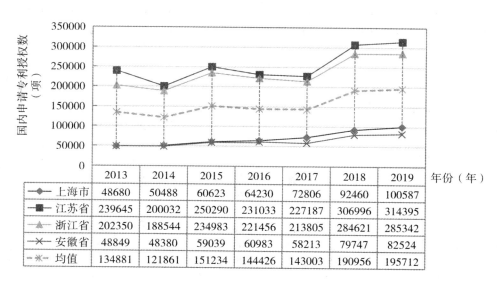

	2013	2014	2015	2016	2017	2018	2019
上海市	48680	50488	60623	64230	72806	92460	100587
江苏省	239645	200032	250290	231033	227187	306996	314395
浙江省	202350	188544	234983	221456	213805	284621	285342
安徽省	48849	48380	59039	60983	58213	79747	82524
均值	134881	121861	151234	144426	143003	190956	195712

图 1-4 2013—2019 年长三角区域普通高校国内申请专利授权数(项)

第二节　研究意义

立足新时期长三角区域一体化发展国家战略定位，国内学术界纷纷开展相关重大理论和现实问题研究，加快盘活市场、金融、产业、知识产权、基础设施、生态环境、公共服务等各个领域及维度的区域一体化。然而在教育包括高等教育领域，其区域一体化之"合法性"以及由此引发的一系列现实问题，尚待深入探究。但这毕竟是一道全国性新题，也是大题、难题，之所以把"长三角区域高等教育一体化发展作为论题，就是紧抓理论发展和现实问题相结合这一契机，旨在通过对该论题的理论探讨与实地调研，为推动长三角区域高等教育一体化进入更高质量发展阶段献计献策。具体来说，该论题具有以下理论价值和现实意义。

一、理论价值

第一，通过比较全面的理论探讨和调研分析，深化对区域高等教育一体化特别是一个主权国家内部的区域高等教育一体化发展的理论认知。迄今为止，国内学界普遍承认区域高等教育（或高等教育区域化）作为本体的存在已有其"合法性"，[①] 而且有关这一论域业已积累了丰硕的研究成果。但与世界主要国家或地区相比，我国区域高等教育一体化发展实践与研究仍显不足。总体上说，国内现有的区域高等教育一体化发展研究还比较零散和单薄，对主权国家区域高等教育一体化发展的学理认识十分有限。本书将扎根中国本土，以高等教育区域内合作发展始终走在全国前列的长三角地区为例，结合当前发展阶段现状和体制特征，总体遵循"理论→实践→理论"的思路来研究长三角区域高等教育一体化发展问题，希冀对区域高等教育一体化发展进程以及由此延伸出

---

① 柳友荣，张蕊. 区域高等教育发展的合法性审思[J]. 大学教育科学，2019(3)：103-108，126.

来的系列议题进行全面认识和理解，为高等教育学科大厦建设添砖加瓦。

　　第二，通过学科交叉，也即结合多学科及相关研究领域中的理论探讨长三角区域高等教育一体化发展的理论基础，有助于丰富高等教育学科理论，拓宽研究视域。从学科属性来看，所谓区域高等教育一体化发展问题实则归属于高等教育学及研究领域，但目前在国内外高等教育学界并没有构建出专门的区域高等教育一体化理论。然而，学科交叉已经是大势所趋。对此，本书将"跳出教育看教育"，借用生态学、经济学和管理学等学科概念，以共生理论、增长极理论、合作博弈与战略联盟理论、融合创新理论、制度创新理论等为理论基础，尝试剖析长三角区域高等教育一体化发展的理论依据，试图为后续进一步的研究提供新的理论生长点。这对高等教育学科建设，尤其对中观层面区域高等教育发展问题的研究具有促进作用，也是对我国高等教育研究需要"扎根本土""扎根现实"的积极回应。

二、现实意义

　　第一，从现实需求来看，本研究是新时代我国区域高等教育研究的重要子课题，对服务国家区域发展战略和促进高等教育高质量发展意义重大。2014年6月，《教育部关于进一步推进长江三角洲地区教育改革与合作发展的指导意见》提出要在区域教育一体化建设等方面率先探索；2019年2月《加快推进教育现代化实施方案（2018—2022年）》提出要探索新时代区域教育改革发展的新模式，进一步加大区域内教育资源的开放力度，实现资源优势互补和有序流动；2019年12月《长江三角洲区域一体化发展规划纲要》明确提出要推动区域内教育合作发展，共享高品质教育资源；等等。在这一系列国家政策都强调长三角区域教育要率先进行区域教育改革发展的现实语境下，在长三角区域一体化发展扎实推进、区域高等教育发展进入新阶段的时代背景下，本书积极回应国家意志和重大战略布局，研究结果既有助于为长三角一体化发展注入"教育动能"，也利于克服当前高等教育"块块分割"的弊端，通过共建高等教育强区域推动自身更高质量发展，进而助力高等教育强国建设。

第二，从政策规划来看，本书研究结果能为相关政策制定和执行提供参考依据，具有一定的决策参考价值。随着长三角区域一体化发展进程的快速推进，该区域高等教育事业改革与发展由此迎来了新的战略契机，与此同时，为什么会提出"长三角区域高等教育一体化发展"？这究竟是不是一个真实问题？还只是"官员"一时亢奋喊出的"口号"并很快得到了研究者呼应？鉴于此，本书尝试通过比较全面的理论探讨和调研分析来系统探究这些问题，并基于研究结果提出相应的政策建议，以期为国家制定区域高等教育改革与发展规划提供决策依据，为沪、苏、浙、皖一市三省有关决策部门加强高等教育合作发展、建设高等教育强区域提供信息参考。

第三，从管理实践来看，本书尝试构建的一套旨在指导实践并促进发展的长三角区域高等教育一体化水平评价指标体系，具有较高的实用价值。在回答了长三角区域高等教育一体化发展之必要与可能的基本问题之后，就要思考如何落到实处了。从其中一个角度看，评价事关建设导向。科学评价指标体系是既定目标的真实表达，也是具体的任务书和路线图，更是持续优化长效发展机制的有力保障。为了充分发挥指标体系"以评促发展"的引领作用，本书在综合理论分析与专家咨询结果的基础上，利用层次分析法构建了由四个维度构成的长三角区域高等教育一体化水平评价指标体系，并通过拟定纵向可比的测评标准进一步探讨该指标体系的实际应用性。

除此之外，本书对国内其他区域乃至全国分次序、分阶段推动区域高等教育走向深度融合发展具有重要的参考和借鉴价值。从全国范围来看，目前长三角、京津冀、粤港澳大湾区、川渝陕四大区域都呈现出明显的高等教育资源集聚优势，[①] 但均未形成成熟的区域高等教育发展模式。从区域比较的视野来看，尤其在我国高等教育发展日趋本土化、区域化的大背景下，开展本研究显

[①] 钟秉林，王新凤．新发展格局下我国高等教育集群发展的态势与展望[J]．高等教育研究，2021，42（3）：1-6.

然能为京津冀、粤港澳大湾区、川渝陕地区等区域的高等教育改革与发展实践提供决策参考。

第三节　研究目标、内容及方法

一、研究目标

纵观国内外，面对日趋复杂化的全球竞争格局，"区域一体化"已成为推动现代经济社会发展的重要抓手之一，推进区域高等教育一体化发展业已成为其中重要组成部分。随着长三角区域一体化发展等重大区域协调发展战略的密集实施以及区域高等教育发展逐步由简单关联走向深度融合，我国迫切需要革新区域高等教育发展模式。鉴于此，本书以长三角地区高等教育为研究对象，集中探究区域高等教育一体化发展"何以必要""何以可能"及"何以推进"等根本性问题。

首先，从理论基础、政策依据和实践历程三个层面对"长三角区域高等教育一体化发展"以及由此延伸出来的一些现实问题进行全面检视和分析，弄清命题的可行性，是本书在学术拓展上的主要目标。

其次，引入"以评促发展"的建设性管理视角，尝试构建一套多层次、多维度、多指标的长三角区域高等教育一体化水平综合评价指标体系，是本书追求的另一创新目标。

最后，在理论探讨和实践回溯的基础上，结合实地调研结果，进一步厘清长三角区域高等教育一体化发展目标，并基于目标导向提出行动框架及政策建议，是本书在实践决策层面的主要目标。

二、总体框架与研究内容

围绕"长三角区域高等教育一体化发展"这一总论题，本书总体遵循"问题提出→理论研究→调研分析→问题解答"的研究逻辑和思路，并按照"总论→分论→总论"的结构安排来构建研究框架。全书由八章构成，各章节既相对独立，又一脉相承，从而构成一个较为完整的研究体系。

本书结构及研究路线如图1-5所示，具体安排如下：

第一章的绪论为整个研究谋篇布局。这一部分主要是介绍选题背景和提出研究问题，并依次阐述研究目标、研究的理论价值和现实意义、总体框架与研究内容、研究方法，以及研究的创新之处等。

第二章为概念界定与文献述评。首先对本书涉及的核心概念诸如"一体化""区域(经济)一体化""区域高等教育一体化发展"以及"长三角"等作一界定；然后分别对国际上有关区域高等教育一体化发展问题及其研究文献和我国京津冀、粤港澳大湾区、成渝地区双城经济圈以及长三角有关区域高等教育一体化发展的研究文献作系统性分析和述评，为接下来的研究提供学术指引，并进一步寻找能够拓展的研究空间。

第三章和第四章为理论研究，即分析长三角区域高等教育一体化发展的理论、政策及现实基础。针对"长三角区域高等教育一体化发展"问题，首先结合经济学等多学科领域的相关理论，探讨其理论基础；其次分别从"长三角区域发展政策演变及对高等教育的要求"和"长三角区域高等教育一体化发展的相关教育政策支持"两个方面，寻找其政策依据；最后，从历史进程的视角对具体实践进行脉络性回溯和再检视，探讨其现实基础，并通过进一步的动力机制分析来阐释其得以推进的可行性。总的来说，这两章其实是对长三角区域高等教育一体化发展的理论基础、政策依据以及实践历程进行比较全面的理论分析，以试图综合这三个层面来回答本书开篇所提的两个基本问题——"何以必要"与"何以可能"，从而形成较为完整的理论认识，也为随后的调研分析打下基础。

第五章为调研分析，即依据访谈和问卷调查开展对长三角区域高等教育一体化发展相关人员的调研分析。在前面理论分析的基础上，开展覆盖长三角一

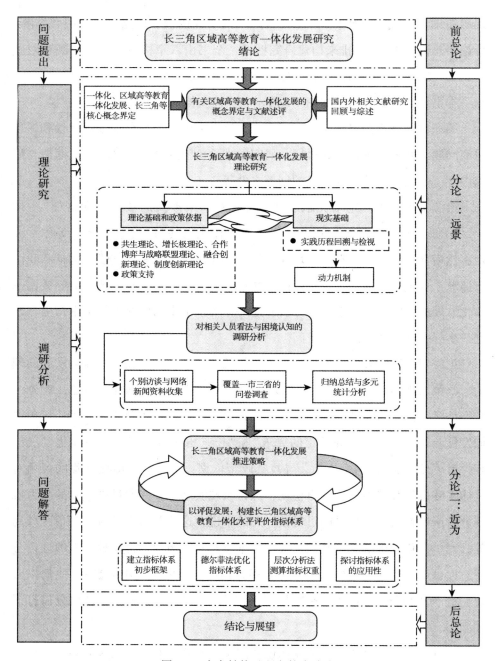

图 1-5　本书结构及研究技术路线

市三省范围的实地调研，并着重依据访谈和问卷调查收集的第一手资料来分析当前高等教育改革决策者与相关实践主体对"一体化"的不同看法及其原因。这一部分的研究内容旨在通过一定的调研分析来"验证"或"丰富"前面理论探讨的一些观点，避免单一的理论研究走向"空对空"。

第六章为推进策略，即从整体层面探索长三角区域高等教育一体化发展的推进策略。立足于前面研究的理论探讨和调研分析结果，结合前人相关研究成果，本书对国家支持长三角区域高等教育一体化发展先行先试提出整体性政策建议，旨在对一体化发展推进策略提出针对性的设想或建议。

第七章为基于评价的进一步探索，构建长三角区域高等教育一体化水平评价指标体系。结合国际经验和本书研究实地调研结果，尝试从评价视角出发，构建一套纵向可比的长三角区域高等教育一体化水平综合评价指标体系，从而引导一体化发展进程的持续推进。具体而言，首先对一体化发展行动目标进行层层分解，建立评价指标体系的初步框架；然后综合使用德尔菲法、层次分析法确定指标权重，并通过建立测评公式和评价标准，进一步探讨该指标体系的应用性和可行性。

第八章为结论与展望。对全书主要研究内容和所得结论进行归纳、总结。在此基础上，指出研究的不足之处，并对下一阶段的研究进行思考和展望。

三、研究方法

根据研究需要，本书总体上采用一种规范与实证分析相结合、宏观与微观分析相结合、定性与定量分析相结合的混合研究方法。具体方法如下：

(一)文献分析法

搜集、整理与分析相关文献是开展科学研究必不可少的基础性工作，有助于研究者对已有研究成果的知识谱系进行梳理和建构。为此，本书首先尽可能比较全面地搜集、整理国内外关于一体化、区域经济一体化、区域高等教育一体化发展等方面的相关研究文献，初步建立一个文献资料库。然后有针对性地对"欧洲高等教育一体化相关研究""世界其他主要区域（包括非盟、东盟、拉美以及美国州际）高等教育一体化相关研究""我国四大区域（包括京津冀、粤港澳大湾区、成渝地区双城经济圈、长三角）高等教育一体化发展相关研究"以及"区域一体化发展评价研究对高等教育研究的启示"进行评述和分析。通过文献分析，一方面，较好地把握国内外有关区域高等教育一体化发展的研究现状和动态，能为本书研究提供重要的背景信息、立论支撑和方法借鉴等；另一方面，在此基础上进一步发现已有研究之局限性，从而寻找可拓展的研究空间。

（二）访谈法和问卷法

从某种程度上说，访谈法和问卷法可分别作为定性研究和定量研究两种方法论阵营的代表，通过将二者加以综合来实现方法上的互补或彼此契合，这本身就有助于避免方法的局限性。① 在本书中，为了更切实、更深入地了解高等教育改革决策者与相关实践主体对"长三角区域高等教育一体化发展"问题的态度，课题组重点在长三角一市三省范围内开展实地调研，主要通过综合使用访谈法、问卷法获得一手数据和资料。如此设计的初衷在于利用问卷调查收集"坚实的"大规模数据，以便客观描绘大量事实（例如对具体选项的勾选情况、认知量表的得分比较等）和某些群体变量之间的相关关系，也即基于经验主义描述"是什么"，同时结合访谈收集"真实而深入的"质性资料，总结"一体化"推进的相关策略，即基于解释主义探索"为什么是"。

总的来说，研究主要采用问卷与访谈相结合的方法进行。首先综合相关政策文件、研究文献和理论分析，经过课题组内部研讨和专家意见征求之后，针对政府或非高校事业单位行政管理人员、高校专职行政管理人员和专职教师、科研院所专职研究人员等群体设计了半结构化访谈提纲（见附录一和附录二），

---

① 郑震. 社会学方法的综合——以问卷法和访谈法为例［J］. 社会科学，2016（11）：93-100.

随后在此基础上改编形成一份结构化调查问卷(见附录三)。①

(三)统计分析方法

1. 数理统计分析法

一般认为,数理统计分析既包括简单的描述性统计分析,也包括多元统计分析。简言之,前者就是对一组数据的基本特征进行统计分析,其要旨在于以精简的数据结果来呈现一定的事实。后者则是应用数理统计学来探究多变量(因素)之间的相互关系。数理统计分析法作为统计学的一个重要分支,已被广泛应用于自然科学和社会科学的各个研究领域中,包括多种实用的数据处理方法,如主成分分析、因子分析、聚类分析、判别分析、对应分析、可视化分析、方差分析、相关分析以及多元回归分析等各类方法。

本书根据研究目的和拟解决问题的性质,对通过问卷调查所得的一手数据作相应数理统计分析。具体而言,运用 SPSS 20.0 统计软件对本次被调查对象之于长三角区域高等教育一体化发展问题的各种看法进行描述性统计分析;采用因子分析法提取被调查者对"长三角地区高等教育发展问题与困境认知"的共同因子;运用多元线性回归等计量方法分析人们对"长三角地区高等教育发展问题与困境认知"不同程度的认知(连续变量)会怎样影响到他们对该区域高等教育一体化发展之必要性(二分类变量)、现状评价(连续变量)、前景预见(二分类变量)等问题的不同看法。当然,对这些问题形成不同看法的影响因素太多也太复杂,这里只是对解释变量与被解释变量之间的某种关联性和方向性假设进行验证,因此并没有过多地考虑回归模型的精准性。

---

① 需指出的是,改编为调查问卷的原因主要有两点:一是受 2020 年初疫情的重大影响,原定"面对面"的传统式访谈受阻,采用问卷调查法内容显得更完整和易于控制,既节约了调研成本,也扩大了样本量,提高了研究的外部效度;二是出于这两种调查方法加以综合更利于调研的考虑。

2. 德尔菲法

德尔菲法(Delphi Method)是由美国兰德公司于1946年创始实行的一种通过匿名(即被邀专家之间互不清楚,不发生横向联系)方式进行多轮次咨询征求多位专家意见的判断预测法。它是针对某项具有模糊性、复杂性且无法直接做出决策的问题,首先由调查者编制咨询问卷或函询表,选择一批专家按照一定程序让其独立自由地对所询问题做出相应判断和提出意见,并由调查者对反馈结果作统计分析、归纳和修改;然后在此基础上开展第二轮咨询并进行结果处理;如此反复,经过多轮专家咨询与反馈修正,最终得到专家意见基本趋于一致的集体判断结果。目前,这种方法被应用于各个应用领域当中,已经逐步成为预测及评价研究领域最为常见的方法之一,[①] 而且适用于各种评价指标体系的建立和具体指标的确定过程。[②] 为此,本书在尝试构建长三角区域高等教育一体化水平评价指标体系的过程中,遴选了来自长三角一市三省教育行政部门、基层高校、教育研究院等有关单位的若干行政领导和专家学者形成专家组(基本资料见附录六),共实施两轮问卷调查(专家咨询调查问卷见附录四和附录五),其目的在于利用德尔菲法对初步建立的评价指标框架进行筛选优化和最终确定。

3. 层次分析法

为了进一步确定评价指标的权重,即确定各项指标的相对重要性系数,本书借鉴了层次分析法(The Analytic Hierarchy Process,AHP)的体系构建和权重测算方法。为避免重复,对该方法的基本介绍及其之于本研究问题的适切性说明,可参阅本书第七章第三节内容;另外,用于指标权重研究的专家咨询表详见后文附录七。

---

① 袁勤俭,宗乾进,沈洪洲. 德尔菲法在我国的发展及应用研究——南京大学知识图谱研究组系列论文[J]. 现代情报,2011,31(5):3-7.
② 王春枝,斯琴. 德尔菲法中的数据统计处理方法及其应用研究[J]. 内蒙古财经学院学报(综合版),2011,9(4):92-96.

第四节 研究特色与创新

不可否认，在我国现行体制机制下，开展本研究存在较大的难度。但换个角度来看，本书也正是基于问题本身的现实紧迫性和已有相关研究成果的空间可拓性，试图探讨"长三角区域高等教育一体化发展"这一渐成潮流的问题，显然具有在前人工作基础上的创新性。具体而言，整个研究的创新之处主要体现在以下四个方面：

一是选题上，确立在对前人理论研究的基础上，既借鉴国际经验又紧扣我国区域高等教育改革与发展的时代新要求，具有严谨的学理基础和现实紧迫性。

本书开篇即已指出，积极探索长三角区域高等教育改革发展新模式具有重大意义，已成为现阶段加快推进高等教育服务支撑长三角区域一体化发展战略实施和实现自身高质量发展的一项迫切任务。从某种意义上说，高等教育区域一体化发展既是长三角区域一体化进程的一个重要组成部分，也能够在推进区域一体化进程中发挥基础性、先导性和战略性作用。如学者所述，进行长三角高等教育区域一体化发展从三个层面对我国高等教育改革与发展全局产生重要影响：一是率先在我国高等教育发达的区域进行"强强联合"以打造具有国际影响力的高等教育高地，进而从整体上激发出致力于创建世界一流大学的新动力。二是以期突破长期以来行政管辖造成的壁垒和藩篱，促进区域高等教育资源及要素"越界"流动，优化高等教育资源配置和提高资源使用效率，进而增强优质资源辐射力。三是有望拓展区域内高校发展视野和空间，并为区域外高校提供可资借鉴的发展模式。①

如果从 2005 年"长三角高等教育一体化"这一表述正式出现在学术论文中

---

① 巫丽君，王河江．长三角高等教育区域一体化模式探析——基于历史进程的考察[J]．清华大学教育研究，2010，31(4)：52-56．

算起，与此相关的研究文献积累已有十多年。这些研究大体依次经历了从相对冷清期（2005—2007 年）到政策驱动下以"联动"为主辅之以多主题探索期（2008—2013 年）再到空窗期（2014—2018 年）和重新聚焦"一体化"探索期（2019 年至今）的转变（可参阅本书第二章相关内容），但真正有关"一体化"的认识仍显薄弱，这类专题系统研究尚处于探索阶段。特别是随着长三角区域一体化发展战略的快速推进以及高等教育进入普及化发展阶段，现如今或者说未来的长三角区域高等教育一体化发展问题究竟如何开展依然值得深入思考和研究。本书正是基于对相关研究以及政策文件和实践探索作深入分析的基础之上，从而进行更全面的理论研究和调研分析。另外，通过中国知网对硕、博士学位论文库进行检索，发现对此问题的研究较为鲜见，可见开展本研究更显迫切。

二是视角上，从评价的角度探索长三角区域高等教育一体化发展的建设性管理策略，首次尝试研制综合评价指标体系，既具有基础性又具有前沿性。

长期以来，评价一向深受社会各界关注，近乎成为多方利益相关主体共同的"好帮手"，其重要性不言而喻。尽管囿于一些科学性和技术性不足，难免可能产生负面效应，但并不能就此否定评价本身的功能价值和根本旨趣。正如第四代教育评估理论建构者埃贡·G. 古贝（E. G. Guba）和冯伊娜·S. 林肯（Y. S. Lincoln）所言："评价的意义在于促进发展。"[1]由此可见，将评价扩展到"一切教育和教育的一切"，[2] 当有其合理之处。可以说，教育评价有着强烈的导向性和工具性，是教育改革与发展过程中的一个关键环节。

从这个意义来看，对于本书关注的主题而言，尤其是在下一步怎样更好地推进高等教育区域一体化进程，这就亟待适当的评价介入，以期充分发挥"以评促发展"的积极作用。那么，研制科学的评价指标体系当是第一步。但迄今

---

① ［美］埃贡·G. 古贝，冯伊娜·S. 林肯. 第四代评估[M]. 秦霖，蒋燕玲，等，译. 北京：中国人民大学出版社，2008：29.

② 朱德全，吴虑. 大数据时代教育评价专业化何以可能：第四范式视角[J]. 现代远程教育研究，2019，31(6)：14-21.

为止，这一方面的工作仍比较鲜见。鉴于此，本书尝试从评价的视角切入，借鉴大量相关文献之观点和评价方法，以长三角区域高等教育一体化发展目标作为根本参照镜像，构建一套旨在指引"一体化"和促进其发展水平提升的综合评价指标体系，并通过多轮次专家咨询和层次分析法确定指标权重，从而为今后实际运用提供参考。总的来说，构建该评价指标体系显示出一定的创新性，有着较重要的学术探究和实践指导意义。

三是内容与观点上，将理论研究和调研分析纳入研究内容，具有系统性和科学性，由此得出的一些结论和建议也具有针对性和启发性。

现有关于长三角区域高等教育一体化发展问题的"研究"多集中在宏观理论探讨层面（包括学者个人见解、政府会议倡导和报纸宣传等），且似乎存在"一边倒"现象，也即倒向"一体化"倡导与支持者的一边，而基于微观调研资料的分析尚显匮乏，特别是对于与之有着密切关系的广大高等教育改革决策者与相关实践主体而言，他们对"一体化"是否形成观念认同，总体持何种看法或意见，这显然是进一步研究有待反思的地方。

鉴于此，本书在对相关理论基础、政策依据和实践历程作深入分析的基础上，依据课题组采集的第一手数据和资料展开了比较详实的调研分析，从而构建起一个体系相对完整和逻辑自洽的研究框架。本书不仅有助于重新认识和理解该议题之学理性，而且形成的一些具体结论和政策建议对教育部及长三角区域一市三省有关决策部门也具有一定的启发和参考价值。

此外，在资料收集与方法运用上本书坚持"问题中心"取向，既具有严谨性也体现教育研究方法论体系应有的特色。

在学术研究中，问题决定方法，方法影响研究质量。当确立了研究问题之后，选择适宜的研究方法就成为首要问题。在教育研究中所涉及的问题大多是综合性问题，这在很大程度上决定了方法的多元化取向甚至彼此可以相容。从国际教育研究趋势来看，研究者越来越倾向运用定量方法、定性方法以及定量与定性相结合的混合研究方法，并且后者愈发受到重视，对其合理运用能够让教育研究更接近"真理"。但在我国教育研究中，目前有关混合研究方法的应用程度还很低，可以说尚处于起步或初步发展阶段,① 仍亟待积极探索和加强应用。

正是基于上述考虑，本书根据问题本身的需要以及旨在推进高等教育学术研究的目的，尝试采用混合研究方法。这与以往单一化的研究方法相比，具有一定特色，从而有助于提升学术研究过程及结果的规范性和严谨性。

① 姚计海．教育实证研究方法的范式问题与反思[J]．华东师范大学学报(教育科学版)，2017，35(3)：64-71，169-170.

第二章　概念界定与文献述评

在开展研究之前，"对概念的入门性讨论尽管难免会显得抽象，并因而给人以远离现实之感，但却几乎是不能省略的"。① 因此，本章首先对"一体化""区域(经济)一体化""区域高等教育一体化发展"以及"长三角"等核心概念进行逐一界定，并对与本书研究主题相关的国内外区域高等教育一体化研究文献进行回顾和述评，从而明确本书将在怎样的研究边界上开展，即以此为基础，明确本书的努力方向。

第一节　核心概念界定

一、区域(经济)一体化

汉语中的"一体化"一词最初是从英文单词"integration"转译而来，② 有时也与"convergence""harmonization""community"等词通用。就其字面释义来看，可以理解为把原本相互独立的各个部分或个体组成一个相互联系的整体，主要意指整合、融合、集成与综合。

由于"一体化"一词涵义较丰富，加之可大可小的"区域"(region 或 area)概

---

① ［德］马克斯·韦伯. 社会科学方法论［M］. 韩水法，莫茜，译. 北京：中央编译出版社，1998：34.

② 申超. 欧洲高等教育一体化的历史演进及其特征分析［J］. 全球教育展望，2009，38(7)：51-57.

念在某种程度上是模糊的,① 对其定义和分类多样,② 因而学界对"区域一体化"尚未形成相对稳定的概念界定。从相关文献来看,早期学者主要是从国际政治学和经济学两大学科视角来阐释,其思想渊源可追溯至 20 世纪五六十年代。首先,在国际政治语境下,区域一体化(regional integration)和区域主义(regionalism)通常被认为是具有相同含义的一组概念,是指世界各国致力于探索实现政治共同体的进程与趋向,当时先后出现了交流主义、新功能主义和政府间主义等三大理性主义理论。其次,在经济学家看来,区域一体化实质上就是区域经济一体化,其中以首届诺贝尔经济学奖获得者简·丁伯根(J. Tinbergen)的观点最具有代表性,他首次在动态经济分析的基础上,提出一体化是以区域为地缘基础,通过消除阻碍经济运行的各种消极人为因素,提高区域内部各种要素自由流动以实现资源的优化配置和有效利用。③ 随后美国经济学家巴拉萨(B. Balassa)进一步发展了该定义,他认为区域经济一体化既是一种过程(a process),又是一种状态(a state)。④

进入 20 世纪 60 年代,特别是冷战结束后,由于国家之间在建立合作关系的起点、途径和范围等多方面都在发生深刻变化,因而突破了单一经济学视角对区域一体化概念的传统理论界定。20 世纪 80 年代末 90 年代初,这种单一学科视角的区域一体化发展理论更是难以解释新时期区域合作的多元复杂关系,相关研究开始使用"新区域主义"概念来描述区域合作的新发展及面临的

① Paasi A. The Institutionalization of Regions: A Theoretical Framework for Understanding the Emergence of Regions and the Constitution of Regional Identity[J]. *Fennia-International Journal of Geography*, 1986, 64(1): 105-146.

② 由于划分标准和构建方法不同,对"区域"之界定和分类也就不同,例如,崔玉平参考美国学者胡佛的做法,对区域的基本类型进行总结并作补充,他认为至少包括以下三种:一是具有地理相似性和空间邻接性的同质区域;二是依据人类社会及经济活动特征等不同来划分界限而形成的功能区域;三是以明确行政区划为基础的行政区域。本研究所指的区域(以长三角为例),是依据前两种来划定,既属于空间同质区域,也属于功能区域。

③ Tinbergen J. *International Economic Integration*[M]. Amsterdam: Elsevier, 1954: 12.

④ Balassa B. *The Theory of Economic Integration*[M]. Illinois: Richard D. Irwin, 1961: 101.

新问题，尤其强调区域竞合现象的多主体和多维度；① 有学者明确以组织制度建设和经济合作发展为划分依据，把区域一体化分解为一组不同的新概念，如以政府为主导的制度性区域一体化和以企业为主导的功能性区域一体化，或者直接使用"政治一体化"和"经济一体化"进行组合界定；有学者提出次区域一体化的概念，即不同国家（地区）或者一个国家内部的某些地区之间在特定领域内实现全面合作发展。②③

我国学术界关于区域（经济）一体化概念的研究起步较晚，最早对此进行界定的是上海社会科学院改革开放中心的朱金海教授。他于 1995 年发表了一篇题为《论长江三角洲区域经济一体化》的文章，第一次论述了长三角区域经济一体化的特定含义，将其表述为"冲破行政管理体制的界限，以市场为纽带，以企业为主体，并由宏观调控组织引导，建立功能合理分工、资源合理配置、产业相互协调、资金互为融通、技术相互渗透、人才互为流动的现代经济一体化区域"。④ 由此可见，其总体上是在借鉴与演绎"区域经济一体化"这一国际经济学理论概念的基础上，赋予其特定的内涵。遵循这一思路，越来越多的学者纷纷运用相关政治经济学理论对主权国家的区域经济一体化进行系统阐释，⑤⑥⑦ 尽管定义的具体表述迥异，但主要释义至少都强调了三点：一是资

---

① Palmer N D. *The New Regionalism in Asia and the Pacific* [M]. Lexington, Mass：Lexington，1991：12.

② Chen X M. The Evolution of Free Economic Zones and the Recent Development of Cross-national Growth Zones[J]. *International Journal of Urban and Regional Research*，1995，19(4)：593-621.

③ 庞效民. 区域一体化的理论概念及其发展[J]. 地理科学进展，1997，16(2)：39-47.

④ 朱金海. 论长江三角洲区域经济一体化[J]. 社会科学，1995(2)：11-15.

⑤ 刘志彪. 协调竞争规则：长三角地区经济一体化的重要基石[J]. 南京政治学院学报，2002，18(4)：44-48.

⑥ 陈剩勇，马斌. 区域间政府合作：区域经济一体化的路径选择[J]. 政治学研究，2004(1)：24-34.

⑦ 李瑞林，骆华松. 区域经济一体化：内涵、效应与实现途径[J]. 经济问题探索，2007(1)：52-57.

源要素的自由流动,二是各地区(政府)间的开放合作,三是区域整体发展目标的实现。

通过纵向梳理发现,此方面明确且相对成熟的概念界定当以刘志彪教授的阐释最具有代表性。他将区域一体化发展分为两种主要形式,一种是不同国家之间的区域一体化发展,另一种是一个主权国家内部地区之间的区域一体化发展,并将后一种定义为"在一个边界模糊的大经济区域范围内,各个行政边界清晰的地区之间最大限度地克服或消除阻碍资源及其要素自由流动的各种消极人为障碍,从而实现市场竞相开放与充分竞争的全过程"。①② 实际上,这种讨论同一主权国家内部的区域一体化发展新涵义,理论上并不存在严重的政治制度分异,因而从这一角度可以将其等同于区域经济一体化发展。此时的区域一体化概念也符合巴拉萨的经济一体化"过程说"和"状态说"。就过程而言,包括不断克服或消除各地区之间资源及要素自由流动的一系列行动举措;就状态而言,则是各地区之间市场竞相开放与充分竞争,以及区域整体发展的实现。总的来说,这一概念界定已在我国研究国家内部区域一体化发展议题方面形成广泛共识,也给本书界定"区域高等教育一体化发展"概念带来重要启示。

二、区域高等教育一体化发展

从传统区域主义到新区域主义,抑或新发展的分支概念,都较为一致地揭示了通过某种或多元力量的竞合行动以推动区域整合和一体化发展的本质。后来区域一体化指涉领域愈加广泛,如社会、文化、教育等。当把其运用于高等教育领域时,则产生了"区域高等教育一体化"(regional higher education integration)的新概念。高等教育区域化与国际化研究专家简·赖特(J. Knight)从区域化相关概念及其与高等教育系统的互动关系出发,就探究区域高等教育

① 刘志彪. 协调竞争规则:长三角地区经济一体化的重要基石[J]. 南京政治学院学报,2002,18(4):44-48.

② 刘志彪. 区域一体化发展的再思考——兼论促进长三角地区一体化发展的政策与手段[J]. 南京师大学报(社会科学版),2014(6):37-46.

一体化发展提供了以下四种明确的分析路径：一是区域主义对高等教育的影响，在这种分析路径中，高等教育更多地被视为一种应对日益显著的区域主义影响而做出的积极回应；二是高等教育区域化，即在一个特定的区域或框架内，在高等教育参与者和系统之间建立更为紧密的全面合作与协调统一关系的过程及状态，此时的区域一体化使高等教育更具主动性和能动性；三是将高等教育作为实现区域一体化的一项工具，它强调如何利用高等教育达到区域政治和(或)经济一体化的总体目标；四是高等教育外部系统的区域间协作或者区域内协作，这就涉及两个或以上世界性地区(如亚洲和欧洲)之间的互动，抑或规模较小的国家及内部的次国家地区之间的互动，二者有着明显不同，关键还要看区域如何划定。

在我国，长三角区域显然是指向一个主权国家内部地区，因而本书所界定的"区域高等教育一体化发展"乃指在同一主权国家内部某些地区之间或之内进行。严格来说，国内学术界真正对这一概念做出明确界定的并不多，这其中还包括如"高等教育区域一体化"等用词。尽管此类复合词语在具体组合顺序上不同，但本质上都是将高等教育叠加于"区域"和"一体化"两个关键概念之上进行整合连用，分别以"区域"来确定高等教育发展的横向空间坐标，以"一体化"来明确高等教育资源及要素自由流动和优化配置进程的纵向时间坐标。从这层意义来看，这类用词其实是相互等同的，是故以下行文将不再作区分。

那么，究竟何谓"区域高等教育一体化"？概括起来，大致有以下两种观点。第一种为"过程观"，持此观点的学者较为一致认为区域高等教育一体化是一定区域内的各地区之间通过突破各种阻碍高等教育资源及要素流动、优化配置的体制机制障碍来提升区域高等教育综合竞争力的一个动态演进过程。[1][2]　此类相关论述多以区域一体化为逻辑起点，重点强调这一过程的核心

[1]　巫丽君，王河江．长三角高等教育区域一体化模式探析——基于历史进程的考察[J]．清华大学教育研究，2010，31(4)：52-56.

[2]　崔玉平，陈克江．区域一体化进程中高等教育行政区划改革与重构——基于长三角高等教育协作现状的分析[J]．现代大学教育，2013(3)：63-69，112.

是如何使高等教育领域内各种资源及要素"越界"流动、统筹协调、优化配置及有效整合。另一种从某种程度上可统称为"结果观",即把区域高等教育一体化视作高等教育活动的一种实现结果。例如,齐艳杰和薛彦华以京津冀区域为例提出,区域高等教育一体化并非以各地区之间高等教育资源及要素的流动和教育质量提升为出发点,而是被作为推动区域一体化的一种工具或策略而触发,从严格意义上来说,它属于区域一体化发展的衍生品,[①] 这符合赖特关于区域高等教育一体化概念的第三种分析路径,即将其作为区域一体化的一项工具。其中重要的原因在于京、津、冀"区域一体化"带有强烈的政治色彩,使得各个领域包括高等教育在内的区域一体化被赋予了某种重要的工具价值,镶嵌于国家顶层战略设计当中,往往都有着"天然"的合法性。但是,这一观点并非完全适用于所有功能性区域,尤其是市场化程度更高的经济区,很显然,离开自主能动性使之被动触发必将难以实现真正意义上的"一体化"。本书所指的区域高等教育一体化既是高等教育对区域一体化发展的积极回应,也是区域高等教育自身改革与发展的必然趋势,而并非简单沦为某一项被动工具或策略实施的结果。

综上所述,本书从逻辑上认为区域一体化和区域教育一体化等概念之间具有上下位之关系。因此基于上文上位概念相通的内涵及特征,综合区域高等教育一体化的"过程观"和"结果观",可以将此议题归结为:如何在一个特定的区域范围内最大限度地克服或消除各种消极人为障碍,并建立新的高等教育统筹协调机制,促进高等教育领域内各种资源及要素自由流动和优化配置,全面提升区域高等教育综合竞争力和影响力。为此,本书对"区域高等教育一体化发展"作一明确界定:它是指在一定区域范围内的高等教育为同时满足区域整体发展需要和自身更高质量发展诉求,通过突破区域内各种阻碍高等教育资源及要素跨时空流动、资源优化配置和功能互补的观念、政策、体制、机制等人为障碍,进而提升区域高等教育综合竞争力和影响力,实现高等教育系统及其

① 齐艳杰,薛彦华.京津冀高等教育一体化进程对策研究[J].北京师范大学学报(社会科学版),2017(2):15-20.

利益相关主体之间共生共长、共强共荣，形成一个有机生态系统的过程及状态。从这层含义来看，区域高等教育一体化必然是动态过程与现实状态的有机整合。前者是指在这一过程中为破除各种阻碍高等教育资源及要素跨时空流动而开展的一系列行动；后者可见区域高等教育整体实力的提升情况，以及区域内高等教育子系统及其利益相关主体之间是否形成了各有分工、各展其长、互补互助的共生体。

需要特别强调的是，本书所称区域高等教育一体化发展是指高等教育的区域一体化发展，即高等教育区域化发展的高级阶段，其核心要义在于打破高等教育功能空间单元之间的制度壁垒和边界分割的种种限制，推动高等教育资源在功能区域内流动和配置过程中实现更大效益，进而实现区域高等教育的整体发展。它不是指以牺牲院校发展特色为代价的高等教育同质化、一样化、平均化发展，更不是指以牺牲管理自主权为代价且完全由中央政府对高等教育进行高度集权式管理。

"区域高等教育一体化发展"交叉融合的多元释义和长三角区域一体化发展的独有特质为"长三角区域高等教育一体化发展"赋予了丰富内涵。[①] 在此基础上，本书进一步划定区域范围和时代背景，可以认为这是一个跨时空的前沿概念，特指区域高等教育一体化发展在长三角区域范围内（包括上海、江苏、浙江、安徽一市三省）和贯彻落实国家区域发展战略背景下得以进行，现阶段既是长三角区域一体化发展战略布局的外部要求，也是长三角一市三省高等教育事业自身更高质量发展的内生诉求。

三、"长三角"概念演变：界定研究范围

前文已述"区域"的划定对准确界定研究范围和对象至关重要，本书所指的区域指向"长江三角洲"（简称"长三角"）这一概念。长三角乃一个多义的概

---

① 袁晶，张珏.长三角区域高等教育一体化发展：动因、内涵与机制创新[J].中国高教研究，2019（7）：33-38.

念或固定用语，已是不争的学术共识。①②③④ 从已有相关研究成果来看，对此概念的理解存在狭义和广义之分。

首先，"三角洲"（Delta）是大约于 19 世纪 70 年代至 20 世纪初伴随西方学者考察足迹和地理学译著被引入中国的一个外来自然地理学概念。追溯至1917 年，中国近代地质学先驱丁文江先生赴江苏、浙江和安徽三省考察长江下游的地质情况，随后于 1919 年公开发表了一篇题为 *Report on the Geology of the Yangtze Valley below Wuhu*（《芜湖以下扬子江流域的地质报告》）的英文文章，方才第一次系统阐释了"the Yangtze Delta"的形成及其演变机制，这使得该名词开始流传开来。然而，该名词当时在各种地理教科书及报纸杂志上出现了"长江三角洲""大江三角洲""扬子江三角洲"等各种翻译，直至 1935 年，上述各种三角洲译法才统一改为"长江三角洲"，由此"长江三角洲"的表述得以逐渐固定。⑤ 在此基础上，生成了长三角的自然地理学定义，即特指长江入海之前形成的一个大致呈三角形的泥沙冲积平原，其面积达 4 万平方千米，平均每平方千米人口五六百人，既是我国人口密度最高的地区，也是我国经济最发达地区。它以江苏省仪征附近为顶点，向东大致沿扬州、泰州、海安一线作为北界，向东南沿大茅山、天目山东麓洪积——冲积扇至浙江省杭州湾北岸作为西南界和南界。⑥ 进一步说，虽然这一自然地理学定义是狭义层面的概念界定，但它无疑是后来者认清"长三角"历史地位和作进一步界定的基本依据。

---

① 佘之祥. 长江三角洲的基本特点、发展问题和对策[J]. 现代城市研究，1999（1）：3-5.
② 于新娟. 也论"长江三角洲"——兼从社会经济史的视角[J]. 社会科学家，2006（1）：186-189.
③ 刘士林，王晓静. 长三角区域政策发展进程研究[J]. 艺术百家，2011（6）：44-49.
④ 刘雅媛，张学良. "长江三角洲"概念的演化与泛化——基于近代以来区域经济格局的研究[J]. 财经研究，2020，46（4）：94-108.
⑤ 刘雅媛，张学良. "长江三角洲"概念的演化与泛化——基于近代以来区域经济格局的研究[J]. 财经研究，2020，46（4）：94-108.
⑥ 中国大百科全书出版社编辑部，中国大百科全书总编辑委员会《中国地理》编辑委员会. 中国大百科全书·中国地理[M]. 北京：中国大百科全书出版社，2006：67-69.

其次，自改革开放以来，伴随长三角区域经济的不断发展和融合，广义层面的长三角因此被赋予了经济区的含义，不再局限于上述地理范围，而是逐步扩大其概念内涵和规划范围，① 由此而生成了一个新概念。也就是说，广义上的长三角则是一个建立在区域经济发展基础上的概念泛化结果，对此至少可以从两个方面来解读：

一方面，长江三角洲城市经济协调会（简称"协调会"）②的创设和扩容正是长三角概念逐渐泛化的一个有力佐证。1997 年 4 月，该协调会由上海市和江苏省的南京市、苏州市、无锡市、常州市、镇江市、扬州市、南通市、泰州市，以及浙江省的杭州市、宁波市、嘉兴市、绍兴市、湖州市、舟山市 15 个城市通过沟通协商自发成立，经过历次局部调整和扩容，截至 2019 年 10 月，沪、苏、浙、皖一市三省全境的 41 个地级及以上城市已全部被纳入（见后文附录八）。

另一方面，国家重大区域发展政策对长三角规划范围的不断扩大是促使这一概念进一步泛化的另一佐证。2008 年 9 月，《国务院关于进一步推进长江三角洲地区改革开放和经济社会发展的指导意见》首次在国家战略层面上将长三角区域范围规划为上海市、江苏省和浙江省。不过，该文件并未细划出核心区或者中心区。2010 年，《国务院关于长江三角洲地区区域规划的批复》和《长江三角洲地区区域规划》划定长三角范围包括上海市、江苏省和浙江省，区域面积达 21.07 万平方千米，并划出了 16 个地级及以上城市作为核心区，指出安徽省为泛长三角区域。由此可见，泛长三角概念已显现出长三角突破自然地理界线而不断扩容的趋势。2014 年 9 月，《国务院关于依托黄金水道推动长江经

① 长江三角洲城市经济协调会办公室. 共建世界级城市群——长江三角洲城市经济协调会二十年发展历程（1997—2017）[M]. 上海：东方出版中心，2017：1-2.

② 它的前身是 1992 年举办的长江三角洲十五城市协作办（委）主任联席会议，共包含上海市，江苏省的南京、苏州、无锡、常州、镇江、扬州、南通，浙江省的杭州、宁波、嘉兴、绍兴、湖州、舟山等 15 个地级及以上城市，经过沟通协商，正式于 1997 年升格而来。

济带发展的指导意见》指出要提升长江三角洲城市群国际竞争力，其中以上海市作为长三角城市群的龙头，同时确定江苏省的南京市、浙江省的杭州市以及安徽省的合肥市共同为区域副中心城市。直至 2016 年 6 月，《长江三角洲城市群发展规划》明确提出了长三角城市群(26 城)处于上海市、江苏省、浙江省和安徽省范围内。此时的长三角区域范围已由原来一市两省扩大至一市三省。2019 年 12 月，《长江三角洲区域一体化发展规划纲要》再次明确规划了长三角范围包括上海市、江苏省、浙江省和安徽省全域，并将中心区所包含的城市增加至 27 个(见附录八)。

综上所述，长三角在其概念演变过程中，同时出现了明显的概念泛化趋势。目前长三角已经完全突破了自然地理学概念下的 4 万平方千米的狭义区域概念，形成了涵盖上海市、江苏省、浙江省和安徽省全域在内的面积达 35.92 万平方千米的广义经济区概念。虽然未来长三角区域并不一定一成不变地指代沪、苏、浙、皖一市三省，特别是随着交通网络与信息技术的迭代发展，这一区域的空间泛化趋势还将进一步增强，区域经济联系也将进一步得以强化，但是就概念演变的基本规律和内在逻辑而言，无论处于哪一历史阶段，对长三角的界定都应以最初的自然地理学概念为基本依据，同时要着重考虑当时时代背景下的区域经济发展内涵。当然，即便是再泛化也是有尺度的，毫无尺度的概念泛化相当于没有明确定义。本书中的"长三角"正是在自然地理学对长三角概念界定的基本前提下，综合广义层面的经济区含义明确指代当前国家政策所规划的沪、苏、浙、皖一市三省全域范围，具体包括 41 个地级及以上城市。

第二节 关于国际区域高等教育一体化发展的研究

一、欧洲高等教育一体化的相关研究

目前在整个世界范围，关于欧洲高等教育一体化的研究论著可谓浩如烟海，其论题也极为广泛，从专门针对欧洲高等教育一体化命题本身的研究，到欧洲高等教育一体化与各成员国高等教育改革发展的关系研究，涉及欧洲高等教育一体化对各成员国的影响，以及不同成员国对欧洲高等教育一体化这一重大改革所做出的不同回应或应对，再到对欧洲高等教育一体化给世界其他各主要国家或地区带来深刻影响和启示的分析，其中既包括对其正面意义的积极引介，也包括对其负面影响的理性思考，不一而足。

需要指出的是，考虑到欧洲高等教育一体化成员国之多，① 而且涉及语言种类较多，在搜集文献方面本身有着非常大的语言障碍，因此这里主要对查阅到的大量英文文献和中文(包含英文翻译为中文)文献进行综述。

(一) 对欧洲高等教育一体化命题本身的研究

受欧洲政治、经济一体化和世界高等教育国际化的深刻影响，1999 年法国、德国、意大利、英国等 29 个欧洲国家的教育部长在意大利博洛尼亚齐聚并签署了《博洛尼亚宣言》(the Bologna Declaration)，旨在打破欧洲各国的高等教育边界，整合欧洲高等教育体制及资源，力争到 2010 年建成一个共同的"欧洲高等教育区"(European Higher Education Areas，EHEA)，由此启动了一场浩大的欧洲高等教育一体化改革运动，这一过程被称为"博洛尼亚进程"(Bologna Process)。② 也就是说，"博洛尼亚进程"这个术语通常特指"欧洲高等教育一体化"。只是为了保持全书的连贯性，全书在行文中使用了"欧洲高等教育一

---

①　成员国是指《博洛尼亚宣言》的所有签约国，截至 2018 年 5 月已从最初发起的 29 个欧洲国家扩展至 48 个国家和地区，分别是：法国、德国、意大利、英国、西班牙、葡萄牙、瑞典、瑞士、阿尔巴尼亚、亚美尼亚、奥地利、匈牙利、阿塞拜疆、波斯尼亚、黑塞哥维那、保加利亚、克罗地亚、塞浦路斯、捷克、丹麦、爱沙尼亚、芬兰、爱尔兰、格鲁吉亚、罗马教廷、冰岛、拉脱维亚、列支敦士登、立陶宛、卢森堡、摩尔多瓦、挪威、波兰、罗马尼亚、俄罗斯、塞尔维亚、斯洛伐克、斯洛文尼亚、乌克兰、安道尔、比利时、希腊、马耳他、土耳其、黑山共和国、哈萨克斯坦、白俄罗斯等。

②　李长华. 推进欧洲高等教育一体化的博洛尼亚进程[J]. 外国教育研究，2005，32 (4)：69-72.

体化"这一表述。不过在引用和注释既有文献时，仍然保留了原文用词，因此这两种表述会在下文频繁互换使用，实际上都表示同一个意思。

1. 对欧洲高等教育一体化内容的研究与相关反思

在对欧洲高等教育一体化进行研究的早期，首先往往会论及这样一个问题：欧洲高等教育一体化产生于怎样的社会背景？或者说，欧洲高等教育一体化发起的动因是什么？根据相关文献的直接或间接回答，可大致将其主要动因概括为：欧盟各成员国高等教育主动顺应政治和经济一体化大潮、欧洲文明的同源性质和欧洲观念的普及、知识经济的全球化发展和高等教育国际化趋势的影响，以及对抗与美国等高等教育超级大国和澳大利亚等新兴大国之间的竞争等。①②③④

基于此，学术界纷纷对欧洲高等教育一体化的改革目标、演进历程与发展趋势等问题进行思考和研究。通过梳理大量中英文文献可知，起初欧洲高等教育一体化改革目标涉及六方面的具体内容：一是建立一套易理解和可比较的学位体系；二是建立一个学士和硕士两位一体的高等教育体系；三是建立统一的欧洲学分转换体系；四是促进师生和研究人员的流动与交流；五是促进高等教育质量保证上的欧洲合作；六是凸显欧洲各国高等教育的"欧洲维度"，尤其要促进办学和研究等多方面的合作。⑤ 其间，有关其发展历程及趋势的研究文献不胜枚举，其中许多中文文献也为这一研究领域的学术积累做出了重要贡献。如，2009 年在《全球教育展望》刊物上发表的一篇论文，对欧洲高等教育

① Teichler U. Internationalisation as a Challenge for Higher Education in Europe[J]. *Tertiary Education and Management*, 1999, 5(1): 5-23.

② 俞可. 欧洲高等教育：蹒跚走向一体化[J]. 上海教育，2003(18)：60-61.

③ 杨天平，金如意. 博洛尼亚进程论述[J]. 华东师范大学学报(教育科学版)，2009，27(1)：9-22.

④ 徐辉. "博洛尼亚进程"的背景、历程及发展趋势[J]. 高等教育研究，2009，30(7)：96-101.

⑤ Marquand J, Scott P. *Democrats*, *Authoritarians and the Bologna Process*[M]. London: Emerald Publishing Limited, 2018：183-186.

一体化的历史演进及特征进行了系统性分析。此文将欧洲高等教育一体化的演进历程大致划分为孕育和萌芽（20 世纪 50 年代至 60 年代末）、日渐展开（70 年代初至 80 年代中期）、较快发展（80 年代中期至 90 年代末）、稳步推进与逐步深入（20 世纪末至今）四个时期，并且对此归纳分析出七大特征，即"受欧洲经济政治一体化驱动并反作用于欧洲一体化进程；从职业教育领域向普通教育领域的高等教育一体化的过渡与融合；从较低层次向较高层次的高等教育一体化的过渡与融合；从欧盟成员国间的多边合作向欧洲国家间的一体化过渡；推进欧洲高等教育一体化方式的多样性与灵活性并存；欧洲高等教育一体化机制日益健全和深化；在尊重多元的基础上走向一体"。① 2011 年在《外国教育研究》上发表的一篇论文，指出欧洲高等教育一体化实际是一个充满张力的复杂过程，且突出表现为三个方面：一体化与多元化之间的文化矛盾；市场化与高等教育传统之间的价值矛盾；高校主体与博洛尼亚进程本身和民族国家之间的行动矛盾。② 相比而言，另一篇较新的文献评述了欧洲高等教育一体化的 20 年（从 1998 年《索邦宣言》到 2018 年"巴黎会议"召开）风雨历程，得出的基本结论为：过去经历了从欧洲一体化到教育一体化、从制度建设到会议推进、从顶层设计到渐进调适的不断发展过程；未来将面临高等教育国际化、公平化、内部质量保证以及终身教育进程推进等方面的新趋势和新挑战。③

2. 对欧洲高等教育一体化进程的评估与研究报告

欧洲高等教育一体化改革利益相关者主要通过开展评估的方式对博洛尼亚进程实施情况进行定性与定量相结合的评估。比较有代表性的如博洛尼亚进程官方发布的清查报告，欧洲大学协会（European University Association，EUA）发

①　申超. 欧洲高等教育一体化的历史演进及其特征分析[J]. 全球教育展望，2009（7）：51-57.

②　蔡宗模. 十年博洛尼亚进程的经验与启示：张力视角[J]. 外国教育研究，2011，38（2）：78-84.

③　刘爱玲，褚欣维. 博洛尼亚进程 20 年：欧盟高等教育一体化过程、经验与趋势[J]. 首都师范大学学报（社会科学版），2019（3）：160-170.

布的系列趋势报告，欧洲学生联盟（European Students' Union，ESU）开展的系列评估报告等。①　大致情况如下：

（1）博洛尼亚进程官方的清查报告。早在 2003 年柏林会议上官方就已要求博洛尼亚进程后续工作组对各成员国的实施进展和效果进行评估研究，即"水平评估"，②　尔后于 2005 年实施了第一次清查。此类清查报告的评估主体是专门的博洛尼亚进程清查组，评估方式采用各成员国提交进展报告和开展实地调查相结合的方式，评估内容涉及各成员国的高等教育基本情况、对博洛尼亚进程的执行情况，评估结果一般通过及时发布成员国贯彻落实高等教育一体化的进展、存在的问题和相关群体的反响来呈现。

（2）欧洲大学协会的系列趋势报告。EUA 自 1999 年以来每两年发布一次关于博洛尼亚进程成员国贯彻落实情况的调查报告。这些报告旨在及时总结和分析成员国大学开展欧洲高等教育一体化行动的进展、问题和困境，描绘该进程的变化和总体趋势，进而指出今后的工作方向和重点。

（3）欧洲学生联盟的系列评估报告。ESU 专门从学生的角度综合分析了博洛尼亚进程背景文件、各种报告、其他利益相关者出版物和统计资料等，以及学生对此的态度，并形成《以学生的眼光看博洛尼亚进程》系列评估报告。

（4）相关研究中心的独立评估报告。随着时间的推移，博洛尼亚进程的改革内容似乎在不断拓展，相关监测评估工作也越来越繁重。为此，欧盟委员会和博洛尼亚进程后续工作组将部分任务承包给相关研究中心，由研究中心来专门负责评估各成员国在执行博洛尼亚进程具体改革目标及可操作性内容方面的实现程度，并发布《博洛尼亚进程独立评估》报告。

总之，这些性、量相结合的监测评估和研究报告都对欧洲高等教育一体化改革起到了非常重要的推进作用。在这一过程中，通过开展评估的方式及时了

---

① 谌晓芹 . 结构主义视角下的欧洲高等教育一体化改革研究——聚焦于博洛尼亚进程（1999—2010 年）[D]. 武汉：华中科技大学，2014.

② European Parliament. Realizing the European Higher Education Area：Berlin Conference of European Higher Education Ministers[J]. *European Education*，2004，36(3)：28-35.

解欧洲高等教育一体化改革进展，同时发现问题所在，并指明发展方向。

(二) 欧洲高等教育一体化与成员国高等教育改革发展

自从 20 世纪 90 年代末欧洲高等教育一体化改革启动以来，众多参与者和观察者都比较一致地认为，这场重大教育改革运动已经对全欧洲整个高等教育体系及其成员国高等教育领域的诸多方面，如高等教育政策调整与执行、学位结构改革、大学体制改革、国际学生流动、高等教育评估与质量保障体系等产生了极其重要的影响。这些文献大多详细论述了欧洲高等教育一体化成员国在国家层面对博洛尼亚进程的接受和执行情况，[①] 由此可以了解成员国在不同方面做出了不同程度的高等教育改革努力，以及取得的一些新进展和存在的问题。这从多维度验证了长期以来推进欧洲高等教育一体化的有效性，将为本研究关注的长三角区域高等教育一体化发展提供有力证据支撑。

对于具体成员国而言，它们当中尤为值得一提的有，德国是坚定而持久贯彻博洛尼亚进程实施的代表性国家之一，其高等教育也由此发生了巨大而深刻的变革。博洛尼亚进程究竟对德国高等教育产生了怎样的影响？针对这一问题，其已在学术研究领域引发广泛关注和争论。一方面是来自拥护者的肯定之声，譬如，德国多特蒙德大学高等教育与教师发展中心威尔特教授肯定地指出，德国高等教育系统在博洛尼亚进程中呈现出前所未有的新变化，主要体现为：建立了新的高等教育质量保证和管理体系；重组了课程体系，在教学观念与教学方式上实现了从教到学、从"以教师为中心"到"以学生为中心"的转变；实施了大学教师发展计划，帮助教师进一步学习以适应全新的教学体系。[②] 另一方面则是批判者对"纯粹"积极意义提出的部分否定或修正。例如，德国学

---

① Sin C, Saunder M. Selective Acquiescence, Creative Commitment and Strategic Conformity：Situated National Policy Responses to Bologna[J]. *European Journal of Education*, 2014, 49(4)：531.

② ［德］约翰内斯·威尔特. 高等教育全球化的挑战——学术研究者视野中的德国博洛尼亚进程[J]. 李子江，罗惠芳，译. 高等教育研究，2007，28(12)：12-17.

者 Mayer 和 Friedrich、① 中国学者朱佳妮②均认为博洛尼亚进程对德国高等教育的影响并不能用一种简单的积极促进或消极阻碍来加以确定，而是具有复杂性，由此建议要立足比较的视角、历史发展的眼光以及多维度的评价来予以确定。

总体来看，学术界围绕欧洲高等教育一体化与其成员国高等教育改革发展之关系进行的研究，主要侧重于介绍博洛尼亚进程相关改革内容的实施情况，分析其中某个方面或者某个国家的具体问题。换句话说，这类文献是对以往单一重大问题研究的进一步深化。综合起来说，可以更好地认识不同国家在整个欧洲高等教育一体化改革发展过程中不同方面的不同努力和结果，理解推进高等教育区域化之复杂和艰辛。

（三）欧洲高等教育一体化对世界其他国家或地区的影响和启示

毋庸置疑，欧洲高等教育一体化不仅引发了各成员国高等教育的深刻变革，而且对非成员国乃至整个国际高等教育领域也产生了较为重要的影响，许多国家或地区为此纷纷做出了相应的思考及应对。正如有学者所言："面对进程的冲击甚至威胁，非成员国家很快意识到，忽视博洛尼亚进程，高等教育强国可能被超越、被抑制……非欧洲国家应对博洛尼亚进程的策略不尽相同，美国采取的是研究观察型策略，澳大利亚采取积极参与型策略，加拿大采取交流合作型策略，墨西哥与拉美许多国家一直以 Tuning América Latina 为平台探讨共同合作。"③具体来说，美国从一开始的漠视态度转变为密切关注，主要源于对"我们不再是最前沿"的担忧，也即欧洲高等教育区的潜力给美国高等教育

① ［德］彼得·梅尔，汉斯·R. 弗里德里希. 德国实施"博洛尼亚进程"的进展及其存在的争议[J]. 孙琪，译. 比较教育研究，2013（8）：88-94.
② 朱佳妮. 搭乘欧洲高等教育一体化快车？——"博洛尼亚进程"对德国高等教育的影响[J]. 清华大学教育研究，2014，35（6）：66-74.
③ 白玫. 非欧洲国家应对博洛尼亚进程的策略与启示[J]. 高教探索，2014（1）：84-89.

带来了前所未有的挑战，引发美国政界和学界开始思考自身在国际高等教育竞争力与影响力上处于什么样的水平。随后美国成立了专门的"博洛尼亚工作小组"，并且逐步将博洛尼亚进程视为开展交流与合作的平台。澳大利亚在应对博洛尼亚进程方面很是积极，首先由教育、科学与培训部发布了一份题为《博洛尼亚进程和澳大利亚：下一步》(*The Bologna Process and Australia：Next Steps*)的报告，然后通过建立相关引导委员会、"澳大利亚高等教育毕业证书附件"联盟等来效仿和学习欧洲高等教育一体化改革举措。加拿大更是从各省到教育部、厅长理事会，从联邦政府到人力资源与社会发展部等都密切关注欧洲高等教育一体化改革，并且在了解自身高等教育与博洛尼亚进程的基础上，适时对本国高等教育做出调整。墨西哥与拉丁美洲诸多国家则以"调整拉美计划"为平台寻求与欧洲各国之间的高等教育合作。

诚然，我国高等教育学界也通过对欧洲高等教育一体化改革的方方面面进行详细介绍和分析，得到了许多启示。相关研究成果层出不穷，部分文献已在上文中予以列出，是故此处不再重复引证。

值得关注的有，中南大学高等教育研究所课题组 2009 年发表一篇论文，就已经提出应当建立中国应对博洛尼亚进程的多种机制，其中"组建中国大学联合体"和"优质教育资源共享"①这两个议题迄今仍然留有丰富的学术启迪和联想；有学者 2012 年发表一篇论文，提出欧洲高等教育一体化改革的动力机制和阻力因素能为我国在推行国内各类大学联盟等方面提供借鉴；② 有学者 2016 年出版一部专著，基于结构主义视角的分析，提出了应深入推进我国高校间学分互认制度、进一步完善学历学位认可体系等建议。③ 尽管这些建议当

---

① 中南大学高等教育研究所课题组．建立中国应对博洛尼亚进程机制的设想[J]．现代大学教育，2009(6)：54-59，113.
② 王超，王秀彦．动力机制与阻力因素：欧洲高等教育一体化改革的启示[J]．教育研究，2012(1)：148-151.
③ 谌晓芹．结构主义视角下的博洛尼亚进程[M]．北京：中国社会科学出版社，2016：111-114.

时并没有直接触及我国区域高等教育改革发展问题，但从本书所指的长三角区域高等教育一体化命题来看，它们将是促进高等教育区域一体化发展必不可少的行动举措。除此之外，一些文献基于欧洲高等教育一体化的成功经验分析，专门为我国长三角区域高等教育改革发展提出了政策建议，这些将在本章第三节予以叙述和引证。

二、对世界其他主要区域高等教育一体化的研究

除了上述改革成效最显著、影响力最大的欧洲高等教育一体化以外，越来越多的国家或地区都在积极推动高等教育区域化发展，比较有代表性的有非洲联盟（简称"非盟"）高等教育一体化、东南亚联盟（简称"东盟"）高等教育一体化、拉丁美洲及加勒比地区（简称"拉美"）高等教育一体化、美国州际高等教育协作发展等。当然，世界各地关于高等教育区域化研究的文献纷繁庞杂，完全穷尽几乎不可能。因此，这里只对一些相对具有代表性的区域高等教育一体化及其研究文献进行整理和综合。

（一）对非盟、东盟、拉美高等教育一体化的研究

从殖民地的特殊历史经历来看，对于非洲而言，推进"一体化"甚至比任何国家和地区都要重要。实际上，自从 20 世纪 60 年代初大部分非洲国家相继独立以来，基于"非洲复兴"这一历史使命和共同愿景的一体化发展战略很快在社会、政治、经济、文化等领域得以推进，并逐步延伸至高等教育领域。不过，直到 21 世纪初才有"实质性"进展，其标志性事件是 2007 年 8 月非盟提出《非洲高等教育一体化战略》。该战略明确了创建非盟高等教育空间、推动高等教育区域合作等方面的发展目标，由此奠定了非盟高等教育一体化发展的制度框架和政策依据。

同时，一体化战略引发了学术界关于非洲高等教育一体化的关注与研究。相比而言，此方面的学术研究起步较晚，早期基本集中于如何对其进行概念上

的架构和分析。比较有代表性的是沃尔德吉尔吉斯(E. T. Woldegiorgis)和奈特等人的研究。比如，沃尔德吉尔吉斯较早基于区域一体化理论，以高等教育政策制定中的非正式与正式、自上而下与自下而上、主动与被动、渐进与突变、内部驱动与外部驱动等关系为解释范式，分析了区域高等教育协调与整合的过程，这为世界不同地区(如欧洲、非洲、拉丁美洲、加勒比地区、东南亚等)关于区域高等教育一体化发展的学术争辩提供了重要的理论视角。①

随着一体化发展进程的不断推进，相关研究涵盖非盟高等教育一体化的动因或历史背景、演进历程与发展前景、实践总结与反思、发展模式与路径探索，②③ 以及与欧洲高等教育一体化的比较等问题。④

除此之外，还有一些相对小众的研究将目光转向了东盟、拉美等区域高等教育一体化问题上。这些文献普遍将区域一体化视为东盟、拉美在全球化背景下为抗衡大国威胁或侵犯而在高等教育领域内"被迫"做出的理性选择，并且指出尚存在文化认同缺失、内部凝聚力不足、过大的教育异质性等难题，因而在改革与发展的实践过程中步履维艰。⑤⑥ 但总体上，从世界各国及地区越来越重视区域高等教育一体化发展的事实来看，区域一体化似乎早已成为现代高等教育发展的重要趋势之一。

---

① Woldegiorgis E T. Conceptualizing Harmonization of Higher Education Systems：The Application of Regional Integration Theories on Higher Education Studies［J］. *Higher Education Studies*，2013，3(2)：12-23.

② 陶俊浪，万秀兰. 非洲高等教育一体化进程研究［J］. 比较教育研究，2016(4)：9-17.

③ Woldegiorgis E T. *Regionalization of African Higher Education：Progress and Prospects*［M］. Rotterdam，Boston，Taipei：Sense Publishers，2017：29-46.

④ Woldegiorgis E T. Jonck P，Goujon A. Regional Higher Education Reform Initiatives in Africa：A Comparative Analysis with the Bologna Process［J］. *International Journal of Higher Education*，2015，4(1)：241-253.

⑤ 覃玉荣. 东盟高等教育一体化的发展历程［J］. 东南亚纵横，2009(4)：54-57.

⑥ 胡昳昀，刘宝存. 拉美高等教育一体化建设：目标、路径及困境——联合国教科文组织参与区域治理的视角［J］. 比较教育研究，2018(4)：69-76.

(二)对美国州际高等教育区域化的研究

大约从 20 世纪 50 年代开始,美国就开始设立旨在实现国家内部州与州之间高等教育资源共享及矛盾化解的区域高等教育合作组织,主要有南部地区教育(含高等教育)委员会(the Southern Regional Education Board,SREB)、西部州际高等教育委员会(the Western Interstate Commission on Higher Education,WICHE)、中西部高等教育委员会(the Midwestern Higher Education Commission,MHEC)和新英格兰高等教育委员会(the New England Board of Higher Education,NEBHE),并且逐步形成了独具特色的州际高等教育协调与合作机制。这些区域高等教育合作组织联合了美国各州的公立大学,并为其提供充足资金支持,从而建立起正式的区域性大学合作网络制度,对解决区域内优质高等教育资源争夺和高校之间无序或恶性竞争等问题发挥了极为重要的作用,也提供了区域经济社会发展所需的巨大人才和智力支撑。总的来说,从这些区域高等教育合作组织发展的相关报告和评论来看,在竞争格局日趋复杂的现实背景下,建立一定范围内跨地区之间的合作与交流是提升区域高等教育整体实力和推动区域经济社会发展的必由之路。

总之,本书所探索的长三角区域高等教育一体化与欧洲、非盟、东盟等国家层面的高等教育区域一体化以及美国州际层面的高等教育区域化,有着诸多不可比性,但是从根本上都指向一个"元问题",或者说区域高等教育一体化的提出至少含有两种于复杂竞争格局中主动谋求发展的动因:一是有效提升区域高等教育整体竞争力和影响力,二是高等教育更好地服务和推进区域经济社会发展。因而从这个角度来看,上述多个区域高等教育一体化及其研究文献能够为本书提供一定的实践依据和学术启迪。

第三节 关于我国区域高等教育一体化发展的研究

关于我国高等教育区域化乃至一体化发展的研究文献,目前主要以对长三角、京津冀、粤港澳大湾区以及最新"崛起"的成渝地区双城经济圈这四大典型经济区域开展的研究最具有代表性。这四组文献看起来不相干，但实际上并非完全相互独立，且为探索区域高等教育改革与合作发展新模式贡献了丰富的思想智慧，同时各区域也能从相互比较中获得有益启发。

一、关于京津冀区域高等教育一体化发展的研究

在"中国知网"(CNKI)中以"京津冀"并含"高等教育"(或"教育")为主题检索词，检索发现，国内学界有关京津冀区域高等教育合作发展的研究成果众多，总体呈现先快速上升后略有下降的趋势，并于 2016 年前后达到顶峰，但发表的论著质量参差不齐。① 依据重大战略背景，大致可将该主题研究划分为以下两个阶段。

第一，2000 年初至 2015 年为京津冀高等教育区域化研究的早期探索阶段，学界对"合作发展"及其走向各抒己见，展开了颇为丰富的"联想"。

根据文献检索结果，"京津冀教育合作"于 2003 年首次进入学术视野，被视为促成"大北京经济圈"的具体举措之一。② 同时受到长三角区域高等教育合作助力区域经济一体化发展有效性的影响，使得这一时期京津冀高等教育领域的一系列学术研究陆续出现。其中，郭化林(2004)发表的《高等院校规模经济的形成机理与实现》是最早论及京津冀高等教育合作的一篇文章，该文明确提出了架构"京津冀地区高等教育圈"的建议，并着重关注河北省高等教育整体竞争力的提升。③

随着京津冀三地高等教育合作实践的逐步展开和推进，越来越多的问题也随之暴露，于是学术研究开始从关注合作发展之必要性和可行性转向了现状分

---

① 在数百条检索结果中，既有 CSSCI 等核心期刊、报纸和大量硕士学位论文，也有诸多"不入流"的期刊。

② 李玉红，麻卫华. 教育合作与"大北京经济圈"[J]. 经济论坛，2003(8)：93.

③ 郭化林. 高等院校规模经济的形成机理与实现[J]. 河北科技师范学院学报(社会科学版)，2004，3(1)：73-77.

析、问题剖析及路径探索等。杨学新和李小刚针对京津冀三地高等教育合作发展存在的问题提出了促进高等教育资源共享和协调发展的建议：建立"首都地区"高等教育协调机制；建立三条高等教育走廊（"滨海新区—渤海新区""北京—保定—石家庄""北京—唐山—秦皇岛"）；立足本地实际，实行错位发展。① 郭秀晶等从13个方面（包括建立京津冀高等教育主管部门协调工作机制、定期组织高等教育合作发展论坛、推进"京津冀高等教育综合改革试验区"建设、加强人才交流服务和培养合作、加强科研合作、开展产学研合作与对外交流、建设高校资源数据库共享平台等）对当时京津冀区域高等教育从合作共识走向行动落实的全过程作了一个较为全面的总结，并且提出了深化京津冀高等教育合作发展的总体思路、具体目标和政策建议。② 此外，基于宏观层面的"京津冀高等教育一体化战略"也于这一时期被提出，③ 但当时所谓的"战略"基本上属于单方面的构想，无论在理论奠基方面还是实践指导方面都显得苍白无力。

此时，北京教科院"建设高等教育强国"课题组也将目光转向了该问题。2010年，该课题组在《中国高教研究》第8期发表了一篇题为《探索京津冀区域高等教育发展新模式》的文章。在这篇文章中，课题组基于"三关系、四模式"④中国高等教育区域发展新理论，首先提出应在京津冀区域确立高等教育先导发展战略，采取"政府主导、科教驱动"的区域高等教育发展新模式，而这其中的基础是京津冀区域高等教育集群，也即要求该区域高等教育表现出极强的生态集聚效应和资源溢出效应，然后提出推进这一新模式实施的对策建

① 杨学新，李小刚."首都地区"高等教育合作对策研究［J］. 中国高教研究，2009（10）：40-42.

② 郭秀晶，桑锦龙，高兵，等. 京津冀区域高等教育合作的行动研究与战略构想［J］. 北京教育（高教版），2010（12）：14-17.

③ 庄士英，张路平，赵冬云，等. 京津冀高等教育一体化战略构想［J］. 产业与科技论坛，2009，8（2）：102-103.

④ 前者是指高等教育与经济社会发展之间存在"先导""伴生""跟随"三种关系；后者，即在此关系下，我国高等教育区域发展可采取的"政府主导、科教驱动""市场主导，经济驱动""政府扶持，生态驱动""混合动力，多元驱动"四种模式。

议：一是以三地政府思想解放为前提，二是把管理体制机制创新作为关键，三是把加大统筹区域内科教资源作为重点。① 之后，又有一些研究回到合作发展这个"元问题"上，②③ 但也只是增加了基于理论层面的补充性解释，并无实质性突破。

至此，从第一阶段积累的研究成果来看，虽然这些文献都试图对京津冀区域高等教育改革发展进行思考和探索研究，对于厘清这一方面研究脉络很有帮助，但是各自关切的主题略显零散，使用了诸如"京津冀高等教育合作""京津冀高等教育集群""京津冀高等教育一体化"以及"京津冀高等教育区域发展"等多种提法，难以聚类形成一个主流学术话语。

第二，2015 年以来在国家战略驱动下由零散式理论探讨转向聚焦式系统研究阶段，学界对"协同发展"迅速形成高度共识，但具体研究内容各有侧重。

2015 年 4 月，中共中央政治局召开会议并审议通过《京津冀协同发展规划纲要》，正式将京津冀协同发展上升为重大国家战略。这一顶层规划设计奠定了京津冀区域协同发展的合法性基础，就此盘活了各个领域与维度的深度合作。就教育功能领域尤其最高层次的高等教育而言，统筹推进高等教育协同发展必然成为京津冀协同发展的重要内容之一。因此，这一时期学术研究的转向首先体现在迅速聚焦于更高水平、更深层次的"协同发展"问题，当然不排除以"一体化"命题的个别研究，④ 总的来说，这一时期的研究文献主要围绕以下三个方面展开。

---

① 吴岩，王晓燕，王新凤，等. 探索京津冀区域高等教育发展新模式——学习《国家中长期教育改革和发展规划纲要（2010—2020 年）》的思考［J］. 中国高教研究，2010（8）：1-7.

② 李汉邦，李少华，黄侃. 论京津冀高等教育区域合作［J］. 北京教育（高教版），2012（6）：13-15.

③ 刘赞英，刘兴国. 加强京津冀区域高等教育合作 促进高等教育内涵式发展［J］. 河北工业大学学报（社会科学版），2013，5（4）：13-17.

④ 齐艳杰，薛彦华. 京津冀高等教育一体化进程对策研究［J］. 北京师范大学学报（社会科学版），2017（2）：15-20.

（1）基于理论层面探讨和论证推进京津冀高等教育协同发展的可行性和必要性。①②

（2）分析京津冀高等教育协同发展的困境，并且提出相应的政策建议。如，有研究专门从政策构建的角度，针对京津冀高等教育布局和质量严重不均衡的突出问题，提出了立足区域功能定位需要来建设京津冀高等教育协同发展体系的政策建议。③ 另有一些研究大多从综合的角度进行分析，其中核心关切的问题主要包括梯度差距的过大与调整、行政壁垒的阻碍与破除、顶层设计的缺乏与加强、协同机制的缺位与完善、制度统筹的不足与改革，以及高等教育与区域经济社会发展的协同关系有待加强等。④⑤⑥ 简言之，从这些文献中可以引申出一个与本书相关的讨论，即上述涉及不同维度、深度的诸多问题及其对策，有可能在某些方面会与长三角区域高等教育一体化发展有相通之处，因此也为本书奠定了一定的学术基础。

（3）专门针对影响京津冀高等教育协同发展的关键因素进行研究。尤其值得关注的是，2018 年在《高等教育研究》期刊上发表的两篇论文，其中侧重中微观层面的一篇论文，首先指出在京津冀一体化建设初期，区域高校联盟是促进高等教育资源统筹的主要抓手。继而，该文对京津冀区域高校联盟建设的现状及困境进行了全面系统性的考察，发现的主要问题包括高校联盟"虚化——

① 陈·巴特尔，张琦．高等教育协同发展：京津冀一体化的重要推动力[J]．中国高等教育，2015（23）：15-17.

② 张琦．文化同源性与差异性影响下的京津冀高等教育研究[J]．河北师范大学学报（教育科学版），2016，18（4）：77-81.

③ 薛二勇，刘爱玲．京津冀教育协同发展政策的构建[J]．教育研究，2016（11）：33-38.

④ 王福建，孙继红．京津冀一体化背景下区域高等教育协同发展研究[J]．当代教育科学，2017（8）：92-96.

⑤ 杨振军．推动形成京津冀高等教育协同发展新格局[J]．中国高等教育，2017（8）：52-54.

⑥ 陈·巴特尔，许伊娜．京津冀区域高等教育反梯度推移发展策略[J]．黑龙江高教研究，2018（2）：17-20.

形式大于内容""失衡——主体参与度不均""异化——联盟伙伴责任分担不均"
"泛化——组织与行动框架不明晰"等。① 另一篇论文则从宏观层面指出高等教
育布局结构是影响协同发展的关键因素，并运用综合集成法进行分析，发现京
津冀高等教育空间布局不够均衡、层次结构不够合理、专业结构设置不够科
学，导致该区域高校资源存在过分集中和相对短缺兼而有之的问题。② 此类文
献的共性在于对若干重要影响因素进行单独分析，不仅提供了更加具体、细化
的学术研究路径，而且还蕴含着更深刻而有针对性的政策意涵。

二、关于粤港澳大湾区高等教育区域化的研究

有关粤港澳高等教育有序互动与合作发展的研究由来已久。早在 20 世纪
八九十年代，就有学者提出应在粤、港、澳三地建立长期的高等教育联系与合
作关系。③④ 随着 1997 年、1999 年先后迎来了香港和澳门的回归，自此这一
方面的研究成果无论是数量还是质量，都始终保持着相对平缓的增长状态。直
至 2019 年出现了井喷式增长，相关文献有百篇以上，其背后的原因是，该年
2 月，中共中央、国务院印发的《粤港澳大湾区发展规划纲要》正式将粤港澳大
湾区建设上升为国家战略，使得各个领域及其事项的推进都迫切需要研究界的
关注，其中关于高等教育的学术研究已经形成一个相对独立的学术板块。通过
梳理大量文献发现，已有研究主题和内容主要集中于以下四个方面。

第一，以"合作"为主题词，探讨粤港澳高等教育合作发展的现状、困境
及对策。如，黄崴和孟卫青在《教育研究》2007 年第 10 期发表了一篇论文，直

① 李旭. 京津冀区域高校联盟建设的现状、困境与对策[J]. 高等教育研究，2018
（6）：42-50.
② 薛二勇，刘爱玲. 京津冀高等教育布局结构优化的政策研究[J]. 高等教育研究，
2018，39（8）：38-44.
③ 高桂彪，梁英. 试论粤港澳高等教育的合作[J]. 高等教育学报，1988（Z1）：115-
119.
④ 杨移贻. 互补与对接——21 世纪粤港澳高等教育合作展望[J]. 高教探索，1996
（3）：17-22，16.

指："粤港澳三地是南中国的核心部分……地缘优势为其教育合作提供了先天便利"，亟须完善教育合作组织体系及协调机制，其中就有论及高等教育合作领域的应对策略，① 但广度和深度均有限。另有一些论文从不同的视角专门探讨了粤港澳高等教育合作发展的对策。如，陈昌贵和陈文汉基于制度创新的视角，提出借经贸合作之势建立粤港澳高等教育制度化合作机制，将合作上升至深层的、全面的和长期的制度化层面。②

　　第二，以"集群"为主题词，论述粤港澳大湾区高等教育集群发展的意义、思路和对策建议。2017 年，发生了一件在推进粤港澳大湾区建设工作中具有里程碑意义的事件。这年 7 月 1 日，在中央统筹部署下，粤、港、澳三地共同签署了《深化粤港澳合作　推进大湾区建设框架协议》，标志着国家致力于打造粤港澳大湾区成为国际一流湾区的建设工作正式全面启动。在这一背景下，加之粤港澳高等教育合作实践探索和理论研究的不断深入，学术视野逐渐转向了国际比较与经验借鉴。

　　这一方面较有代表性的研究包括，欧小军在论证高水平大学群对粤港澳大湾区建设具有重要意义的基础上，分析了该湾区高水平大学集群发展存在的问题及成因，并从教育管理、体制机制和法律政策等方面提出对策建议。③ 卓泽林和杨体荣较为全面地从目标、特色、创新、竞争和品质等五个维度分析了粤港澳大湾区大学集群建设在区域中的发展导向及其相互关系，据此推导出构建大学集群的一系列路径：其一，转变区域宏观战略，完善顶层设计；其二，丰富高等教育功能，强化服务职能；其三，升级高等教育合作机制，实现深度融合。④ 另

---

①　黄崴，孟卫青. 泛珠三角区域教育发展合作的背景、现状与机制[J]. 教育研究，2007(10)：67-72.

②　陈昌贵，陈文汉. CEPA 与粤港澳高等教育的制度化合作[J]. 高等教育研究，2004，25(1)：39-42.

③　欧小军. "一国两制"背景下粤港澳大湾区高水平大学集群发展研究[J]. 现代教育管理，2018(9)：17-22.

④　卓泽林，杨体荣. 粤港澳大湾区高校集群建设的发展导向及其路径[J]. 教育发展研究，2019(11)：16-23，39.

外，许长青和郭孔生着重强调进行体制机制创新(包括建立健全粤港澳大湾区高等教育整体规划机制、协同发展机制、品牌提升机制、法律保障机制、资源共享机制等)的重要性。① 事实上，虽然粤港澳大湾区高等教育集群发展模式此时已具雏形，但基本上处于"集而不群"的状态。针对这一问题，为更好地应对新时期粤港澳大湾区高等教育集群发展问题，有学者认为坚持多中心的城市群发展定位、以优势要素"组合"达至创新，将是该湾区高等教育集群发展的未来之路;② 有学者明确将创建粤港澳大湾区国际高等教育示范区视为实现集群发展的一种新路向。③

第三，以"整合""融合"为主题词，研究促进粤港澳大湾区高等教育的发展问题。实际上，在上述背景下，同时还存在一些与集群发展相并行的学术话语，主要包括促进粤港澳大湾区高等教育整合或融合(二者对应的英文翻译同为"integration")发展。也即除了构建上述能够支撑一流湾区发展的高水平大学群以外，通过合作以及更深度的合作还能达成某种共同的湾区高等教育发展目标或状态。比如，李晶和刘晖认为区域高等教育整合(包括高等教育子系统的内部整合与其他子系统的外部整合)是高等教育于竞争中谋发展的必由之路，依循该理路，粤港澳大湾区高等教育整合必然是基于多方逻辑判断的理性选择结果，而整合的行动方向包括从内部整合扩展到外部整合、从功能性整合上升至制度性整合。④ 也有学者认为粤港澳大湾区高等教育融合发展当是一系列合作的愿景，他们首先对融合发展的理念与现实等本质性问题进行理论分析，⑤

① 许长青，郭孔生. 粤港澳大湾区高等教育集群发展：国际经验与政策创新[J]. 高教探索，2019(9)：5-13.
② 陈先哲，陈雪芹. 多中心之下的融合创新：粤港澳大湾区高等教育集群的挑战与出路[J].苏州大学学报(教育科学版)，2019(2)：13-19.
③ 焦磊. 粤港澳大湾区国际高等教育示范区：意涵、态势与建设方略[J]. 高校教育管理，2020，14(4)：87-95.
④ 李晶，刘晖. 粤港澳大湾区高等教育整合的逻辑与进路[J]. 高等教育研究，2018，39(10)：31-36.
⑤ 许长青，卢晓中. 粤港澳大湾区高等教育融合发展：理念、现实与制度同构[J].高等教育研究，2019，40(1)：28-36.

然后基于制度变迁理论，运用扎根理论分析方法，建立了粤港澳大湾区高等教育融合发展的制度变迁理论模型，同时提出涵盖政府、高校和社会三个层面的应对策略。①

除此之外，值得注意的是，"一体化"也曾试图"挤入"这一学术话语，但却在广泛争论中逐步被淡化。从某种程度上说，"一体化""整合"与"融合"这三个概念可以相互替代，但后两者又具有更大的包容性和更高的灵活性，尤其针对粤港澳三地特殊的异质性（两种制度、三个关税区、三个法律体系），就各自不同功能领域包括高等教育领域的合作问题，将其称之为整合或融合，目前来看更显适切。

第四，有关这一方面的量化实证研究开始出现，但文献数量少且较为零散。其中一篇论文采用协调发展度模型，测算了粤港澳大湾区高等教育系统内外部的协调发展水平，发现该湾区的城市普遍呈现出"高等教育滞后，经济超前"的内外部失调状态。② 另一篇论文基于对粤港澳三地15所高校的实地调研数据，实证分析了该湾区高校师生流动的现状及其影响因素，发现师生流动整体满意度较高。③ 实际上，该文是从一个较新的微观视角对上述粤港澳大湾区高等教育融合发展问题进行的考察和检验。

三、关于成渝地区高等教育一体化发展的研究

在"中国知网"（CNKI）中以"成渝"并含"高等教育"以及"川渝"并含"高等教育"为主题检索词（选择来源类别默认为"中英文扩展"，时间范围为"不限"，下同），累计检索到22条结果，但其中还包括一些与成渝地区高等教育区域化

① 许长青，黄玉梅. 制度变迁视域中粤港澳大湾区高等教育融合发展研究［J］. 中国高教研究，2019（7）：25-32.

② 徐芳燕，吴婕彤，蓝玉奇. 粤港澳大湾区高等教育系统内外部协调发展的测度分析［J］. 浙江树人大学学报，2020，20（3）：94-100.

③ 许长青，周丽萍. 跨境流动视域中粤港澳大湾区高等教育协同发展的政策构建［J］. 高教探索，2020（8）：5-13.

发展不相干的文献。当选择篇名检索词时，检索结果更是寥寥可数，一共仅有8篇文献。

从发表时间的先后顺序来看，杨泽军2010年发表的一篇题为《成渝经济区高等教育发展探讨》的论文，是最早关切此主题的研究。该文首先将成渝经济区视为一个整体，以高等教育促进区域发展为逻辑起点，初步提出了"整合经济区内部高等教育资源，吸引名校入驻和改革高校办学体制，打造成渝地区高等教育优势，带动区域发展"的新思路。① 但遗憾的是，针对这一区域发展中的高等教育合作问题短期内并没有引起学术界的研究兴趣，而是等到2011年国务院正式同意批复《成渝经济区区域规划》，该区域高等教育领域才开始进行高等教育资源共建共享的探索和实践。在这一背景下，有学者2012年发表论文，针对川渝地区高等教育资源配置存在的问题提出，应构建区域内高等教育资源共享机制。② 时隔数年，到2016年国务院同意批复《成渝城市群发展规划》，尔后才有一篇论文，继续就成渝经济区高等教育资源共建共享问题作进一步探讨。③ 可见，成渝地区高等教育合作已经进入学术研究视野，但由于两地高等教育实力相去甚远，学界对这一现实问题望而却步。

2020年是成渝地区高等教育一体化发展研究成果集中出现的一年，主要是受成渝地区双城经济圈建设上升为国家战略的影响。2020年1月3日，中央财经委员会第六次会议明确提出要推动成渝地区双城经济圈建设，这既前所未有地赋予了该地区高等教育合作发展新的使命担当，也为之提供了新的历史契机。因此，相关高质量的高等教育科学研究自然不可缺位。根据中国知网的文献检索，同年，《重庆高教研究》杂志连载两期这方面的专题论文，共包括5

---

① 杨泽军. 成渝经济区高等教育发展探讨[J]. 四川教育学院学报，2010，26(4)：30-32.

② 王成端，谢华，孙山，等. 川渝地区高等教育资源配置现状、问题及共享机制研究[J]. 现代大学教育，2012(6)：86-91.

③ 王成端，叶怀凡，程碧英. 高等教育资源共建共享——基于成渝经济区现状的考察及思考[J]. 中国高教研究，2017(2)：48-53.

篇研究文献。第一篇采用 SWOT 分析法，通过对成渝两地高等教育发展的优势、劣势、机遇和挑战进行全方位的分析，同时借鉴国际相关成功经验，提出"超常规发展战略"应遵循的三个原则：一是超常规发展超一流大学；二是联手打造双城健康竞争的发展模式；三是多元合作，多渠道发展本地区高等教育。[①] 第二篇首先基于克鲁格曼（P. Krugman）的"中心-外围"模型理论，构建了一个经济地理学意义上的产业、人才、教育、城市互动发展的区域创新一体化分析框架，提出通过高等教育集群建设来推动成渝地区双城经济圈发展；继而，该文还对这一地区高等教育集群建设的现实基础、发展目标以及具体路径做出详尽分析。[②] 第三篇从发展目标、思想认识、顶层设计、体制机制、发展思路等五个层面分析了成渝地区双城经济圈高等教育一体化发展问题。[③] 第四篇基于国内京津冀、长三角和粤港澳大湾区高等教育的比较分析，发现成渝地区双城经济圈明显存在"双核独大"、内生创新动力不足、对外开放力度不够等现实问题，据此从合力形成驾驭核心、激发高等教育创新活力、促进高教资源开放共享等方面指出该地区高等教育系统构建的路径。[④] 第五篇依据美国旧金山湾区高等教育共同体的发展特征，对促进成渝地区双城经济圈高等教育发展提出五点建议：其一，制定战略发展规划；其二，打破大学属性藩篱，构建高等教育发展共同体；其三，加大经费投入力度；其四，加强与沿海、港澳地区及国外大学的合作交流；其五，提升校企合作凝聚力。[⑤] 这些文献基本从不同角度对成渝地区双城经济圈高等教育合作发展持积极看好的态度，并集中探

① 洪成文，梁显平，韩少秀. 成渝地区双城经济圈高等教育的超常规发展战略[J]. 重庆高教研究，2020，8(4)：71-79.

② 陈涛，唐教成. 高等教育如何推动成渝地区双城经济圈发展：高等教育集群建设的基础、目标与路径[J]. 重庆高教研究，2020，8(4)：40-57.

③ 蒋华林. 推动成渝地区双城经济圈高等教育一体化发展的思考[J]. 重庆高教研究，2020，8(4)：58-70.

④ 贾秀险，戚务念. 成渝地区双城经济圈高等教育系统构建：基础与路径[J]. 重庆高教研究，2020，8(5)：32-43.

⑤ 常桐善. 美国旧金山湾区高等教育共同体的发展特征：兼谈对成渝地区双城经济圈高等教育发展的启示[J]. 重庆高教研究，2020，8(5)：18-31.

讨如何将其积极推进，包括相关理论和现实基础分析、目标确定、发展中面临的问题分析及对策提出等，为本书分析长三角区域高等教育一体化发展提供了可资借鉴的学术启示。

总体来看，相关文献似乎是基于国家政策支配与诱导形成的学术思考，从2011年《成渝经济区区域规划》到2016年《成渝城市群发展规划》，再到2020年"成渝地区双城经济圈"的政策演进，每一次政策演变或多或少驱动着学术界对成渝两地高等教育发展的思考和研究。不过，这类学术研究成果数量甚少且增长缓慢，这与该地区高等教育的整体相对劣势以及内部差距过大有一定关系。抛开内容本身来说，上述文献对本书研究的另一启示在于，在研究此类高等教育区域化发展问题时，既要关注学术研究本身的自洽性，同时也要体现国家意志和满足相关政策制定的需要。

四、关于长三角区域高等教育一体化发展的研究

关于长三角高等教育区域化发展的研究启动较早，也积累了一定成果。这也是本书需要作重点综述的。

通过梳理文献发现，与本主题密切相关的研究大约从21世纪初开始，以《教育发展研究》2004年第1期刊发的一组专门讨论长三角区域高等教育合作、联动、协调问题的论文为发端，分别是龚放教授撰写的《整合与联动：打造长三角高等教育发展极》、[①] 余秀兰撰写的《分工与合作：促进长三角高等教育新发展》[②]以及孙志凤所撰的《交流与协调：建立长三角教师教育信息化基地》。[③] 值得一提的是，这三篇文章并没有直接使用"长三角区域（高等）教育一体化"的表述。而是在次年，学者们才基于不同角度，从务虚到务实，从宏观设计到

---

①　龚放．整合与联动：打造长三角高等教育发展极[J]．教育发展研究，2004(1)：5-7.
②　余秀兰．分工与合作：促进长三角高等教育新发展[J]．教育发展研究，2004(1)：8-9.
③　孙志凤．交流与协调：建立长三角教师教育信息化基地[J]．教育发展研究，2004(1)：9-10.

微观行动，系统阐述了长三角区域高等教育一体化的基本内涵和行动举措。例如，余秀兰认为推进长三角区域教育（含高等教育）一体化发展是指破除区域内部阻碍教育资源及要素自由流动的体制性障碍，实现教育资源的优化配置和区域教育的跨越式发展，① 不过囿于多重困难和障碍，要实现这种跨地区的教育一体化，可谓任重道远。有鉴于此，龚放在借鉴欧洲高等教育一体化成功经验的基础上提炼出开创长三角高等教育一体化新局面的三个要素：一是观念认同以确立"长三角坐标"，二是政府主导以防止流于空谈，三是项目推动以提供"一体化"载体。② 另外，还有一篇论文从高等教育学科与课程整合的微观层面，提出了一些旨在促进高等教育合作发展的新举措，以推动长三角区域高等教育一体化持续快速发展。③ 简言之，这些研究主要是基于理论推演（"发展极"理论、高等教育大众化理论）、经验逻辑（世界高等教育发达地区的教育合作经验，如欧洲高等教育一体化、美国加州大学统一管理模式），开创性地探讨了长三角区域高等教育一体化发展的动因、内涵及举措。

　　尔后几年间，该主题研究进入相对冷清期，直至 2008 年才如雨后春笋般出现。当时的社会背景是，2008 年国务院出台《国务院关于进一步推进长江三角洲地区改革开放和经济社会发展的指导意见》，确立了长三角地区各个领域一体化发展战略，同时在国家战略层面上首次明确提出了将强化教育等领域的合作与交流作为长三角经济一体化发展战略的重要组成部分。这一"指导意见"的出台引发了学术界的深入思考。譬如，有学者就长三角区域经济一体化背景下推进高等教育区域合作的必要性、主要优势以及实践路向做出分析。④ 2009 年发表在《教育发展研究》上的专题论文值得一读。这组文献是"长三角地

---

① 余秀兰. 促进与区域经济的良好互动：长三角教育的应为与难为[J]. 教育发展研究，2005(9)：60-62，65.

② 龚放. 观念认同 政府主导 项目推动——再论打造"长三角高等教育发展极"[J]. 教育发展研究，2005(4)：55-57.

③ 张红霞，曲铭峰. 长三角高等教育一体化：学科与课程层面[J]. 教育发展研究，2005(9)：63-65.

④ 雷树祥，肖阳. 长三角区域经济一体化下的高等教育合作[J]. 现代教育科学，2008(2)：28-31.

区教育联动发展战略"课题组研究形成的一批成果，主要针对长三角地区教育联动发展问题进行了全面系统的考察，①②③④ 但这些文献均以整个教育体系作为研究对象，因此专门针对高等教育领域的分析自然相对有限。

　　在上述研究基础上，学者们开始基于不同分析视角或理论基础来论述长三角区域高等教育联动改革与协同发展问题，相关论文发表数量于 2010 年达到峰值。如，有论文理论分析了长三角高校联动发展的内、外部动因，并从政府提供制度保障、教育主管部门统筹规划、共同建立科学评价激励机制、搭建公共服务平台等四个方面给出了具体建议。⑤ 与此同时，《中国高教研究》2010年连续刊发了两篇此方面的论文，其中一篇论文首先基于"欧洲高等教育区"的成功经验，构建了一个"长三角高等教育合作区"的主体分析框架，提出了多条行动路径：一是推行长三角区域高校联考招生制度，二是建立区域优质高等教育资源共享机制，三是出台相关教育政策以缩小长三角区域高等教育均衡发展差距，四是化解区域内高校债务风险。⑥ 另一篇基于多个境内外区域高等教育发展的历程和经验总结，进一步分析了持续推进长三角区域高等教育联动发展的实践举措，指出联动发展的关键在于构建符合长三角区域特点的高等教育治理结构和协调机制。⑦ 同年在《清华大学教育研究》上发表的一篇论文，基于历史发展视角和教育外部关系理论，将长三角高等教育区域一体化划分为区

　　① "长三角地区教育联动发展战略研究"总课题组．长三角地区教育联动发展战略研究[J]．教育发展研究，2009(Z1)：1-7.

　　② "长三角地区教育联动发展战略研究"上海课题组．以共同发展为导向，推动长三角地区教育率先联动[J]．教育发展研究，2009(Z1)：8-10.

　　③ "长三角地区教育联动发展战略研究"江苏课题组．以项目为载体，加快长三角地区教育联动发展[J]．教育发展研究，2009(Z1)：11-13.

　　④ "长三角地区教育联动发展战略研究"浙江课题组．以改革为动力，构建长三角教育一体化发展平台[J]．教育发展研究，2009(Z1)：14-16.

　　⑤ 郭必裕．长三角高校联动发展的动因及其实现机制[J]．南通大学学报(社会科学版)，2010，26(6)：32-36.

　　⑥ 眭依凡．合作与引领发展："长三角"高等教育行动[J]．中国高教研究，2010(6)：1-6.

　　⑦ 丁晓昌．长三角高等教育联动发展的实践与思考[J]．中国高教研究，2010(8)：13-17.

域高等教育的市场孕育、合作开展和聚合体创设三个历史阶段，由此发现其演进模式是一种以政府为主导的多中心治理模式。①

随着相关理论研究和实践探索的不断推进，研究成果更加丰富多元，均旨在为长三角区域教育改革创新发展、联动与协同发展乃至一体化发展提供决策参考和学术指引。例如，"共建长三角教育综合改革试验区"研究总课题组2012年发表了一篇论文，基于城市群发展理论，围绕长三角区域教育综合改革和联动发展的背景与意义、基础与优势以及"试验区"功能定位与目标等进行了全面分析。② 继而，另一篇论文专门针对共建"长三角教育综合改革试验区"的思路、功能、目标、主要任务、重大举措与保障等方面作进一步探讨。③ 另一些文献关注高等教育领域，对长三角区域高等教育改革创新发展命题进行思考。有研究基于区域经济学和空间经济学理论，专门论证了推进长三角区域高等教育联动改革与协调发展的重要经济意义：其一，有利于推动区域经济一体化发展进程；其二，有利于区域高等教育资源整合与结构优化；其三，有利于促进区域经济结构调整和产业升级；其四，是实现国家区域发展总体战略的重要举措和推动力之一。④ 尔后，秉持问题导向、决策导向和实践导向的系列研究构成了另一个研究方向，其对策建议主要包括中宏观层面的战略选择与制度创新、⑤ 管理体制改革与治理结构创新、⑥ 行动路径探索⑦以及微观层面的

①　巫丽君，王河江．长三角高等教育区域一体化模式探析——基于历史进程的考察[J]．清华大学教育研究，2010，31(4)：52-56．
②　"共建长三角教育综合改革试验区"研究总课题组．推进长三角教育综合改革 实现区域教育联动发展[J]．教育发展研究，2012(5)：27-42．
③　陈国良．共建"长三角教育综合改革试验区"研究[J]．科学发展，2012(3)：24-37．
④　崔玉平，夏焰．区域高等教育联动改革与协调发展的经济意义——基于长三角地区的分析[J]．清华大学教育研究，2012，33(1)：40-45．
⑤　侯蔚．长三角区域一体化下的高校协同发展战略选择与制度创新[J]．中国高教研究，2014(4)：31-37．
⑥　崔玉平，陈克江．区域一体化进程中高等教育行政区划改革与重构——基于长三角高等教育协作现状的分析[J]．现代大学教育，2013(3)：63-69，112．
⑦　赵渊．长三角高等教育协作：路径矫正及动力机制建构[J]．中国高教研究，2013(2)：37-40．

高校专业调适。① 其中值得关注的是崔玉平在其《区域高等教育的经济学分析》著作中，明确提出"区域经济一体化决定着区域高等教育一体化的发展趋势",② 随后他又发表论文，基于长三角区域高等教育协作现状的分析，认为改革与重构高等教育行政区划，建立高等教育主体功能区是今后推动长三角区域高等教育一体化进程的最佳选择。

　　然而，2014年以后很长一段时间相关研究都处于空窗期，直至2019年有研究者分别在《中国高教研究》和《教育发展研究》期刊上发表两篇论文，自此重新点燃了长三角区域高等教育一体化发展研究之篝火。具体而言，前一篇论文对长三角区域高等教育一体化发展的动因及内涵进行了全面系统性的再阐释。该文认为，推进区域高等教育更高质量一体化发展的突破口在于机制创新：其一，建立区域高等教育一体化发展规划与引领的统筹机制；其二，构建一体化发展的多元主体参与机制；其三，构建一体化发展的协调和激励保障机制。③ 与此同时，后一篇论文认为在当前一体化发展机制缺位的现实情况下，利用信息化技术手段率先在长三角区域打造一种没有围墙的"线上+线下"和"本部+分校"的"长三角联合大学"等高等教育新业态是助推长三角区域高等教育更高质量一体化发展的不二选择。④ 从此，长三角区域高等教育一体化发展问题开始迅速引发学术界的思考与研究，其主要内容涉及演进历程与动力机制⑤、发展目标与行动路径⑥等。

---

　　① 侯蔚．论产业转型升级与高校专业协调发展——基于长三角区域一体化的思考[J].高等工程教育研究，2014(4)：22-29.

　　② 崔玉平．区域高等教育的经济学分析[M].哈尔滨：黑龙江人民出版社，2011：238.

　　③ 袁晶，张珏．长三角区域高等教育一体化发展：动因、内涵与机制创新[J].中国高教研究，2019(7)：33-38.

　　④ 袁晶，张珏．长三角区域高等教育一体化发展：需求、障碍与机制突破[J].教育发展研究，2019(5)：54-59.

　　⑤ 吴颖，崔玉平．长三角区域高等教育一体化的演进历程与动力机制[J].高等教育研究，2020，41(1)：25-36.

　　⑥ 李宜江．长三角高等教育一体化高质量发展目标与行动路径研究[J].苏州大学学报(教育科学版)，2020(4)：37-45.

通过以上回顾和梳理，可以发现，长三角区域高等教育一体化发展进入学术视野已有十多年。上述文献围绕合作、联动、协同、协调、集群以及一体化等主题词进行了不同程度的思考和讨论，总的来说涵盖以下三个层面的研究内容：（1）动因阐释。此方面的代表性文献运用"发展极"理论、教育外部关系理论、合作博弈理论、区域经济学和空间经济学理论等来论述推进长三角区域高等教育一体化发展的重要性和必要性。（2）内涵意蕴的探讨。诚然，尽管在不同的时代背景下，对"长三角区域高等教育一体化发展"有过多种不同表述，其内涵也不尽相同，但研究总体上日趋聚焦、逐步深化。（3）对存在或面临的问题与障碍进行分析，并提出对策建议。总结此类研究可发现，观念迥异、行政壁垒、政策掣肘、机制缺位等是长三角区域高等教育一体化进程中的阻力要害，对此亟须合力破除。这些文献可以帮助我们较好地理解长三角区域高等教育一体化发展的起源和动因，把握其演变规律及特征，在很大程度上从学术研究的视角来审视长三角区域高等教育一体化发展问题，同时也为本书访谈提纲和调查问卷中部分问题的设计提供了学术指引。

第四节　文献评述

已有文献围绕不同国家之间的高等教育区域一体化和主权国家内部不同地区之间的高等教育区域一体化两个方面展开，为本书提供了很好的学术基础和启示。但是，对本书研究关注的问题而言，这些文献尤其我国区域高等教育一体化发展相关问题的国内文献，仍然存在以下一些不足和亟待研究的空间。

第一，我国区域高等教育一体化发展及其研究总体上明显滞后于西方主要国家或地区，仍需更持续而深入的本土研究。前文已述，从20世纪中期前后开始，世界多个国家或地区就有促进区域高等教育一体化发展的倡议，并且在学术界形成了一系列国际研究成果。这些基于不同国家、不同地区、不同历史时段的实践探索与学术研究，似乎都反映了一个基本事实：越来越多的国家或地区都在致力于推进区域高等教育一体化发展。相比而言，我国在此方面的起步较晚，包括最早（1988 年）进入学术研究视野的粤、港、澳三地高等教育合作发展论题，就更不用说于 21 世纪才出现的长三角等区域高等教育合作发展研究了。

鉴于此，本书以目前国内区域高等教育合作基础较好的长三角地区为例，对由"一体化"延伸出来的一系列现实议题进行分析，希冀为区域高等教育一体化发展尤其是基于一个主权国家内部不同地区之间探索高等教育发展新模式的学术研究添砖加瓦。

第二，从长三角区域高等教育一体化发展及其研究本身来看，国家战略尚未完成，此方面的相关问题将一直是学术研究的重要方向。通过对我国有关区域高等教育一体化发展研究文献的梳理，我国高等教育改革与发展似乎显示出了一些新的趋势与特征，其中非常重要的一点就是与国家意志和重大战略越来越紧密关联，这或许意味着高等教育学术研究会越来越主动回应国家重大战略及政策规划。但是开展此类学术研究时，必须要在政策需求与学术对话之间找到平衡，既要积极回应国家区域发展战略背景下的高等教育改革与发展重大问题，又要避免被"政策"或"潮流"牵着鼻子走；既要注重坚持恰当的理论视角，又要避免沦为"纯粹"的学术建构和理论想象。

本书将对照新时期长三角区域更高质量一体化发展战略部署以及高等教育自身改革与发展的新任务、新要求，对区域高等教育一体化发展本身及相关问题进行再检视和思考。这也是未来较长一段时期内我国区域高等教育研究领域需要继续努力的方向。

第三，以往对长三角区域高等教育一体化发展问题进行研究的文献几乎全部倒向一体化倡导与支持者的一边。但事实上，这种研究范式有可能失其科学性：一方面易于走向"先验主义"误区，即认为"长三角区域高等教育一体化发展"是先天就作为一个本体存在或者说不证自明的命题；另一方面可能造成其他不同的声音注定成为"沉没的声音"。换句话说，尽管"一体化"政策话语在整个长三角区域可谓耳熟能详，但是问题在于：为什么会在高等教育领域被视为一个"学术命题"并受到越来越多研究者的关注？

本书将比较全面地从理论、政策和现实基础三个层面对"长三角区域高等教育一体化发展"作具体的再审视，并且运用访谈和问卷调查相结合的方式搜集长三角高等教育相关专家(包括政府或非高校事业单位行政人员、高校专职行政管理人员、"双肩挑"人员、高校专职教师、科研院所专职研究人员等)对长三角区域高等教育一体化发展的态度及其原因，对不同人员的不同的声音进行整理和分析。

第四，以往关于长三角区域高等教育一体化发展的文献大多属于研究者单方面"构想"，甚少基于实地调查与访谈的实证资料来分析"一体化"问题。如前文所述，堪称典范的欧洲高等教育一体化之所以得以迅速发展，在很大程度上也得益于整个进程中所做的性、量结合的监测评估和研究报告，而进行实地调查、访谈等是这些评估和报告生成的重要手段。相比而言，我国区域(包括长三角区域在内)高等教育一体化发展在此方面显得尤为滞后且薄弱。

本书将在理论分析的基础上，结合实地调查与访谈，了解长三角区域高等教育改革决策者与相关实践主体的意见，准确认识问题所在和改革的着力点所在。

第五，学术视野中的长三角高等教育已经历了较长时间的一体化探索，但迄今为止，尚未出现专门对其进行监测评价的研究。值得注意的是，近年来关于长三角区域一体化发展评价的研究不断涌现(相关文献将在后文第七章作单独综述)，而在高等教育领域几无进展。这一方面不利于及时了解一体化推进的进度、所遇到的问题，另一方面不利于一体化发展目标的实现。

本 章 小 结

厘清核心概念、界定研究对象和范围是对"长三角区域高等教育一体化发展"问题进行研究的基本前提。本章首先阐释相关核心概念；然后结合研究主题，重点从有关欧洲、非盟、东盟、拉美等不同主权国家之间的高等教育一体化改革，美国州际高等教育协作发展以及我国京津冀、粤港澳大湾区、成渝地区双城经济圈和长三角四大经济区高等教育的区域一体化发展方面作文献述评，并在此基础上，总结和发现可以拓展的研究空间。

首先，在界定区域高等教育一体化发展之前，需要弄清的一个基本概念就是区域一体化(或区域经济一体化)。这一概念与区域教育一体化等概念具有上下位之关系，也是探讨区域高等教育一体化发展的基础。通过对国内外已有研究成果的分析可以发现，不论从何种视角、边界和背景出发，区域一体化的概念内涵至少都离不开资源要素自由流动、各地区之间开放合作和区域整体发展目标实现这三个基本要素。目前我国学界对主权国家内部区域一体化发展已经形成了比较明确且相对成熟的定义，即：在一个边界模糊的大经济区域范围内，多个行政区划界限明晰的地区之间最大限度地克服或消除阻碍本区域内经济运行资源及其要素自由流动的各种消极人为障碍，从而实现市场竞相开放与充分竞争的全过程。本书以此概念界定为逻辑起点，同时考虑高等教育发展有其相对独立目标，将区域高等教育一体化发展这一概念定义为：在一定区域范围内的高等教育为同时满足区域整体发展需要和自身高质量发展诉求，通过突破区域内各种阻碍高等教育资源及要素跨时空流动、优化配置和功能互补的观念、政策、体制、机制等人为障碍，进而提升区域高等教育综合竞争力和影响力，实现高等教育系统及其利益相关主体之间共生共长、共强共荣，形成一个有机生态系统的过程及状态。

同时，明确界定本书所指的"长三角"，是以狭义层面的长江三角洲(即长江入海之前形成的一个大致呈三角形的泥沙冲积平原)这一自然地理学概念为基本依据，综合广义层面的经济区含义，明确指出其范围为当前国家政策规划的上海市、江苏省、浙江省和安徽省全域范围。

其次，比较全面地回顾和综述了国内外相关研究文献。从国际关于区域高等教育一体化发展主题的文献来看，以欧洲高等教育一体化问题及其研究最具有代表性，相关论著汗牛充栋，其论题极为广泛。具体而言，从专门对欧洲高等教育一体化命题本身的研究，主要包括对一体化内容的研究与相关反思，以及对一体化进程的评估与研究报告，到欧洲高等教育一体化与各成员国高等教育改革发展的关系研究，涉及欧洲高等教育一体化对各成员国的影响，以及不同成员国由此所做出的不同回应或应对，再到欧洲高等教育一体化给世界其他各主要国家或地区带来的深刻影响和启示，既包括对其正面意义的引介，也包括对其负面影响的思考。除此之外，对非盟、东盟、拉美等区域高等教育一体化研究以及美国州际高等教育合作发展研究的一些文献作简要综述。综合这些文献，能够较好地反映一个基本事实，即世界各国及地区越来越重视区域高等教育一体化发展，这也将为本书提供一定理论支撑和学术启迪。

从国内相关研究文献来看，当前对我国高等教育区域合作乃至一体化发展问题的研究，基本上聚焦于长三角、京津冀、粤港澳大湾区和成渝地区双城经济圈等四大典型经济区域。首先，分别对京津冀、粤港澳大湾区、成渝地区的相关主题文献作述评，发现"一体化"问题曾得到一些关注，但尚未或者难以成为此类高等教育区域合作发展问题研究的主流学术话语。其次，与本书主题直接相关的"长三角区域高等教育一体化发展"话语进入学术视野已有十多年，但相关文献只是围绕合作、联动、协同、协调、集群以及一体化等主题词进行了不同程度的探讨，而对"一体化"进行专题系统研究的文献较少，尽管近两年似乎正在掀起一股研究热潮，但仍显得比较薄弱，主要研究内容包括"一体化"动因之阐释、内涵意蕴的探讨、问题剖析及其建议提出等三个层面。这些文献为本书论题的提出和明确提供了较好的学术基础。

综上，本书研究拥有必要的拓展空间和研究价值，主要体现在四个方面：（1）我国区域高等教育一体化发展及其研究总体上明显滞后于西方主要国家或地区，因而亟须持续、深入的本土研究；（2）在长三角区域一体化发展国家战略尚未完成之时，深入研究长三角区域高等教育改革与发展的相关问题仍然是学术界的重要努力方向；（3）以往探讨长三角区域高等教育一体化发展问题似乎存在"一边倒"的现象，从学术研究的意义上看尚缺乏科学性；（4）以往关于长三角区域高等教育一体化发展的文献大多属于研究者单方面的"构想"，很少综合实地调研资料进行实证分析；（5）目前，国内尚未出现专门针对包括长三角在内的区域高等教育一体化发展水平监测评价的研究，而这一方面的工作同样滞后于欧盟，亦需要引起注意。

第三章　必要与可能：长三角区域高等教育一体化发展的多重渊源

前面章节提出并回答了"区域高等教育一体化发展"是什么，遵循问题分析的一般逻辑，还需要进一步回答如"为什么"即"何以必要"和"何以可能"等问题。为此，本章重点从理论和政策的双重视角来阐释为什么提出长三角区域高等教育一体化发展这一命题或学术话语。这将为研究的后续展开提供必要的理论和政策依据，同时为推进长三角区域高等教育一体化发展的相关实践举措做出理论逻辑层面的一般性分析。

第一节　长三角区域高等教育一体化发展的理论基础

目前为止，国内外学术界基本上还没有针对区域高等教育一体化发展问题形成"放之四海而皆准"的专门性理论。而从知识的源头上讲，知识的整体性和不可分割性在很大程度上决定了学科是交叉生长的，并非完全分立。因此，本节试图借用生态学、经济学、管理学等学科及相关研究领域中的一些理论，探讨长期以来推进长三角区域高等教育一体化发展从理想走向现实的过程，并对相关理论的适用性作一阐发，旨在为这一"学术话语"奠定必要的理论基础，或者说提供一定的理论支撑。

一、共生理论

"共生"（symbiosis）一词来源于希腊语"sumbioein"，意指"共同生活在一起"(to live together)，最初由德国真菌学家德·贝里(A. de Bary)于 1879 年提出并将其定义为"不同种属生物按照某种物质联系共同生活在一起"，随后一些生物学家在此基础上发展进而形成共生理论。伴随着相关生物学研究的不断深化和社会科学的快速发展，20 世纪中叶以后，"共生"这一概念及思想已不再为生物学家所独享，开始逐步渗透到社会科学领域，甚至有社会学家提出了当今人类社会已经步入一个"多元共生的时代"。正是在这样的背景下，有学者将共生学说作为一门社会科学所应具备的概念工具体系，核心论题包括三个方面："共生不仅是一种生物现象，也是一种社会现象；共生不仅是一种自然状态，也是一种可塑形态；共生不仅是一种生物识别机制，也是一种社会科学方法。"[①]

一般认为，共生就是共生单元之间在一定的共生环境中按某种共生模式形成的关系，包括共生单元(U)、共生模式(M)和共生环境(E)三个构成要素，它们三者在共生关系中分别是基础、关键和重要外部条件，缺一不可。也就是说，任何共生关系都是这三个要素共同组合、相互作用的结果。如果用向量 S 表示共生关系，则对应的表达式为 $S = (S_1, S_2, \cdots, S_n)$；向量 U 表示共生单元，其表达式为 $U = (U_1, U_2, \cdots, U_m)$；$M$ 表示共生模式，其表达式为 $M = (M_1, M_2, \cdots, M_k)$；$E$ 表示共生环境，其表达式为 $E = (E_1, E_2, \cdots, E_l)$。那么就有：$S = (U, M, E)$，它们之间的关系如图 3-1 所示。

其中：(1)共生单元是指构成共生体或共生关系的基本能量生产和交换单位，它是共生体得以形成的基础物质条件。(2)共生模式是指共生单元之间相互作用的方式或相互结合的形式，具体有行为方式和组织程度两个划分维度。按照前者即共生单元之间相互作用的方式及强度，可分为"寄生""偏利共生""非对称互惠共生"和"对称互惠共生"四种共生行为模式；按照后者即共生单元相互结合的形式，又可分为"点共生""间歇共生""连续共生"以及"一体化

---

① 袁纯清. 共生理论——兼论小型经济[M]. 北京：经济科学出版社，1998：9-10.

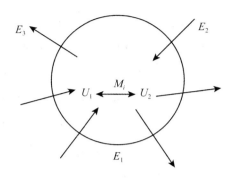

图 3-1　共生系统三要素关系示意图

资料来源：袁纯清. 共生理论——兼论小型经济［M］. 北京：经济科学出版社，1998：9-10. 此图是最简单的共生关系模型。其中，U_1、U_2 为共生单元，M_i 为共生单元之间的某种共生关系，E_1、E_2、E_3 分别表示正向、中性和反向的共生环境。

共生"四种共生组织模式。① （3）共生环境则是指共生单元以外的所有因素的总和。将这三个要素之间相互作用的方式及其机制的总和称之为共生界面，或者说共生单元之间进行物质、信息、能量传导的媒介、通道或载体，它是共生关系赖以存在和发展的基本前提条件。② 虽然共生理论认为共生的本质是协同与合作，但并不排斥竞争，只不过这种竞争是通过共生单元内部结构和功能的创新来对其功能进行重新分工定位，从而实现共生单元之间的再分工、错位竞争和相互协作。简言之，共生理论强调共生单元在特定的时空条件下相互影响、相互依赖和相互作用，使得合作与竞争的关系得以确定，从而形成一个旨在实现共同发展的共生系统。

从既有研究积累的共识来看，共生理论适用于解释具有复杂相关关系的多

---

　　① 　对于这些共生组织模式的相应解释，以及由它们之间两两组合而形成的 16 种状态，详见袁纯清的专著《共生理论——兼论小型经济》（经济科学出版社，1998 年第一版）第 8~10 页。其中，"对称互惠共生"是最有效率且最稳定的共生行为模式，使得共生系统具有最大的共生能量；"一体化共生"是共同发展、进化特征最明显的共生组织模式。二者是共生系统形成与发展的理想模式。

　　② 　袁纯清. 共生理论——兼论小型经济［M］. 北京：经济科学出版社，1998：9-10.

主体之间的合作发展问题。例如，吴泓和顾朝林基于共生理论，探讨了跨行政区域的旅游竞合模式和机制。① 冷志明等②③运用共生理论对区域合作发展、经济一体化及其运行机理进行分析。他们认为区域经济合作乃至一体化可以被视为一项系统工程，在这项系统工程中参与合作的主体是存在复杂相关关系的有机体，只有各主体通过加强协调与合作，才能实现区域内经济合作"共生体"（其构成主体为各级地方政府、自然人、法人、经济组织、行业协会等）的共同利益。总的来说，在共生理论框架下形成的竞合共生思想，至今被广泛用于分析区域合作发展及其相关问题。

区域高等教育一体化发展的终极目的是提升区域高等教育整体实力，实现高等教育子系统及其利益相关主体之间共生、共长、共强、共荣，也即形成一个共同发展的大区域生态系统。为此，在高等教育改革与发展过程中需要多方联合，打破区域内阻碍高等教育资源及要素跨时空流动、优化配置的各种人为障碍，开展竞合行动。这恰好属于共生理论中的高层次共生模式，也即对称互惠共生条件下的一体化共生模式，它强调多个具有相关关系的主体通过竞争与合作，在相互激励中共同发展到更高层次的状态。

这里可以将长三角区域内不同层级、不同类别的高等教育组织机构（包括"双一流"建设高校、非"双一流"建设的地方重点/一般高校、高职高专院校、科研院所等），以及主要利益相关行动主体（如政府、企业、社会团体组织或其他机构等）视为共生单元，由它们构成的区域高等教育系统即为一个共生体或称共生系统。当然，这一共生体绝不是任何外力强行拼凑在一起互不相干的空间单元聚集体，而是各个共生单元与共生环境（包括区域经济一体化发展、

---

① 吴泓，顾朝林. 基于共生理论的区域旅游竞合研究[J]. 经济地理，2004，24(1)：104-109.

② 冷志明，张合平. 基于共生理论的区域经济合作机理[J]. 经济纵横，2007(4)：32-33.

③ 冷志明，易夫. 基于共生理论的城市圈经济一体化机理[J]. 经济地理，2008，28(3)：433-436.

地域相邻与空间可达、文化相融、教育一体化发展战略协作框架、一体化体制机制及法律法规等)共同作用、相互耦合的联合体。从现实情况来看，一方面长三角区域一市三省目前共拥有 459 所普通高校(占全国总数的 17.08%)，其层级和类别齐全，具有形成完整高等教育有机生态群落的共生单元基础；另一方面，随着长三角区域一体化发展上升为国家战略以及《长江三角洲区域一体化发展规划纲要》等重要政策文件的出台，也为高等教育区域一体化共生模式的形成创造了至关重要的外部环境。这种一体化共生模式将有助于降低高等教育资源及要素流动成本和管理控制成本，从而带来整体竞争力和影响力的提升。

二、增长极理论

增长极(也称发展极)理论是区域经济学中的重要理论基石之一。该理论由法国经济学家佩鲁(F. Perroux)首先提出，即认为非均衡是经济增长的常态，不同地区、行业或部门要想均匀增长或发展只是一种理想而非现实，由此主张将有限的稀缺资源优先投入到规模经济和投资效益较好且发展潜力较大的地区、行业或部门，重点强化它们的经济实力，进而通过不同的渠道向外扩散、辐射和带动整个区域经济的发展。[①] 这种非均衡性的发展结果因此形成"增长极""发展极"或"增长点"。用佩鲁的话说就是"如果一个集团在其所处环境中引起不对称的增长和(或)不对称的发展现象，而且这些增长现象与发展现象至少在一个时期内是相反而非同步的，那么，我们就可以将这个集团称之为一个增长的极或发展的极"。[②] 简言之，佩鲁的增长极理论就是秉持一种非均衡的增长、发展观点，主张以增长极的推动效应和区位连锁效应带动全局的发展。

世界各主要发达国家和地区致力于培育空间增长极的区域战略举措，较好地证明了这一理论的解释力。例如以纽约为中心构建的美国东北部大西洋沿岸

---

① 安虎森. 增长极理论评述[J]. 南开经济研究，1997(1)：31-37.
② 王瑜. 增长极理论与实践评析[J]. 商业研究，2011(4)：33-37.

城市群、以芝加哥为中心构建的北美五大湖城市群、以伦敦为中心构建的英伦城市群、以东京和大阪等城市为中心构建的日本太平洋沿岸城市群、以巴黎和阿姆斯特丹等城市为中心构建的欧洲西北部城市群等，这些世界级城市群发展至今已被证实是国家或地区经济社会发展的重要"增长极"，是区域非均衡发展战略实施的成功案例。值得特别关注的是，这些世界级城市群往往不仅是所在国家或地区经济、科技、文化的中心，而且也是世界一流高校富集之地，是全球高等教育发展的高地，其高等教育与经济社会发展相得益彰。可见，世界级高等教育因此成为世界级城市群的重要"标配"，也是形成区域经济"增长极"的一个重要条件。

　　龚放最先基于增长极理论，探讨了长三角地区高等教育与区域经济社会之互动关系。① 他指出，长三角城市群(当时由上海、南京、苏州、无锡、常州、镇江、南通、扬州、泰州、杭州、宁波、绍兴、嘉兴、湖州、湖州、舟山等16个大中城市构成)作为人们普遍认为最有可能成为的世界第六大城市群，能够以其较强的经济综合实力和竞争力为该地区高等教育的蓬勃发展提供良好环境、氛围和强劲活力。他并且认为长三角地区的高等教育肩负双重历史使命：一是通过区域内高等教育的整合与联动，为把长三角打造成我国新一轮经济发展和社会进步的"增长极"提供重要支持；二是努力把长三角地区打造为我国高等教育大众化、理念与制度创新的"增长极"。为此他提出，要推进长三角地区高等教育一体化发展。② 这在当时既是一个前瞻性的学术概念，也是一种大胆性预见，即长三角地区很有可能成为具有重要国际影响力和竞争力的高等教育增长极。但是，要想变这种"可能性"为"现实性"，仍然充满诸多挑战。

　　迄今为止，我国长三角城市群已跻身世界六大城市群，也是我国三大城市

---

　　① 龚放.整合与联动：打造长三角高等教育发展极[J].教育发展研究，2004(1)：5-7.

　　② 龚放.观念认同　政府主导　项目推动——再论打造"长三角高等教育发展极"[J].教育发展研究，2005(4)：55-57.

群之首。① 若以城市群和都市圈理论看待长三角区域发展，就可以将整个长三角区域视为一个超级城市群。然而，该区域的高等教育发展是否与其经济、社会等区域一体化发展目标相匹配？与上述五大世界级城市群的高等教育相比，又存在怎样的差距？这些引发我们重新思考：如何率先推进长三角区域高等教育一体化发展进程，不断提升高等教育整体实力，努力打造一个全国范围内高等教育（包括国际教育服务与贸易）的增长极、发展极。

三、合作博弈与战略联盟理论

最初在传统应用数学学科中发展形成的博弈理论及其重要思想至今被广泛应用于经济学、政治学、管理学、军事战略学以及其他多学科领域。美国著名经济学家冯·诺伊曼（J. V. Neumann）和摩根斯顿（O. Morgenstern）于 1944 年合作出版的《博弈论与经济行为》（*Theory of Games and Economic Behavior*）首提"博弈论"。在该书中，"合作博弈"（cooperative game）的概念被提出，继而于 20 世纪 50 年代发展到顶峰，后来随着"非合作博弈"（non-cooperative game）的兴起和迅速发展使其遭受冷遇，而这却归咎于人们对合作博弈的误解，实际上其都是针对不同类型的策略所做出的分析和论述，并不能代表谁更为重要。② 具体而言，博弈模型可根据局中人是否能达成具有约束力的协议且彼此合作将其分为合作博弈和非合作博弈，二者都是博弈论中用于分析不同情形的重要方法。不同的是，非合作博弈是研究局中人如何在处于利益相互影响的情境中做出使自己收益最大化的决策，因而强调的是个体理性或个体最优决策；与之相反，合作博弈是研究局中人如何通过达成合作获得团体净收益并进行收益分配，从而达到"双赢"（win-win）、"多赢"（multi-win）的局面，可见其强调的是团体理性、效率、公正、公平。要想促成合作博弈一般需要具备两个

---

① 袁羽钧. 走进长江三角洲——探析区域一体化发展路径[M]. 北京：社会科学文献出版社，2020：2.
② 李军林，李岩. 合作博弈理论及其发展[J]. 经济学动态，2004（9）：79-85.

基本条件：一是整体收益大于局中人"单兵作战"收益之和，二是联盟内部应存在如"帕累托改进"的分配规则（每个局中人都能获得不少于加入联盟时的收益）。

然而现实情况往往是，博弈方处于不合作或合作与不合作之间的复杂状态。对此，博弈论专家们给出了可转移效用（或支付）假定，进而在联盟内部各成员之间按照某种分配规则重新进行转移支付和利益调整。

如果把一定范围内的某些行政部门组建成基于某种关系的战略联盟，有效的合作博弈规则必然十分重要。例如，国内学术界早在论及建立长三角区域一体化协调发展机制时，就已看到了协调竞争规则（即统一协调的有效竞争规则）的重要性。① 实际上，我国中央政府统一领导和地方政府主导发展的现实格局就遵守着一个统一协调的有效合作博弈规则。总之，合作博弈对建立战略联盟伙伴关系、整合竞争优势以及形成非同质化品牌战略等具有重要影响，当然还需要一定约束与激励等制度设计作为博弈方的有效动力机制。

合作博弈与战略联盟理论无疑为长三角地区一些高校结成特定形式的大学联盟和实施品牌竞争战略提供了重要理论基础。其中，包括一些较有代表性的各类大学联盟相继成立，也证明了此理论的应用价值。如，由来自沪、苏、浙一市两省的复旦大学、上海交通大学、同济大学、南京大学、东南大学、浙江大学、浙江工业大学、浙江理工大学等8所高校组成了"长三角高校合作联盟"（简称"E8"）；由来自沪、苏、浙、皖一市三省的27所应用型本科高校共同组成了"长三角地区应用型本科高校联盟"；由来自沪、苏、浙、皖一市三省的复旦大学、上海交通大学、南京大学、浙江大学、中国科学技术大学等5所高校共同组成了"长三角研究型大学联盟"（简称"华东五校"）等。这些大学联盟均跨越省域行政边界进行"抱团取暖"或"强强联合"，旨在通过合作发展促进区域内高校之间竞争优势的深度整合，进而避免各自为政、以邻为壑等非

---

① 刘志彪. 协调竞争规则：长三角地区经济一体化的重要基石[J]. 南京政治学院学报，2002，18（4）：44-48.

合作博弈现象的发生，这体现了联合博弈的本质特征——整合竞争优势、合作互补。除此之外，还包括以合肥学院为代表的地方高校通过加强自身品牌建设、实施错位竞争战略，逐步形成了独具特色的"应用型大学"品牌形象，① 体现了协调博弈的本质特征——有序分工、错位竞争。

四、融合创新理论

1912 年，美国著名政治经济学家约瑟夫·熊彼特（J. A. Schumpeter）在其著名的《经济发展理论》中首次提出并阐释了"创新"（innovation）的概念和创新理论。他认为，创新是经济发展的内部动力之源，是把新的生产要素及其条件的"新组合"（包括产品创新、生产技术创新、市场创新、材料创新和组织创新等五种情况）引入企业生产体系，由此建立了一种新的生产函数。②

尔后，伴随着科学技术的快速发展以及各种技术进步和制度创新，理论界不断对传统创新理论进行补充和完善，一致认为新的创新呈现出由"封闭式创新"走向"开放式创新"，由要素单一或零散转向多维度整合等，其核心特征主要表现为多维要素的融合创新。尤其进入 21 世纪以来，经济全球化背景下的市场竞争愈演愈烈，倒逼企业必须通过将多种内外部资源及要素进行创造性整合，实现优势互补，进而降低不确定性和交易成本，以谋求更好的生存和发展。正是在此背景下，"融合创新"（integrated innovation）概念的提出为创新理论和实践的发展提供了新的研究视角。在融合创新理论中，创新被视为将各种创新要素进行创造性的融合。由此可见，融合创新实际上是对熊彼特"创新"要素的有机组合。一般认为，它的具体内涵由"产品创新""服务创新""业务流程创新""业务模式创新""管理创新"和"制度创新"六个维度构成，只有涵盖

---

① 周光礼. 从同型竞争到错位竞争——高校品牌形成机制研究［J］. 中国高教研究，2017（10）：4-12.

② ［美］约瑟夫·熊彼特. 经济发展理论［M］. 何畏，易家祥，译. 北京：商务印书馆，1990：73-74.

这六个维度的创新才是一个企业真正需要的创新。①

　　总的来说，融合创新理论是围绕如何通过持续创新来驱动增长的再一次理论创新，其本质是通过对各种创新要素进行创造性融合以形成一个互通有无、优势互补及相互匹配的创新系统，进而形成新的创新能力和核心竞争力，以放大集成效应、倍增效应。可见，融合创新理论的解释力和应用范畴似乎更加广泛。有研究指出，融合创新理论中关于要素的定义、组合和融合等论述不仅适用于企业的创新分析，同样可以为区域高等教育集群建设等新发展模式中相关要素的创造性融合提供重要理论支撑。②

　　从长三角地区高等教育多年来的合作与交流经历来看，融合创新理论适用于高等教育领域区域一体化发展的新解释，并对高等教育一体化"强区域"核心竞争力的形成具有重要指导意义。实际上，高等教育具有准公共产品的属性，因而从普遍意义来看，高等学校作为众多行业组织之一，为了自身竞争力和影响力的持续提升，也同样需要不断开发、创造"新产品"，想方设法提供更为丰富、优质的高等教育服务与知识产品，大胆探索具有竞争优势的新的发展模式。这就需要改革与创新内部管理体制及相关制度安排，当对高等教育子系统内部诸多要素乃至外部有利资源及要素进行有机组合时，所谓的融合创新活动便发生了。从这个角度来讲，探索长三角区域高等教育一体化发展新模式就是在支撑国家重大战略、服务区域社会经济发展和促进自身内涵式发展的基础上，通过内外部力量共同作用、形成合力，对一市三省高等教育资源及要素进行"新组合"，最终实现区域高等教育整体核心竞争力、影响力和贡献度的提升。

　　由此可见，在探索长三角区域高等教育一体化改革与发展的实践过程中，

---

　　①　刘新，吕延杰. 融合创新的概念、背景和特点[J]. 通信企业管理，2006(12)：68-69.

　　②　陈先哲，陈雪芹. 多中心之下的融合创新：粤港澳大湾区高等教育集群的挑战与出路[J]. 苏州大学学报(教育科学版)，2019(2)：13-19.

很大程度上也将是对区域高等教育系统的"产品、服务、业务流程、业务模式、管理、制度"多维度要素的融合创新。其中，在教育教学(人才培养)、科学研究以及社会服务等具体事务方面进行的改革与创新基本可以与"产品创新""服务创新""业务流程创新""业务模式创新"相对应，而在高等教育制度方面的改革与创新则可与"管理创新""制度创新"相对应。每一个维度的创新不仅需要融合区域高等教育系统内部的各种创新要素，还需要实现与其外部更多有利因素(如长三角区域较高的经济社会一体化发展水平、地域相邻和空间可达、文化相融等)的融合创新，以促进区域高等教育内外部资源及要素之间优势互补与配置优化。如长三角地区相继成立的各类特色大学联盟，其实就是融合创新的探索行动。区域高等教育融合创新活动既要对区域高等教育内部资源及要素进行整合，也要重视高等教育联合体与外部各生产要素相互作用下的融合创新，尤其强调高等教育发展与区域经济社会发展同频共振。

五、制度创新理论

"制度"(institution)作为制度经济学中的一个核心概念由来已久。大约在19 世纪末 20 世纪初，传统制度经济学派的创始人托尔斯坦·凡勃伦(T. B. Veblen)首先从最一般意义上对制度的含义做出阐释："制度实质上就是个人或社会对有关的某些关系或某些作用的一般思想习惯；而生活方式所构成的是在某一时期或社会发展的某一阶段通行的制度的综合，因此从心理学的层面来说，可以概括地把它说成是一种流行的精神状态或一种流行的生活理论"，[①] 其所谓的"一般思想习惯""流行的精神状态"也即后来新制度经济学家所指的以非正式约束形式存在的制度。可见，凡勃伦所理解的制度其实是用于规范个人行为的各种非正式约束。另一位旧制度经济学家约翰·康芒斯(J. R. Commons)也对制度进行了界定，他把制度概述为个体意志与集体意志相

---

① 蒋雅文. 论制度变迁理论的变迁[J]. 经济评论，2003(4)：73-79.

互作用的准则或规则体系，且集体行动控制着个体行动。① 尔后经过长期演化与发展，至 20 世纪 60 年代随着新制度经济学的兴起，又出现了一些不尽相同的界定。其中，道格拉斯·诺思(D. C. North)是众多新制度经济学家当中给此概念下定义最多的。比如，他在《经济史中的结构与变迁》一书中写道："制度是一系列被制定出来的规则、服从程序和道德、伦理的行为规范，它旨在约束主体福利或效应最大化利益的个人行为"，② 在《制度、制度变迁与经济绩效》一书中又写道："制度是一个社会的博弈规则，或者更规范地说，它们是一些人为设计的、形塑人们互动关系的约束"。③ 现在看来，这些不同的文字表述实质上所诠释的概念内涵是一致的，基本都表达了旨在规范个人行为的规则和约束这一思想。

简而言之，所谓的制度无非就是规范个人行为的各种规则和约束。一般可将制度分为正式制度和非正式制度两类，二者相互依存、相互补充。前者是指人们有意识设计、创建的一系列政策法规等；后者则是由一定地域范围的人们在长期交互关系中逐步形成的约定俗成、共同恪守的行为准则，如习惯和习俗、伦理道德、文化传统、意识形态等。本书中所称的制度建设、制度改革与创新等均指向这一概念。

可以说，在制度经济学派尤其新制度经济学家看来，制度是决定经济发展与否的关键因素。1971 年，兰斯·戴维斯(L. E. Davis)和道格拉斯·诺思在著名的《制度变革与美国经济增长》中基于熊彼特创新理论的组织创新思想，研究了制度变革的成因和过程，并明确提出了制度创新理论。④ 他们认为，所谓

---

① 蒋雅文. 论制度变迁理论的变迁[J]. 经济评论，2003(4)：73-79.
② [美]道格拉斯·诺思. 经济史中的结构与变迁[M]. 陈郁，罗华平，等，译. 上海：上海三联书店，上海人民出版社，1994：225-226.
③ [美]道格拉斯·诺思. 制度、制度变迁与经济绩效[M]. 刘守英，译. 上海：上海三联书店，上海人民出版社，1994：1.
④ [美]兰斯·戴维斯，道格拉斯·诺思. 制度变迁与美国经济增长[M]. 张志华，译. 上海：上海三联书店，2019.

的"制度创新"是指能够使创新者获得追加(或额外)利益的对现存制度的一种变革，它包括对具体政治经济制度的变革，如金融制度、公司制度、工会制度、税收制度、教育制度等。之所以要进行制度创新，是因为人们可以预期到制度创新后可能获取的净收益会大于为获取这种潜在收益而支付的成本，使得他们有意识地改变或调整现存制度中的各种人为障碍，否则这些预期收益在现有的制度框架下将无法(或难以)实现。这在很大程度上补充和发展了熊彼特的组织创新学说。由此可见，制度创新理论实际上是新制度经济学制度理论与熊彼特创新理论两个学术流派相互促进和融合的产物。

制度可以作为经济发展的内生性变量来界定。有效的制度能够降低交易费用，提供一定的激励与约束，从而促进生产要素自由流动并提高资源配置效率，因而制度创新被认为是实现经济增长的根本原因。结合经验逻辑来看，社会的发展似乎也都在不同程度上以事实证明了制度创新的重要意义和价值。根据这种理解，各种各样的具体制度应是一种重要的内生性资源，是实现必要改革与发展的决定性因素之一。在此意义之下，制度创新于教育改革与发展而言应是同样的道理：良好的制度创新必将起到积极促进作用，反之则不利于甚至起到阻碍作用。

所谓"区域高等教育一体化发展"势必要突破区域内各种阻碍高等教育资源及其要素跨时空流动、优化配置和功能互补的观念、政策、体制、机制等人为障碍，在一定程度上也可以说推动区域高等教育一体化发展就是针对"制度不确定性"①的制度创新过程。

在长三角地区高等教育合作初期的较长一段时间内，比较常见的有企业家开始萌生跨行政区域(上海和浙江)办教育的思想意识和自觉行动、区域内部高校之间自发性质的合作与交流活动，以及企业、社会团体和其他机构等多元主体的教育合作与交流等。从某种意义上说，这属于一种非正式制度的变革与

---

① 制度创新本身充满着组织各方权力的博弈、价值的冲突、利益的折中等，自然表现出一个不断酝酿、冲突、变革与规范反复更替的动态演化过程，也即不确定性。

创新，是在高等教育系统内部自觉自省和外部舆论褒奖的双重约束下由利益相关行动主体自下而上推动的"草根式"合作。随着区域高等教育合作进一步加强、范围不断扩大，尤其当长三角教育进入制度化合作阶段，各级党委和政府以及教育行政部门也开始在教育合作中扮演着重要角色。例如，2009 年，沪、苏、浙三地教育行政部门共同签署《关于建立长三角地区教育协作发展会商机制协议书》；2016 年，沪、苏、浙、皖四地教育行政部门共同签署《"十三五"深化长三角地区教育战略合作框架协议》；2018 年，沪、苏、浙、皖一市三省副省(市)长一致签署《长三角地区教育更高质量一体化发展战略协作框架协议》和《长三角地区教育一体化发展三年行动计划》等。此方面的合作制度当属于正式制度的变革与创新，实践历程表明正式合作制度的不断强化和完善对于促进长三角区域高等教育深度合作有着显著的影响，而政府及其教育行政部门掌握着核心教育资源和拥有颁布相应教育法规政策的权力，是区域教育制度创新的决定性力量。由此可见，推进长三角区域高等教育一体化乃至更高质量一体化发展，亟须加强"草根式"合作的非正式制度创新和正式制度创新相结合。换言之，未来长三角区域高等教育一体化发展更需要充分发挥政府的主导作用，但是任何时候政府行政力量的用度必须要有边界：政府应重点在一体化关键资源供给、资金投入和政策支持上发挥作用，而对高校在资源配置和内部管理等方面要"给予"更多的自主权。

然而，推进长三角区域高等教育一体化发展必然是一项复杂的创新工程，仅仅依靠自觉对话和合作制度显然不够。更深层次的问题还包括高等教育领导权和(行政)管理体制问题，其核心是政府及高校主管部门与高校之间的关系问题。换句话说，高等教育管理体制问题是根源，而基层高校"一体化"动力不足是表现。这是因为现行的管理体制仍然赋予政府太多、太大的权力，迫使高校自觉或不自觉地"向上看"，在很大程度上已经成为政府的"附庸"。在这样的政府与高校的关系中，容易造成高校间的非理性竞争和弱化分工导向，使得区域高等教育一体化发展的内生动力很难显现出来。

实际上，我们常说这样或那样的体制改革与调整，无非就是制度创新。如果左一个战略协议签订，右一个合作项目开展，还不能从根本上应对问题的话，就应该着眼于高等教育领导和管理体制的改革与创新了(解铃还须系铃人)。自新中国成立以来，我国高等教育领导与管理大致经历了"条条专政"到"条块分割"再到"块块分割"的过程，而且"块块分割"正发展成为高等教育管理的"新常态"，① 尽管这种新格局从某种程度上看是创新的、进步的，它一方面激励了地方政府高度重视辖区高等教育发展，但另一方面，严重的地方保护主义使得原本可能存在互补性的高等教育之间难以互通有无、优势互补，有碍于高等教育资源的"越界"流动和优化配置。可以说，这种缺乏全局观、整体性发展思维的高等教育管理机制与我们所构想的区域高等教育一体化发展初衷相悖。另外，从中央到地方的这种"释权""放权"或"分权"毕竟是有限的，甚至还会随这样或那样的重大(重点)"项目""工程"及"计划"等实施反而将高等教育决定权、决策权进一步向政府行政部门集中，最终却强化了行政/政治力量及其权威性。一旦行政/政治力量对高等教育"管得过多、统得过死"，势必造成高校始终被政府及其主管部门"牵着鼻子走"，只会阻碍各级各类高等教

---

① "条条""条块""块块"等概念原本是扎根中国本土的政治术语，用于描述中央政府及其职能部门与(各级)地方政府及其职能部门、(各级)地方政府及其职能部门与所辖下级地方政府及其职能部门之间相互关系的"标准说法"，也是当代中国国家治理体系中最基本的政治和行政关系之一。蒋华林在其博士学位论文中指出：所谓高等教育"条条专政"是指在中央集权管理体制下，全国高等教育被教育部和中央有关部门"切条归口管理"，形成一种对高等教育管理的"条条"分割体制；高等教育"条块分割"是指国家高等教育的"条条"与省级行政区高等教育的"块块"之间为了各自的利益最大化而相互封闭管理和运行，缺乏应有的必要交流与协作，影响国家高等教育整体发展的一种高等教育管理机制和状态；高等教育"块块分割"是指省级行政区高等教育的"块"与"块"之间为了各自的利益最大化而相互封闭管理和运行，缺乏应有的必要的交流与协作，影响国家高等教育整体发展的一种高等教育管理机制和状态。简言之，高等教育"条块分割"和"块块分割"是高等教育管理系统由纵向运行向横向运行转变的过程中出现的一种特定现象，是行政部门管理制和行政地区管理制之间的冲突与协调，其本质是中央与地方政府之间或地方政府相互之间的闭锁性管理、封闭性发展与无序竞争。(参见：蒋华林. 从"条块分割"到"块块分割"——我国高等教育发展转型中的地方政府竞争研究[D]. 武汉：华中科技大学，2015.)

育自觉、能动地去进行合作交流。

从这一角度讲，当前的高等教育管理体制仍然不适宜区域高等教育一体化发展。那么，在国内主要经济功能区的高等教育区域一体化是否就真的无望了呢？回答显然是否定的。只不过推进区域高等教育一体化发展尚需更为根本的、实质性的工作，特别是要尽早在高等教育领导和管理体制改革与创新上迈出更大的步伐。这就需要考虑更深层次的制度创新以及影响制度建设背后的理念了，如改良中国的"土壤"、深刻改变官本位和行政化的价值理念，① 以及从根本上改善高等教育的宏观环境、深层变革国家行政体制等。② 但是，这一系列问题又足以构成相对独立的研究，此处不作具体讨论。

第二节　长三角区域高等教育一体化发展的政策依据

一、长三角区域发展政策演变及对高等教育的要求

长三角地区重大发展政策体现了党和国家对不同历史时期区域发展的基本判断和要求。与本书重点关注的"一体化"问题相关的政策可以追溯至改革开放初期。自 1982 年国务院提出成立上海经济区以来，长三角地区一体化发展政策演变大致经历了以下几个重要历史阶段，基本可以说是一脉相承的，但各个阶段所体现的战略侧重点有所不同，对高等教育界也不断提出新的任务要求。

(一)1982—1999 年的上海经济区和浦东开发开放时期

早在改革开放初期，国家为了搞好国民经济管理体制改革，就曾推出了一

---

① 杨东平，刘胡权．激流勇进：地方教育制度变革的理论和实践——中国地方教育制度(2008—2012)[M]．北京：北京理工大学出版社，2014.
② 周川．我国高等教育管理体制 70 年探索历程及其展望[J]．高等教育研究，2019，40(7)：10-17.

系列行政分权和区域经济协作改革措施,期望破除"条块分割""块块分割"所造成的弊端。在这一背景下,1982年12月国务院办公厅下发《关于成立上海经济区和山西能源基地规划办公室的通知》,旨在通过建立中心城市经济圈和工业基地把经济体系中的各种"条条"和"块块"协调起来,成立以上海为中心,包括长三角地区的江苏苏州、无锡、常州、南通和浙江杭州、嘉兴、湖州、宁波等城市组成的上海经济区。

以此为契机,长三角地区掀起了区域经济一体化的第一次浪潮。① 1983年3月,直属国务院的上海经济区规划办公室成立;1984年12月,上海经济区范围调整为上海、江苏、浙江和安徽一市三省;同年12月江西省加入。短短两年时间,上海经济区就取得了超乎预期的经济成就,于是1985年2月,中共中央、国务院批转《长江、珠江三角洲和闽南厦漳泉三角地区座谈会纪要》,明确提出了要增设长三角、珠三角和闽南三角地区作为对外开放的经济地带,该文件正式将长三角开辟为国家沿海经济开放区。1986年8月福建省加入,至此上海经济区已扩展至整个华东地区的上海、江苏、浙江、安徽、江西和福建一市五省。但限于当时计划与市场"双轨并存"的特殊条件,这种跨越数个高级别行政区划的区域经济发展举措终将出现难以调和的权、责、利归属与分割矛盾,于是1988年6月1日,国家计委发出通知决定撤销上海经济区规划办公室,红极一时的上海经济区从此退出历史舞台。

上海经济区规划办公室在存活期间虽然不具备权威的行政决策功能,但无疑是长三角地区合作发展的最初协调机构;虽然以失败告终,但相关政策举措和实践探索大致确立了上海与江苏、浙江部分长三角城市的目标定位及方向,发挥了极其重要的区域协调作用,尤其促进了各省市之间的经济交流与合作。

与此同时,上海在总结1980年代经济区失败经验教训的基础上,提出通

---

① 陈建军.长江三角洲区域经济一体化的三次浪潮[J].中国经济史研究,2005(3):113-122.

过开发和开放浦东来加速上海改革开放步伐的战略设想，随后得到了党中央决策层的肯定与支持，并决定实行经济特区和经济技术开发区政策，由此出现了以浦东开发开放为契机的长三角地区经济一体化的第二次浪潮。① 1992 年 10 月，党的十四大报告指出以上海浦东开发开放为龙头带动长三角和整个长江流域地区经济的新飞跃。在此背景下，上海重获新的资源优势，再次密切了这一中心城市与长三角多个城市的经济联系。此时，城市间的合作重点是推进旅游市场和产品的联合开发，以及跨省交通运输、基础设施的共同发展，② 比较而言，推动这些领域的区域一体化发展要相对容易。

由此可见，在 1982—1999 年，受国家政策指引的长三角地区战略重点由初期设想一步到位到以上海为中心建设泛长三角经济规划区，再转向通过浦东开发开放建设来促进长三角地区的经济合作，因而总体处在有限范围内的区域经济一体化发展初级阶段。但是，在中央和国家有关部门针对长三角区域发展出台的相关政策文件中并没有直接对教育（含高等教育）提出明确要求，更没有形成有关长三角地区高等教育合作发展方面的专门政策。

简言之，整个上海经济区和浦东开发开放时期的长三角区域一体化发展还只是局限于区域经济合作层面，并未形成高等教育区域合作发展的自觉。这与当时国家优先以经济体制改革为工作重心有关。但随着高等教育朝着大众化发展阶段迈进，与区域经济关系日趋加强，正如学者所言："在区域教育日益成为区域经济的一个新的增长点，高等教育作为教育的终端环节，区域高等教育的发展如何便自然具有不同寻常的战略意义"，③ 这就为长三角地区的高等教育发展要适应经济一体化发展需求的转向埋下了伏笔。

---

① 陈建军. 长江三角洲区域经济一体化的三次浪潮[J]. 中国经济史研究，2005（3）：113-122.

② 陈雯，孙伟，袁丰. 长江三角洲区域一体化空间：合作、分工与差异[M]. 北京：商务印书馆，2018：127-129.

③ 黄孟源. 区域教育可持续发展研究（第三辑）[M]. 上海：复旦大学出版社，1999：27.

（二）2000—2007 年的经济全球化时期

从 21 世纪开始，特别是 2001 年我国加入世界贸易组织（WTO）后，国际化和市场化运动加速促使长三角地区经济一体化发展进入一个新的高潮。① 中央政府牵头出台了多个指导性文件，要求长三角地区进一步加强跨省域合作。

这一时期的战略重点是逐步明晰并落实长三角地区跨省合作交流的具体内容及具体行动。例如，2001 年 12 月，作为长三角地区中心的上海市印发了《关于进一步服务全国扩大对内开放若干政策的意见》（修订版），继而长三角地区多个城市也纷纷出台了新的扩大对内开放政策意见，如《关于全面接轨上海的实施意见》《关于进一步扩大对内开放加强国内合作交流工作的若干意见》等。2003 年，时任浙江省委书记的习近平同志就率领浙江省党政代表团先后赴上海、南京，分别与上海、江苏签署了《关于进一步推进沪浙经济合作与发展的协议书》和《进一步加强经济技术交流与合作协议》，要求浙江省要在基础设施建设、旅游资源开发和市场拓展、产业分工、环境保护以及科技、信息、教育、人才交流与合作诸方面，全方位地主动对接上海，② 同时也要与江苏加强合作交流。此后，为进一步推动科技、文化等领域的渐进式合作发展，《浙江省科技厅关于加强沪苏浙科技合作联手共建长三角创新体系的建议》《长三角地区演出市场合作与发展实施意见》《加快长江三角洲城市联动发展的意见》等相继颁布。2007 年，习近平出任上海市委书记时明确提出，实现上海的开发开放需要依靠整个长三角和长江流域互为补充。另外，沪、苏、浙"十一五"发展规划也都不约而同地将促进长三角发展列入其中。

上述一系列相关政策及举措越来越显示出中央及长三角各地共同致力于打造世界级城市和城市群的决心，所涉及的区域一体化发展领域逐步拓宽、内容

---

① 陈建军. 长江三角洲区域经济一体化的三次浪潮[J]. 中国经济史研究，2005（3）：113-122.

② 刘志彪. 推进长三角更高质量一体化发展路径[N]. 浙江日报，2018-11-23（5）.

逐渐丰富，或多或少、或明或暗地为长三角地区教育合作乃至一体化发展提供了动力，指明了方向。伴随着经济一体化发展进程的快速推进，长三角地区的地方政府和高校已开始自觉跟进，逐步形成推动区域高等教育一体化发展的自觉意识与行动(相关实践具体将在第四章第一节作阐述)。

(三)2008 年至今的国家区域发展战略时期

2008 年 9 月，《国务院关于进一步推进长江三角洲地区改革开放和经济社会发展的指导意见》的出台可以视为长三角区域发展政策强化升级的重要标志。《指导意见》在划定区域范围(包括上海市、江苏省和浙江省)的基础上将长三角地区列为国家区域一体化发展战略的先行试验区，明确指出要"实现科学发展……一体化发展，把长江三角洲地区建设成为亚太地区重要的国际门户、全球重要的先进制造业基地、具有较强国际竞争力的世界级城市群"，①这意味着长三角地区一体化发展目标正式进入了国家区域战略实施层面。

与 20 世纪八九十年代不同，这一时期长三角地区合作发展的重点是实施"城市群"②发展战略，远超以往经济区的概念范畴。实际上，城市群的目标是基于全区域、多领域视角，打破行政区划的局限，建成一个"内有合理层级体系+外有整体竞争优势"的城市共同体，其内容则涉及城市的经济、生态环境、交通运输、基础设施、社会以及文化等多方面的一体化发展，③ 因而具有更加全面和丰富的合作发展内涵。2010 年 5 月和 6 月，国务院和国家发改委先后印发了《关于长江三角洲地区区域规划的批复》《长江三角洲地区区域规划》，

---

① 国务院办公厅. 国务院关于进一步推进长江三角洲地区改革开放和经济社会发展的指导意见[EB/OL]. (2008-09-16)[2019-11-27]. http://www.gov.cn/zwgk/2008-09/16/content_1096217.htm.

② "城市群"的官方表述首次出现在《中共中央关于制定国民经济和社会发展第十一个五年规划的建议》中，如"珠江三角洲、长江三角洲……加强区域内城市的分工协作和优势互补，增强城市群的整体竞争力""有条件的区域，以特大城市和大城市为龙头，通过统筹规划，形成若干……新城市群"等。

③ 刘士林. 以"城市群"概念取代"经济区"[N]. 光明日报，2011-03-23(2).

将安徽省划归泛长三角地区，并明确指出长三角地区要"全面加快现代化、一体化进程……成为我国最具活力和国际竞争力的世界级城市群"。尔后较长一段时间内，长三角地区各省市层面相继出台关于贯彻落实区域规划的实施方案。2016年12月，国家发改委和住建部联合印发了《长江三角洲城市群发展规划》，明确指出"长三角城市群在上海市、江苏省、浙江省、安徽省范围内"，使长三角区域一体化发展迎来新的战略机遇期。

2018年是长三角进入高质量一体化发展的关键一年，习近平总书记在该年4月做出重要批示，要求上海进一步发挥龙头带动作用，苏、浙、皖各展所长，把长三角建成最具影响力和带动力的强劲活跃增长极，在11月5日首届中国国际进口博览会开幕式上他又宣布支持长三角地区一体化发展。之后，上海市、安徽省、江苏省以及浙江省人大常委会开展立法对接，相继出台《关于支持和保障长三角地区更高质量一体化发展的决定》，从法律层面为区域一体化发展提供了共同的支撑和保障。在这一背景下，长三角地区一体化发展成为各界共识。2019年12月1日，中共中央、国务院发布《长江三角洲区域一体化发展规划纲要》，体现了国家区域战略演进的新高度。《规划纲要》紧扣"一体化"和"高质量"两个关键词，要求在沪、苏、浙、皖一市三省全域范围内加强跨区域协调互动，并明确指出通过在科创产业、基础设施、生态环境、公共服务（涵盖教育事业）、对外开放、体制机制等关键领域逐步实现高质量的区域一体化发展。长三角区域一体化发展至此形成了相对完善的顶层设计，这就使各个领域及维度的区域一体化发展基本取得了存在的"合法性"。

回顾长三角地区一体化相关政策的演变历程，可以发现，过去近40年国家对长三角地区的发展进行了循序渐进的指导，并"量身"打造了一系列重要政策文件，从最初的"经济区"战略演化至"城市群"战略，再上升至"一体化"国家区域发展战略，合作发展贯穿始终，并由单一的经济维度合作走向多维深度合作。综合而言，长三角区域一体化发展遵循先易后难的推进顺序，先从相对容易的商贸、旅游、交通、基础设施建设等领域的一体化开始，然后逐步拓展至市场、社会、科技、文化、教育及制度等领域的一体化，总体呈现出一个系统性的演进过程。

毋庸置疑，这些政策文件的出台，在相当大程度上为长三角地区经济社会发展中各个领域的区域一体化发展奠定了合法性基础，提供了根本遵循和保障。

由于高等教育位居整个现代国民教育体系的最高层次，也是区域经济社会发展的"原动力"，发挥着基础性、引领性、先导性乃至全局性作用，所以作为长三角区域一体化发展重要组成部分的高等教育区域一体化发展也因此越来越受到高度重视，特别是自2008年进入国家区域战略实施层面以来，多项政策文件均从整体上对统筹区域教育（包括高等教育）合作发展的若干方面提出了明确、具体要求（表3-1）。

表3-1所呈现的政策文件既是推进长三角区域高等教育一体化发展的一部分重要政策依据，也是其重要的外部条件与保障。

表3-1　2008年以来长三角地区一体化重要政策及对（高等）教育的要求

年份	发文机关	政策名称	核心内容	区域教育合作发展
2008	国务院	国务院关于进一步推进长江三角洲地区改革开放和经济社会发展的指导意见	规划范围：上海市、江苏省和浙江省 总体要求：把长三角地区建设成为亚太地区重要的国际门户，全球重要的先进制造业基地、具有较强国际竞争力的世界级城市群 主要原则（其一）：坚持一体化发展，统筹区域内基础设施建设，形成统一开放的市场体系，促进生产要素合理流动和优化配置	整合区域社会事业资源，强化教育等领域的合作与交流……在促进区域教育发展中，全面提高高等教育质量，显著提升高校科技创新与服务能力

续表

年份	发文机关	政策名称	核心内容	区域教育合作发展
2010	国务院、国家发改委	关于长江三角洲地区区域规划的批复 长江三角洲地区区域规划	规划范围：上海市、江苏省和浙江省 战略定位：亚太地区重要的国际门户，全球重要的现代服务业和先进制造中心，具有较强国际竞争力的世界级城市群	优先发展教育事业……鼓励开展各项教育改革试点，探索教育发展新路子；加强教育合作，建立区域间优质教育资源共建共享机制
2016	国家发改委和住建部	长江三角洲城市群发展规划	规划范围：上海+江苏9市+浙江8市+安徽8市 战略定位：建设面向全球、辐射亚太、引领全国的世界级城市群	提高教育发展质量和共享水平……率先推行高等教育改革创新试点，提升大学创新人才培养能力，推进世界一流大学和一流学科建设
2019	国家发改委	关于培育发展现代化都市圈的指导意见	规划范围：城市群内部以超大特大城市或辐射带动功能强的大城市为中心，以1小时通勤圈为基本范围 主要目标：到2022年，都市圈同城化取得明显进展，形成若干空间结构清晰、城市功能互补、要素流动有序、产业分工协调、交通往来顺畅、公共服务均衡、环境和谐宜居的现代化都市圈；到2035年，形成若干具有全球影响力的都市圈	鼓励都市圈内开展多层次多模式合作办学

续表

年份	发文机关	政策名称	核心内容	区域教育合作发展
2019	中共中央国务院	长江三角洲区域一体化发展规划纲要	规划范围：上海市、江苏省、浙江省和安徽省全域 战略定位："一极三区一高地"，即全国发展强劲活跃增长极、全国高质量发展样板区、现代化引领区、区域一体化发展示范区、新时代改革开放新高地	推动教育合作发展……深化校长和教师交流合作机制；推动大学大院大所全面合作、协同创新，联手打造具有国际影响力的一流大学和一流学科……鼓励沪、苏、浙一流大学和科研院所到安徽设立分支机构；扩大对内对外开放，推动高校联合发展，加强与国际知名高校合作办学，打造一批国际合作教育样板区

资料来源(含上述正文中所提及的政策文件)：根据中华人民共和国中央人民政府官方网站(政策文件库)、历年《长江三角洲城市年鉴》、北大法宝(http://www.pkulaw.cn/)等整理得出。

此外，通过文本梳理可以发现，这些政策文件关于区域教育合作发展的各项要求表述中，除使用了"合作""合作与交流"等高频词之外，又在多处新增了诸如"整合""联合""(共建)共享""开放""协同"等关键词，显示出促进长三角区域教育合作发展的力度和深度在不断强化。从某种程度上说，这些词语及其组合叠加并没有超越本书所称的"一体化"范畴，反而可以通过对其(但不限于此)进行提炼、分类和重新组合来表征一体化发展的可操作性行动目标。比如，将"开放"与"共享"进行组合以表示整个区域教育系统内部之间和共同对外的开放情况以及通过互通共享优质教育资源来实现教育资源及要素的优势互补和有序流动，这实际上就从一个方面体现了"一体化"目标对资源及要素自由流动的基本诉求。一般认为，"开放与共享"涵盖了"合作与交流"层面的内容；但反过来，若是一般性的交流和表层合作就未必等同于"开放与共享"。这也是下文在设计指标体系时，选择"开放与共享"作为评价区域高等教育一体化水平其中一个维度的原因之一。

二、长三角区域高等教育一体化发展的相关教育政策支持

(一)相关的教育专项政策文件从无到有

前文已述，在长三角地区经济一体化发展的初级阶段尚未形成有关高等教育合作发展方面的专门政策。但随着高等教育支撑国家战略布局和服务区域经济社会发展的功能不断增强，以及长三角地区各省市自觉自发探索区域教育合作实践的快速推进，统筹区域高等教育合作发展逐步上升为国家层面的战略部署和行动纲领。

直至 2010 年 7 月，中共中央、国务院颁布了《国家中长期教育改革和发展规划纲要(2010—2020 年)》(下文简称《教育规划纲要》)，明确提出要统筹推进教育综合改革，促进教育区域协作，提高教育服务经济社会发展的水平，探索省际教育协作改革试点，建立跨地区教育协作机制等。① 这实际上也是对前文《国务院关于进一步推进长江三角洲地区改革开放和经济社会发展的指导意见》(以下简称《经济指导意见》)中有关"强化教育领域合作与交流"等既有要求的积极响应。

为了贯彻落实上述《经济指导意见》和《教育规划纲要》关于加强区域教育合作发展的任务要求，2014 年 6 月出台了《教育部关于进一步推进长江三角洲地区教育改革与合作发展的指导意见》[教发〔2014〕7 号]，这成为指导长三角地区深化教育合作发展的纲领性文件。该文件肯定了长三角地区各省市在区域

---

① 新华社. 国家中长期教育改革和发展规划纲要(2010—2020 年)[EB/OL]. (2010-07-29)[2019-10-30]. http：//www.gov.cn/jrzg/2010-07/29/content_1667143.htm.

教育合作发展方面取得的显著成效及其对全国其他区域教育合作的示范作用，并指出长三角地区教育合作发展的总体目标为：着力深化教育综合领域改革，建立健全区域教育合作发展的体制和机制，在管理体制、办学体制、人才培养模式改革以及区域教育一体化建设等方面率先探索，提升区域教育的整体水平，努力构建具有区域特点、中国特色、世界水平的区域教育体系，努力赶超发达国家教育发展水平，打造亚太地区教育高地，为长三角地区经济社会发展和产业转型升级提供人才支撑和智力支持。① 就高等教育而言，此文件从区域高等教育管理体制改革、区域人才培养模式改革、区域高等教育国际交流与合作、区域高校校际合作、区域高等教育协作发展平台、区域内优质高等教育资源共享平台、区域性师资队伍建设合作以及跨省市教育合作的体制机制创新等多方面提出了明确任务要求（表3-2），标志着长三角区域高等教育合作发展正式纳入中央政府宏观决策、统筹指导范围。

值得注意的是，该文件首次使用了"区域教育一体化"这一表述，并要求在此方面率先探索。在行文中，虽然将"区域教育一体化"与"区域教育合作"

表 3-2　支持长三角地区（高等）教育合作发展的主要教育政策

年份	发文机关	政策名称	对教育合作发展的要求与支持
2010	国务院	国家中长期教育改革和发展规划纲要（2010—2020年）	整体部署教育改革试验，统筹区域协调发展 统筹推进教育综合改革，促进教育区域协作，提高教育服务经济社会发展的水平 开展多层次、宽领域的教育交流与合作，提高我国教育国际化水平 探索省际教育协作改革试点，建立跨地区教育协作机制

① 教育部. 教育部关于进一步推进长江三角洲地区教育改革与合作发展的指导意见［EB/OL］.（2014-06-12）［2019-10-30］. http：//www. moe. gov. cn/srcsite/A03/moe_1892/moe_630/201406/t20140612_170722. html.

续表

年份	发文机关	政策名称	对教育合作发展的要求与支持
2014	教育部	教育部关于进一步推进长江三角洲地区教育改革与合作发展的指导意见	a. 推进区域高等教育管理体制改革：鼓励和支持部、省(市)高校在区域内探索合作办学；在若干方面尝试对部属高校实现省级政府统筹 b. 推进区域人才培养模式改革：建立健全区域性高校合作育人和合作办学机制 c. 加快推进区域教育国际交流与合作：鼓励和支持长三角地区共同引进国外优质教育资源合作办学、共同向海外推介优质教育资源、共同开发并共享海外培训基地等 d. 加强区域高校校际合作：鼓励和支持区域内(同质同类)高校间的学分互认、跨校选课，建立各类特色大学联盟；鼓励和支持高校跨省市与其他高校、行业企业、科研院所、地方政府及相关单位开展深度合作 e. 共建区域教育协作发展平台：促进高等教育学习资源开放共享，探索建立学业资格认证框架……鼓励长三角地区开放大学资源共建共享等 f. 构建区域内优质教育资源共享平台：加快区域内优质教育教学网、高校图书馆联盟建设；鼓励和支持高校重点实验室和大型仪器设施区域内跨省市共享 g. 推进区域性师资队伍建设合作：互派教师交换任教；形成师资合作培养、共同提高的新机制 h. 创新体制机制：支持建立长三角跨省市教育协作发展协调机制
2018	沪苏浙皖一市三省政府部门	长三角地区教育更高质量一体化发展战略协作框架协议	长三角教育一体化发展"两步走"目标：2020年基本形成教育更高质量一体化发展机制；2025年整体率先实现教育现代化，形成亚太地区教育高地 保障机制：成立长三角教育一体化发展领导小组和研究院，完善长三角教育一体化发展年度轮值机制，等等

续表

年份	发文机关	政策名称	对教育合作发展的要求与支持
2018	一市三省教育行政部门	长三角地区教育一体化发展三年行动计划	在高等教育领域，探索建立长三角跨区域联合实验室，形成需求导向的联合共管机制 在职业教育领域，搭建职业教育一体化协同发展平台，形成职业技能人才的错位培养机制 在管理干部和师资队伍方面，将共建基础教育校长及教师培训联动平台，构建"影子校长、影子教师"的后备人才联合培养机制 在实践研究方面，携手走好"先手棋"，探索联合开发"区域教育现代化指标体系""区域基础教育质量评价指标体系"等若干标准体系
2019	中共中央办公厅、国务院办公厅	加快推进教育现代化实施方案（2018—2022年）	构建长三角教育协作发展新格局，进一步加大区域内教育资源相互开放的力度，实现教育资源的优势互补和有序流动

资料来源：根据中华人民共和国中央人民政府、教育部、一市三省政府及教育厅(教委)官网，以及媒体新闻等整理得出。

并提，且将"一体化"置于"合作"之后，这就已经看到了二者在很大程度上均指向共同发展的终极目标，但推进一体化发展具有更大的难度，因此从较为笼统、开放和灵活的合作层面开始做起。

(二) 从支持长三角教育合作发展到一体化发展

相比而言，合作的内涵及外延十分丰富，也由此决定了"教育合作发展"中"合作"这个概念显得较为模糊、泛化。而一体化的概念具有更大的整合力、更强的稳固性以及更高的层级，它不仅涵盖一般性或者短视意义的合作与交流，而且包括合作者之间的错位竞争、彼此联动与深度融合，更凸显全局性、长远性。

迄今为止，尽管尚未出台国家层面的"长三角区域教育一体化发展的指导意见（或实施方案）"，但其实已在跨省域层面形成了总体战略规划和纲领性文件。以 2018 年 12 月 13 日第十届长三角教育一体化发展会议的召开为标志，沪、苏、浙、皖一市三省分管副省（市）长联合签署了《长三角地区教育更高质量一体化发展战略协作框架协议》（每五年进行一轮确认更新）（简称《五年战略框架》），以及教育行政部门负责人共同签署了《长三角地区教育一体化发展三年行动计划》（简称《三年行动计划》），旨在更高起点上谋划和开启新时代长三角区域教育更高质量一体化发展新征程，共同推进和加速长三角区域教育一体化发展进程，服务支撑长三角世界级城市群建设和区域一体化发展国家总体战略布局要求。

《五年战略框架》不仅进一步明确了"长三角教育一体化发展"的概念表述，从政策文件上将其"合法化"，而且对一体化发展的主要目标、推进路径以及保障机制等方面做出了明确部署。该文件是指导今后一个时期长三角教育一体化发展的总体战略规划和纲领性文件，标志着长三角区域教育一体化发展由此迈进了一个全新的一体化和高质量发展阶段。[1]

在主要目标及推进路径方面，《五年战略框架》提出了实现长三角区域教育高质量一体化发展的主要目标分"两步走"：到 2020 年，长三角地区基本形成富有效率、更加开放、联动发展的教育更高质量一体化发展机制，积极将优质教育资源向长江经济带乃至中西部地区辐射，为全国其他区域教育合作提供示范，服务国家发展大局。到 2025 年，长三角地区整体率先实现教育现代化，携手打造并初步建成全球卓越的教育区域创新共同体（打造区域教育协同创新样板，共创教育综合改革示范区，联建区域教育现代化发展典范），形成具有区域特点、中国特色、世界发达国家教育发展水平的区域教育体系，形成亚太地区教育高地。[2] 简言之，就是要通过建立健全区域教育一体化发展体制机

---

① 颜维琦. 长三角教育一体化发展进入新阶段[N]. 光明日报，2018-12-13（8）.

② 新华网. 沪苏浙皖达成战略协作 推进长三角地区 2025 年整体实现教育现代化[EB/OL]. （2018-12-13）[2019-11-02]. http：//www. gov. cn/xinwen/2018/12/13/content_5348620. htm.

制,加快推进长三角区域教育一体化发展进程,形成与区域整体一体化发展相适应的教育新体系,共同打造区域教育新的增长极,形成全国乃至整个亚太地区的教育高地。

在保障机制方面,《五年战略框架》明确提出,要成立长三角教育一体化发展领导小组,由三省一市分管副省(市)长任组长,邀请教育部相关领导担任领导小组特别顾问;成立长三角教育一体化发展研究院,三省一市依托该研究院,携手做好区域教育改革发展的重大政策研究与重点项目服务等工作,同时进一步完善长三角教育一体化发展的年度会议轮值机制等。①

事实上,在此之前每年举办一次的长三角教育合作发展"联席会议"还只是各地教育行政部门之间的会议,而从此次会议开始,由一市三省分管副省(市)长、教育行政部门负责人(教育厅长或教委主任)、学校校长(领导)以及国务院和教育部相关领导等共同出席的长三角教育一体化发展例会,某种程度上可以看做由中央和地方政府授权的教育合作会议,能够定期决定推进长三角区域教育一体化发展的重大事项。长三角教育一体化领导小组及其研究院等办事处,则相当于统一协调机构和执行运作机构。通过比较可以看到,由此开始国家从政策理念层面建立起长三角区域教育一体化发展的决策、协调与执行"三级"运作机制。

与此同时,《三年行动计划》明确了新时期推进长三角区域教育一体化发展的时间表和路线图。该文件指出,2018—2020 年,长三角一市三省要率先在高等教育、职业教育、管理干部和师资队伍建设等重点领域开展深层次合作,其中,高等教育领域的工作重点是探索建立长三角跨区域联合实验室,形成以需求为导向的联合共管机制。② 可见,要推进长三角区域高等教育更高质

---

① 新华网. 沪苏浙皖达成战略协作 推进长三角地区 2025 年整体实现教育现代化[EB/OL]. (2018-12-13)[2019-11-02]. http://www.gov.cn/xinwen/2018-12/13/content_5348620.htm.

② 新华网. 沪苏浙皖达成战略协作 推进长三角地区 2025 年整体实现教育现代化[EB/OL]. (2018-12-13)[2019-11-02]. http://www.gov.cn/xinwen/2018-12/13/content_5348620.htm.

量一体化发展关键的一点将是进行管理体制机制的创新。之所以提出"联合共管机制"，也正是看到了以"条块分割""块块分割"为主要特征的高等教育管理体制的弊端。但是，这绝不是回到计划经济时代的高度集权管理，而是要在坚持党中央的统一领导下，充分发挥一市三省政府及其高校主管部门的主导统筹作用。

随后，在 2019 年 2 月由中共中央办公厅、国务院办公厅印发的《加快推进教育现代化实施方案(2018—2022 年)》中也以一段文字表达了对探索新时代区域教育改革发展新模式的些许期盼，其中就包括长三角区域，明确提出要"构建长三角教育协作发展新格局，进一步加大区域内教育资源相互开放的力度，实现教育资源的优势互补和有序流动"。[①] 尽管这一行文表述没有直接提及"一体化"，但就一体化的本质即地区之间的充分开放和资源要素的自由流动而言，其所说的实际是长三角区域教育一体化发展问题，由此可见政策支持越来越丰富。

综上所述，相关政策(表 3-2)从起初"统筹推进教育综合改革，促进教育区域协作"等笼统性要求的提出到当前长三角区域教育一体化发展五年战略框架和三年行动计划等具体方案的形成，总体上都强调了要重视并不断加强区域教育合作发展，继而逐步提出推进长三角区域教育一体化发展先行先试，并明确了区域一体化发展的主要目标、推进路径及保障机制等。

由此可见，"长三角区域教育一体化发展"这一概念并非无源之水、无本之木，也并非单方面的学术设想或自说自话，而是有其政策依据的。因此从这一角度来说，其也为"长三角区域高等教育一体化发展"这一论题提供了重要的政策支持和制度保障。一方面，同"长三角区域一体化发展"概念相比，"长三角区域高等教育一体化发展"的概念其实是将高等教育与区域经济社会发展

---

① 新华社. 中共中央办公厅、国务院办公厅印发《加快推进教育现代化实施方案(2018—2022 年)》[EB/OL].（2019-02-23）[2019-11-03]. http：//www. gov. cn/xinwen/2019-02/23/content_5367988. htm.

融合在一起；另一方面，也为高等教育拓宽了发展空间。

本 章 小 结

自 20 世纪中期开始，区域高等教育一体化问题就已经成为诸多国家政策议题和学术争辩的焦点之一，但目前尚未形成普适性的理论体系及其解释框架，况且不同国家、不同地区以及一个主权国家内部不同地区之间又各有其特殊性。本章重点阐释了我国长三角区域高等教育一体化发展的理论基础和政策依据。

1. 运用共生理论、增长极理论、合作博弈与战略联盟理论、融合创新理论、制度创新理论等多学科理论对长三角区域高等教育一体化发展问题进行分析

通过相关理论分析，得到以下基本认识：

第一，长三角区域内部高校层级和类别齐全，具有形成完整高等教育有机生态群落的共生单元基础和良好的外部环境基础。因此基于共生理论，构建区域高等教育共生系统一体化共生和互惠共生的理想模式有助于降低资源及要素流动成本和管理控制成本，从而带来整体竞争力和影响力的提升。

第二，法国经济学家佩鲁的增长极理论本质上是一种非均衡发展理论，对于率先推进长三角区域高等教育一体化发展进程，在全国乃至亚太地区打造一个高等教育"增长极"具有重要理论指导作用。

第三，推进长三角区域高等教育一体化发展进程有助于从根本上改变区域内高校个体的行为模式，即由非合作博弈、非理性竞争转向联合博弈和协调博弈，例如一些高校结成特定形式的大学联盟和重视实施高校品牌竞争战略等，有助于逐步消除"非一体化"的分割倾向，进而达到有效增进区域整体收益的目的。

第四，融合创新理论是围绕如何通过持续创新来驱动增长的又一次理论创

新，其本质是通过对各种创新要素进行创造性融合以形成一个互通有无、优势互补及相互匹配的创新系统，进而提高协同创新能力和整体竞争力，而长三角区域高等教育一体化发展实践的推进对于打破相对单一化的高等教育资源配置方式，促进一市三省高等教育资源及要素的"新组合"具有重要意义。

第五，推动区域高等教育一体化发展从某种程度上说是一次制度创新过程。当前长三角区域高校合作与交流仍然以自发式、协议式、项目式为主，尚未触及更深层次的高等教育领导与管理体制上的协同创新，而推进长三角区域高等教育一体化发展恰恰需要进行制度创新，也即制度创新将成为一体化得以顺利推进的重要途径。

2. 从长三角地区重大发展政策和有关教育类政策两个方面做出分析，阐明了长三角区域高等教育一体化发展的政策依据

首先，从长三角地区发展政策演变及对高等教育的要求来看，自 20 世纪 80 年代初以来，长三角地区在国家政策的引导下，大体经历了从"经济区"战略演化为"城市群"战略，再上升至"一体化"国家区域发展战略，其本质变化主要体现为逐步由单一经济维度的浅层合作走向多维度的深度融合。相关政策文件在很大程度上为该地区经济社会发展中各个领域包括高等教育领域在内的"一体化"行动奠定了合法性基础、提供了政策保障，特别是从 2008 年开始进入国家区域战略实施层面至今，多项政策文件均从整体上对统筹区域(高等)教育合作发展的若干方面提出明确、具体要求，这些既是重要的政策依据，也构成重要的外部制度环境。

其次，从支持长三角区域高等教育一体化发展相关教育政策来看，相关的教育专项政策文件已从无到有，其标志性文件是 2014 年 6 月教育部印发的《教育部关于进一步推进长江三角洲地区教育改革与合作发展的指导意见》，文件中首次出现了"区域教育一体化"的官方表述，并要求长三角地区在此方面率先探索。在此基础上，相关政策逐步从支持长三角教育区域合作发展上升至一体化发展。虽然国家层面目前尚未出台专门的长三角区域高等教育一体化发展

规划文件，但已在跨省域层面形成了教育一体化总体战略规划和纲领性文件，即 2018 年 12 月沪、苏、浙、皖一市三省共同签署的《长三角地区教育更高质量一体化发展战略协作框架协议》和《长三角地区教育一体化发展三年行动计划》等。循序渐进出台的政策文件，为长三角区域高等教育一体化发展提供了稳定的政策支持和制度保障。

第四章　远景及构建：长三角区域高等教育
一体化发展的实践历程与动力机制①

　　长三角区域高等教育一体化发展的话语共识已经达成，接下来有必要回答在具体实践方面究竟经历了怎样的发展历程与变化，以及"一体化"的动力结构及其作用机制又是什么。本章单独从历史进程的视角对长三角区域高等教育一体化发展实践作一脉络性回溯和检视，考察并揭示其演进特征，探究和剖析长三角区域高等教育一体化发展得以进行的动力机制，从而逐步朝着"一体化"远景目标迈进。

第一节　长三角区域高等教育一体化发展的实践历程

　　从相关实践探索来看，长三角区域高等教育一体化发展具体可划分为以下四个历史阶段。

一、萌芽阶段(20 世纪 90 年代初至 2002 年)

　　以 1982 年"上海经济区"的正式建立为起点，长三角地区迎来了区域经济一体化发展的第一次浪潮。1992 年，长三角地区十多个城市联合召开长三角

---

① 　本章第一、二节等核心内容，已在《高等教育研究》2020 年第 1 期上发表过，这里是在论文基础上修改完善的。(原文出处：吴颖，崔玉平. 长三角区域高等教育一体化的演进历程与动力机制[J]. 高等教育研究，2020，41(1)：25-36.)

城市经济协作办(委)主任联席会议(到 1997 年升格为"长江三角洲城市经济协调会"),通过建立政府协商机制,全面启动长三角区域经济一体化发展机制建设。①

尽管这一时期尚未形成有关长三角区域高等教育一体化发展的任何政策文件,但由于高等教育与社会经济之间存在互动耦合关系,长三角区域经济一体化发展的基本制度框架以及行动模式都在很大程度上影响了高等教育改革与发展实践。特别是伴随着长三角区域经济一体化进程的开启和高等教育管理体制改革的推进,该地区个别掌握部分办学自主权的高校开始主动顺应和服务区域经济发展。恰逢 20 世纪 90 年代初期我国进行第二次院校调整,高等教育追求规模扩张及发挥教育产业功能,由此导致独立大学规模逐步扩大、多校区大学进一步发展和大学异地办学等行动渐次展开。

正是在这样的历史背景下,国内孕育了区域高等教育各种办学资源"越界"流动的市场环境。② 例如,在上海、南京、杭州等地陆续产生大学城、"飞地办学"等共建共享现象,也有个别企业家在沪、浙两地创建跨行政区划的高等教育市场,以上种种促进了长三角区域高等教育一体化发展的萌芽。

如表 4-1 所示,在这一阶段,长三角区域经济一体化开始启动,市场经济环境下高等教育也开始进行异地扩张,但总的来说,长三角区域高等教育一体化发展滞后于区域经济一体化进程。

二、全面推进和逐步展开阶段(2003—2008 年)

随着长三角区域经济一体化发展的不断拓展,区域教育一体化也迎来了新的发展机遇,同时肩负起新的使命。自 2003 年开始的几年间,为推进长三角教育资源共享,沪、苏、浙三省市党委、政府以及教育行政部门开展经常性合

---

① 张学良,林永然,孟美侠. 长三角区域一体化发展机制演进:经验总结与发展趋向[J]. 安徽大学学报(哲学社会科学版),2019(1):138-147.

② 巫丽君,王河江. 长三角高等教育区域一体化模式探析——基于历史进程的考察[J]. 清华大学教育研究,2010,31(4):52-56.

表 4-1　长三角区域经济一体化与高等教育一体化发展重要事件（第一阶段）

年份	长三角区域经济一体化发展：启动阶段 （1982—2000 年）	长三角区域高等教育一体化 发展：萌芽阶段 （20 世纪 90 年代初至 2002 年）
1982	国务院提出成立"上海经济区"，尔后江、浙企业纷纷进沪投资	尚未形成长三角区域高等教育一体化发展的政策文件，但具备了区域高等教育跨界自主办学条件
1992	14 个城市参加的长三角城市经济协作办（委）主任联席会议（以下简称"联席会议"）制度建立	
1997	15 个城市"联席会议"升格为由各市市长出席参加的长江三角洲城市经济协调会，审议并通过了《长江三角洲城市经济协调会章程》	
1998	以长三角地区基础设施建设推动经济一体化进程，如沪杭高速公路正式通车	
1999	第二次长江三角洲城市经济协调会确定加强区域科技合作、推进国企改革和资产重组、筹建国内合作信息网和旅游商贸等重点专题项目	

资料来源：根据政策文件、公开资料及相关研究整理得出。下同。

作交流活动，先后签署了多项教育合作意见和相关协议，其中在开展校际教学合作、学分互认、师资互聘、联合办学、科研合作攻关、加强高校招生和毕业生就业合作等多个方面达成共识，由此为长三角区域高等教育联动改革提供了较为有效的政策框架。

这一时期，区域内高等院校开始逐步发挥主体作用，重点围绕高教资源共享、教学合作、优秀人才培养等方面进行实质性合作。例如，2004 年浙江大学首先发起了"长三角高等教育合作优秀人才培养模式的探索与实践"项目，立即得到复旦大学、上海交通大学、东南大学、浙江工业大学和浙江理工大学的积极响应；次年，六所高校联合签署《长三角地区六校交换生计划备忘录》，2006 年正式启动该项目，高校合作向纵深发展。

与此同时，企业、社会团体以及其他机构等多元主体也开始积极参与长三角区域高等教育合作与交流。例如，2004年沪、苏、浙三省市教育和科技研究机构联合签署了《长三角教育科学研究合作协议》，人事人才网联合搭建"长三角人才信息交流网络共享平台"；2007年教育人生网和东方网等共同举办了长三角区域高校联合招生活动；上海市教育科技服务中心和多所理工类高校共商组织人才赴长三角及周边地区开展科技协作与交流活动，并先后共同签署了多项产学合作、科技合作意向书及项目等。可以说，这一系列举措为长三角区域高等教育一体化发展"推波助澜"，促进了多方参与、和谐共生局面的形成，推动了高等教育联动改革逐步展开。

如表4-2所示，在这一阶段，联动改革政策框架与项目平台开始逐步搭建，长三角区域高等教育一体化发展开始逐渐自觉跟进区域经济一体化进程，总体上表现出由政府、高校、企业及社会机构等多元主体共同发力的协商联合发展特征。

表4-2　长三角区域经济一体化与高等教育一体化发展重要事件(第二阶段)

年份	长三角区域经济一体化发展：不断拓展阶段(2001—2007年)	长三角区域高等教育一体化发展：全面推进和逐步展开阶段(2003—2008年)
2001	三省市成立"沪苏浙经济合作与发展座谈会"制度，由各省市常务副省(市)长出席，以后每年一届	/
2003	第四次长江三角洲城市经济协调会(16个城市市长出席参加)确立了长三角区域经济一体化发展主体组织架构	①举办长江三角洲人才开发一体化论坛，沪、苏、浙三省市人事厅发表《长江三角洲人才开发一体化共同宣言》②举行长三角三方教育合作签字仪式，签署《沪浙两地教育合作意见》《沪苏两地教育合作意见》③举行长三角高校毕业生就业工作合作签字仪式，签署《长三角高校毕业生就业工作合作组织合作协议书》，其中包括建

续表

年份	长三角区域经济一体化发展： 不断拓展阶段（2001—2007 年）	长三角区域高等教育一体化发展： 全面推进和逐步展开阶段（2003—2008 年）
2003	第四次长江三角洲城市经济协调会（16个城市市长出席参加）确立了长三角区域经济一体化发展主体组织架构	立高校毕业生就业信息平台，扩大高校就业市场开放程度等
2004	建立长三角地区主要领导座谈会制度，并将每两年召开一次的长江三角洲城市经济协调会改为一年一次	长三角教育和科技研究机构自发开展合作交流，沪、苏、浙三地签订《长三角教育科学研究合作协议》，努力打造国内最强教育科研联盟
2005	/	①长江流域15省市（含沪、苏、浙、皖）签署《长江流域各省市教育共同发展协议》 ②浙江大学、浙江工业大学、浙江理工大学、南京大学、东南大学、复旦大学、上海交通大学、同济大学成立"长三角高校合作联盟"，通过组织校际友好辩论赛和暑期实践活动等增强合作交流 ③复旦大学、上海交通大学、东南大学、浙江大学、浙江工业大学、浙江理工大学签订《长三角地区六校交换生计划备忘录》
2006	①沪、苏、浙及16城"十一五"规划明确提出要"建设世界第六城市群，推进长三角经济一体化" ②第七次长江三角洲城市经济协调会通过了城市经济协调会办公室工作会议制度、城市合作专题制度、财务管理制度、经济协调会办公室新闻发布制度等 ③上海市和浙江省杭州市联合签署《深化沪杭经济合作与交流框架协议》	①6所联盟高校实施"长三角高等教育合作优秀人才培养模式项目"，为优秀学生跨校学习提供途径 ②长三角地区六校交换生计划正式启动，主要选拔在校三年级本科生跨校学习，实现资源共享、学分互认等

三、快速发展阶段(2009—2017 年)

从 2008 年国务院印发《国务院关于进一步推进长江三角洲地区改革开放和经济社会发展的指导意见》以及长三角形成"三级(决策层、协调层、执行层)"①分层运作的区域合作体制机制开始,长三角区域经济一体化迈入快速发展和强化提升阶段,并逐渐形成了相对完备的一体化发展机制。② 中央政府对长三角区域经济社会的率先改革发展要求,决定了教育也必须做出相应的变革,为区域经济一体化发展的可持续发展注入教育新活力和动能。

2009 年,沪、苏、浙三地教育行政部门召开第一届长三角教育联动发展研讨会,共同签署了《关于建立长三角地区教育协作发展会商机制协议书》,其宏观指导思想就是"让长三角继续领跑新一轮教育改革发展",③ 标志着长三角教育联动发展由非常规状态向制度化状态转变,亦表明区域内高等教育开始从"自觉对话"走向"制度合作"的联动模式。④ 2010 年,由沪、苏、浙三省市联合设立和建设"长三角教育综合改革试验区"的重大构想得到了教育部支持,三地继续开展深入合作。在此期间,三地教育行政部门签署了多项高等教育方面的合作协议。

随后几年间,长三角区域高等教育协作不断拓宽和深化。2012 年,安徽省加盟长三角地区教育协作体,标志着涵盖沪、苏、浙、皖一市三省在内的长三角区域教育一体化发展新版图正式形成。

---

① 其结构形式包括以沪、苏、浙、皖一市三省主要领导为主体的决策层,由一市三省常务副省(市)长共同参与的长三角地区合作与发展联席会议为协调层,以及以长三角各省(市)级发改委、联席会议办公室、重点合作专题组和城市经济协调会为主要部门的执行层。

② 张学良,林永然,孟美侠. 长三角区域一体化发展机制演进:经验总结与发展趋向[J]. 安徽大学学报(哲学社会科学版),2019(1):138-147.

③ 眭依凡. 合作与引领发展:"长三角"高等教育行动[J]. 中国高教研究,2010(6):1-6.

④ 崔玉平,夏焰. 区域高等教育联动改革与协调发展的经济意义——基于长三角地区的分析[J]. 清华大学教育研究,2012(1):40-45.

　　从次年起，长三角教育联动发展研讨会正式更名为长三角教育协作会议。同时，继2014年教育部发布的《教育部关于进一步推进长江三角洲地区教育改革与合作发展的指导意见》明确提出要"在区域教育一体化建设等方面率先探索"之后，长三角区域高等教育一体化实践进程得以快速推进，例如跨省（市）的高校合作联盟、交换生计划、学分互认、优秀干部联合培养、名师资源共享、师资培训等多个合作项目得以开展且不断深入。2016年，一市三省教育厅（委）在第八届长三角教育协作会议上共同签署了《"十三五"深化长三角地区教育战略合作框架协议》，主要就努力探索建立一市三省教育事业发展跨越行政区划的共同决策（规划）、统一执行和联合监督机制达成协议，致力于共同推动长三角地区教育一体化发展，合力打造亚太地区的教育高地。

　　如表4-3所示，这一阶段"制度合作"联动模式开始形成，协作范围也不断扩大，长三角区域高等教育一体化基本适应了区域经济一体化发展趋势，并呈现出由协同联动走向协作联盟演进的特征。与前一阶段相比，无论是从"非常态合作"发展到"制度合作"联动模式，还是在协作范围进一步扩大、协作程度进一步加深的过程中，中央和地方政府的作用都日益凸显。

表4-3　长三角区域经济一体化与高等教育一体化发展重要事件（第三阶段）

年份	长三角区域经济一体化发展：快速发展和强化提升阶段（2008—2017年）	长三角区域高等教育一体化发展：快速发展阶段（2009—2017年）
2008	①国务院印发《国务院关于进一步推进长江三角洲地区改革开放与经济社会发展的指导意见》，要求把长三角区域扩大到沪、苏、浙三地全境范围，建成具有较强国际竞争力的世界级城市群 ②长三角政府层面确立实行"三级运作"的区域合作机制	╱

续表

年份	长三角区域经济一体化发展：快速发展和强化提升阶段（2008—2017 年）	长三角区域高等教育一体化发展：快速发展阶段（2009—2017 年）
2009	安徽省作为正式成员出席长三角地区主要领导座谈会和长三角地区合作与发展联席会议	第一届长三角教育联动发展研讨会召开，一市三省签署《关于建立长三角地区教育协作发展会商机制协议书》，会议以后每年召开一次
2010	①国务院正式批准实施《长江三角洲地区区域规划》，要求长三角要加快推进区域一体化进程，充分发挥长三角对周边地区、长江流域及其他地区的带动作用 ②第十次长江三角洲城市经济协调会召开，并正式更名为长江三角洲城市经济协调会市长联席会议，主要职责是深化专题合作	①成立长三角教育联动发展协调领导小组及办公室，负责定期召开协商会，制定规划纲要、政策，以及协调联动发展重大事项 ②教育部和上海市签订《共建国家教育综合改革试验区战略合作协议》 ③国家教育综合改革试验区领导小组召开第一次会议，探索建立教育区域合作联动发展的新格局 ④沪、苏、浙三地的《中长期教育改革和发展规划纲要（2010—2020 年）》均涉及长三角教育联动发展事宜
2011	安徽省首次作为轮值方成功举办长三角地区主要领导座谈会和长三角地区合作与发展联席会议	①第三届长三角教育联动发展研讨会达成 7 项协议：长三角地区高等教育专家资源库建设及共享协议、高等学校大型仪器设施共享协议、高校图书馆联盟框架协议、研究生教育创新计划合作协议、举办国际教育合作意向书、高校优秀中青年干部挂职培养合作协议、高校学分互认协议 ②正式启动"长三角高校交流生计划"，沪、苏、浙三地高校互派学生交换游学，推进学分互认 ③实施"长三角研究生教育创新计划项目"等

年份	长三角区域经济一体化发展：快速发展和强化提升阶段（2008—2017 年）	长三角区域高等教育一体化发展：快速发展阶段（2009—2017 年）
2012	/	安徽省加盟长三角教育协作体，首次对接区域高等教育联动发展工作 第五届长三角教育协作会议召开
2013	第十三次长江三角洲城市经济协调会市长联席会议召开，协调会成员由长三角 16 市扩至 22 市	长三角教育联动发展研讨会正式更名长三角教育协作会议
2014	/	①教育部印发《教育部关于进一步推进长江三角洲地区教育改革与合作发展的指导意见》，要求推进区域高等教育管理体制改革、人才培养模式改革、教育国际交流与合作以及一体化建设等 ②"长三角地区应用型本科高校联盟"正式成立，合肥学院任联盟主席单位
2016	《长江三角洲城市群发展规划》发布，要求长三角地区到 2030 年建成有全球影响力的世界级城市群（涵盖一市三省）	①一市三省教育厅（委）签订《"十三五"深化长三角地区教育战略合作框架协议》，要求高等教育领域加快各类高校联盟建设，完善合作育人机制，推进区域内师资互聘、课程互选、学分互认等 ②上海理工大学与南京工业大学、浙江工业大学、江苏大学、安徽工业大学共同组建"长三角高等工程教育联盟"

四、迈向高质量一体化发展阶段（2018 年以来）

自 2018 年习近平总书记提出"支持长江三角洲区域一体化发展上升为国家战略"以来，长三角区域经济一体化顺势进入"升级版"，即全方位、更高质量的一体化发展新阶段。同年 12 月，第十届长三角教育一体化发展会议召开（首次冠以"一体化"之名），一市三省共同签署了《长三角地区教育更高质量一体化发展战略协作框架协议》和《长三角地区教育一体化发展三年行动计划》，标志着长三角教育一体化正式进入一个由"一体化"与"高质量"双轮驱动的全新发展阶段，高等教育被列为率先进行深化协作和重点发力的领域之一，长三角区域高等教育一体化就此迎来一个更快速和更深层次的高质量一体化发展新阶段，并从制度、机制层面保障了高等教育一体化发展的可持续性。

2019年2月，中共中央办公厅、国务院办公厅印发的《加快推进教育现代化实施方案（2018—2022年）》明确提出要构建长三角教育协作发展新格局，进一步加大区域内教育资源相互开放的力度，实现资源的优势互补和有序流动。同年5月，浙江大学倡议发起并联合复旦大学、上海交通大学、南京大学和中国科学技术大学等"华东五校"在安徽芜湖正式签约成立长三角研究型大学联盟。随后多种形式的高校特色联盟如雨后春笋般出现，体现出长三角高校在突破行政区划界线、共同推动长三角区域高等教育一体化发展方面的主动性、能动性，有利于充分发挥联盟高校的学科、人才以及创新等优势，从而推动长三角区域高等教育协作项目的实质性开展。同年12月召开的第十一届长三角教育一体化发展会议为多个重点协作项目授牌，如长三角教育发展政策与法治研究中心建设项目、长三角区域教育现代化指标体系建设及监测项目、长三角教管服一体化智慧思政平台项目、长三角产教融合与职业教育发展研究院建设项目、长三角教研一体化发展合作项目、长三角医学教育联盟建设项目等。

这一系列实践探索举措为服务长三角区域更高质量一体化发展迈出了坚实的一步，彰显了新形势下高校立足于战略高度共谋发展的积极性和主动性。这种愈发强烈的内生变革动力有利于避免区域高等教育一体化发展出现"雷声大，雨点小""上面热，下面冷"的尴尬局面。

如表4-4所示，在国家战略部署与高等教育自身变革的双轮驱动下，长三角区域高等教育一体化发展与区域经济一体化发展开始走向适度协同，日益凸显融合"联姻"式发展的新趋势。

表 4-4 长三角区域经济一体化与高等教育一体化发展重要事件(第四阶段)

年份	长三角区域经济一体化发展：全方位、更高质量一体化发展阶段（2018 年以来）	长三角区域高等教育一体化发展：迈向高质量一体化发展阶段（2018 年以来）
2018	①国家发展改革委发布《国家发展改革委关于实施 2018 年推进新型城镇化建设重点任务的通知》，提出实施长三角城市群规划，形成"一核五圈四带"网络优化布局 ②一市三省抽调人员在沪成立长三角区域合作办公室 ③长三角地区主要领导审议通过《长三角地区一体化发展三年行动计划（2018—2020年）》和《长三角地区近期工作要点》 ④一市三省科技部门签署《长三角地区加快构建区域创新共同体战略合作协议》，发布《推进长三角国家科技成果转移转化示范区协同发展 共同构建国家科技成果转移转化高地倡议书》 ⑤一市三省人大常委会进行长三角区域一体化发展立法对接 ⑥习近平总书记在首届中国国际进口博览会上宣布支持长三角区域一体化发展，由此，长三角区域一体化发展上升为国家战略	第十届长三角教育一体化发展会议召开，一市三省教育行政部门签署《长三角地区教育更高质量一体化发展战略协作框架协议》，成立了长三角教育一体化发展领导小组、长三角教育一体化发展研究院，同时签署《长三角地区教育一体化发展三年行动计划》，其中，高等教育是深化协作、重点发力的领域之一 相比前九届会议，本届会议首次使用"教育一体化"的名称
2019	①李克强总理在《政府工作报告》上提出，长三角区域一体化发展上升为国家战略，将编制实施发展规划纲要 ②中央政治局会议和国务院常务会议审议通过《长江三角洲区域一体化发展规划纲要》，提出加强各领域互动合作，扎实推进长三角区域一体化 ③推动长三角一体化发展领导小组全体会议召开	①中共中央、国务院印发《加快推进教育现代化实施方案（2018—2022年）》，明确提出构建长三角教育协作发展新格局 ②浙江大学、复旦大学、上海交通大学、南京大学和中国科学技术大学组建成立"长三角研究型大学联盟"和"长三角高校智库联盟" ③一市三省学生资助管理中心签署《长三角学生资助一体化发展联盟框架协议》，成立"长三角学生资助一体化发展联盟"

续表

年份	长三角区域经济一体化发展：全方位、更高质量一体化发展阶段（2018年以来）	长三角区域高等教育一体化发展：迈向高质量一体化发展阶段（2018年以来）
2019	④浙江嘉善县政府和上海财经大学长三角与长江经济带发展研究院合作设立长三角一体化发展研究院 ⑤第十九次长江三角洲城市经济协调会市长联席会议召开，至此一市三省41座地级以上城市全部加入长三角城市经济协调会 ⑥中共中央、国务院正式印发《长江三角洲区域一体化发展规划纲要》，进一步明确了长三角一体化发展战略目标，即把长三角建成全国发展强劲活跃增长极、高质量发展样板区、率先基本实现现代化引领区、区域一体化发展示范区和新时代改革开放新高地 ⑦国务院批复长三角生态绿色一体化发展示范区，并正式揭牌成立	④复旦大学上海医学院、上海交通大学医学院、上海中医药大学、南京医科大学等10所高等医学院校成立"长三角医学教育联盟" ⑤上海市教育委员会、江苏省教育厅、浙江省教育厅、安徽省教育厅联合举办第一届长三角地区民办高校教师教学技能大赛，一市三省民办高校成立"长三角民办高校教学发展联盟" ⑥第十一届长三角教育一体化发展会议召开，一市三省教育行政部门签署《长三角教育一体化发展近期工作要点（2019—2020年）》，在高教领域，将探索组建长三角高校协同创新及其他特色联盟，推动产学研合作，逐步共享优质高教资源
2020	①习近平总书记在合肥主持召开扎实推进长三角一体化发展座谈会并发表重要讲话，强调实施长三角一体化发展战略要紧扣一体化和高质量两个关键词，并从推动长三角区域经济高质量发展、加大科技攻关力度、提升长三角城市发展质量、增强欠发达区域高质量发展动能、推动浦东高水平改革开放、夯实长三角地区绿色发展基础、促进基本公共服务便利共享等7个方面做出重要部署 ②长三角生态绿色一体化发展示范区开发者联盟正式成立，签署《长三角生态绿色一体化发展示范区开发者联盟盟约》 ……	①安徽省教育厅印发《关于成立长三角教育一体化发展安徽研究院的通知》，省教育一体化研究院成立 ②第十二届长三角教育一体化发展会议召开，一市三省教育行政部门签署《新一轮长三角地区教育一体化发展三年行动计划》，在高教领域，提升高等教育协同创新服务发展能力 ……

通过上述回溯可知，长三角区域高等教育一体化发展先后经历了萌芽、全面推进和逐步展开、快速发展、迈向高质量一体化发展共四个历史阶段。这一进程总体上表现出"协商联合（自发自觉式合作与交流）——协同联动——协作联盟——融合'联姻'（高质量一体化发展）"的演进特征，并且相对于整个区域经济一体化发展进程而言，高等教育领域的区域一体化发展经历了从早期相对滞后逐步走向适度协同的演进路径。

第二节　长三角区域高等教育一体化发展的动力机制

长三角区域高等教育一体化发展有其坚实的理论基础、政策依据和实践支持，但是可持续的"一体化"发展必然有其多维动力因素及其作用机制。

一般而言，任何事物或组织的发展变化都需要其动力机制发挥作用。根据动力的来源及其作用方式，总体可分为外部动力和内部动力。前者是指相对于事物或组织自身而言，来自外部的各种强制性约束力或诱导性驱动力；后者则指某一事物或组织因自身生存发展需要而自发形成的内生性驱动力。纵观长三角区域高等教育一体化发展的演进历程，总的来说离不开以下外部和内部双重动力及其交织作用的推动（图4-1）。

一、国家政治领导力

长三角区域一体化既是国家区域经济发展的一项重大战略布局，也是一个凸显国家战略思维的政治术语。近年来，国家先后出台多项政策文件，如《国务院关于进一步推进长江三角洲地区改革开放和经济社会发展的指导意见》（2008）、《长江三角洲地区区域规划》（2010）、《长江三角洲城市群发展规划》（2016）、《长江三角洲区域一体化发展规划纲要》（2019）等，都对长三角地区在不同历史时期的定位和功能提出了明确、具体的要求。这种带有"政治任务"色彩的政策天然蕴含改革因子，能够快速细化到具体领域并促进相关政策

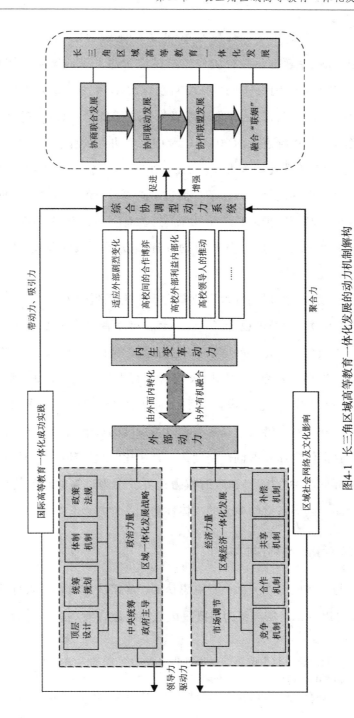

图4-1 长三角区域高等教育一体化发展的动力机制解构

115

的形成。比如，《国家中长期教育改革和发展规划纲要（2010—2020 年）》（2010）明确提出要探索省际教育协作改革试点，建立跨地区教育协作机制，沪、苏、浙三地政府分别发布的《中长期教育改革和发展规划纲要（2010—2020 年）》（2010）、教育部印发的《教育部关于进一步推进长江三角洲地区教育改革与合作发展的指导意见》（2014）以及中共中央办公厅、国务院办公厅印发的《加快推进教育现代化实施方案（2018—2022 年）》（2019）等政策文件都直接推动了长三角地区的高等教育改革，促进了高等教育的区域合作发展。

从这个层面来解释，推动长三角区域高等教育一体化发展是作为实施区域一体化发展战略的必要组成部分被启动并逐步获得政策性支持和合法性依据的。

不可否认，政治力量对高等教育改革发展具有强烈的外部强制和约束性，而且"政府是高等教育改革的设计者、发动者、推动者"。[①] 因此，无论是构建长三角区域高等教育一体化发展体系，还是在更广范围探索区域高等教育改革发展新模式，首先都需要充分发挥中央政府强有力的作用，遵循"政府主导、政策驱动"的既有逻辑，从顶层设计入手，通过中央政府统一领导和地方政府共同参与来建立并不断完善区域高等教育改革发展的长效机制，同时为特定区域内的高等教育深度合作发展创造制度化、合法化的政策环境。当然在这一过程中也必须把握好政治"力度"和政府权力边界，因为过强的政治约束和无限的政府权力反而会削弱各空间单元的主体性功能。

二、区域经济一体化驱动力

关于教育与经济的基本关系，马克思认为，经济决定教育，教育反作用于经济发展。[②] 可以说，区域经济力量既是区域高等教育发展的支持力，也是推

---

① 张应强. 我国高等教育改革的反思和再出发[J]. 深圳大学学报（人文社会科学版），2016，33（1）：140-155.

② 王善迈. 马克思恩格斯的教育经济思想[J]. 中国高等教育，2018（19）：14-16.

动力。日趋成熟的长三角区域经济一体化发展在很大程度上赋予该地区高等教育区域合作的重要使命，也为其创造良好条件。在过去近30年里，长三角区域经济一体化发展始终决定着高等教育区域一体化的发展趋向，而长三角区域高等教育一体化发展也提高了区域高等教育的整体竞争力和影响力，同时推动高等教育系统与区域经济社会发展同频共振良好局面的形成。

当前长三角地区经济总量占全国的近1/4，在世界经济版图中也赢得一席之地，该地区城市群已跻身六大世界级城市群。由于区域经济实力和活力的变化会直接影响到高等教育实力格局，[①] 因而长三角区域经济一体化发展的先发优势为区域高等教育一体化发展的先行先试提供了良好契机，一市三省高等教育系统在此基础上更好地强化内生动力，通过区域高等教育一体化发展打造高等教育强区域，这可以较好地解释上述所说的"支持力"。相应地，"推动力"则侧重于经济社会发展对教育的外部客观牵引，特别是进入新阶段，由于社会对高等教育的需要比以往任何时候都更加迫切，对科学知识和卓越人才的渴求比以往任何时候都更加强烈，高等教育与区域经济社会的关系亦比以往任何时候都更加紧密，伴随长三角区域经济一体化发展进程的高质量推进，其更加要求高等教育提供与该区域新一轮经济转型发展、产业结构升级、经济增长方式转换以及科技协同创新等相适应的人才支持和智力支撑。从这一角度来说，区域高等教育一体化发展将极大地提升区域高等教育自身改革发展对外部经济社会发展的适应性、协调性和引领性。

三、区域社会网络及文化聚合力

区域社会网络及文化的核心作用在于提供一个基于某一重要方面或者多个方面相通互认的价值纽带和交往理性，使得原本可能以邻为壑的"竞争对手"能够结成一个命运共同体，不断实现区域对外开放和拓展、对内共享和互补，

---

① 刘国瑞．我国高等教育空间布局的演进特征与发展趋势[J]．高等教育研究，2019，40（9）：1-9.

从而形成共生、共长、共强、共荣的和谐稳定发展格局。

长三角一市三省地理相连、社会相融、人缘相亲、唇齿相依、文化相通，在生产方式和生活习俗等方面具有诸多相似性，这些都不断强化着社会网络的内在联系和文化认同。自古以来，温文儒雅、激越高亢的江浙吴越文化圈和海纳百川、兼容并蓄的上海海派文化，以及厚重沉稳、极具特色的皖南徽派文化就曾在经济社会发展中和谐共生、相互交融，它们因流动而交流、渗透，因凝聚而开放、包容、接纳和融汇，加之改革开放后又同处于早期经济贸易先行开放的沿海地带，共同接受外来多元文化思想的浸润，这必将对该地区高等教育改革与发展产生深刻影响，概括起来至少有以下两方面：

一方面，这种紧密的社会网络和连绵不息的共通文化不仅更易于产生缩小高等教育活动的空间距离和降低合作交流成本的正效应，也会"悄无声息"地影响着区域内高等教育的价值取向、改革与发展全过程，这就自然而然地产生了一股促成高校"抱团取暖"、友好"结盟"甚至"联姻"发展的推动力，有助于区域高等教育从较深的文化层面打破行政区划壁垒，形成融合创新的共同体。

另一方面，由文化这一源头活水和经济社会发展内生动力共同滋生的改革创新精神和高等教育强省愿望，也在相当大程度上决定了该区域高等教育一体化改革发展既具备先行先试的"软环境"，也有着合力共建高等教育新高地的内生动力。

四、国际成功实践带动力

追溯至 20 世纪中期前后，伴随着全球性区域政治和经济一体化的持续推进，为了应对竞争和危机，世界越来越多的国家和地区主张通过加强高等教育的区域合作来发挥其引擎作用。在此背景下，世界主要地区出现两类比较典型的区域高等教育一体化发展"范式"：一类是基于不同国家或地区的区域高等教育一体化，其中最具有代表性的有，以"博洛尼亚进程"为标志的欧洲高等教育一体化改革、非盟的"非洲高等教育一体化战略"、以创建"东南亚高等教育国家空间联合会"为目标定位的东盟高等教育一体化改革等。另一类是基于一个国家内部某些地区的区域高等教育一体化,其中以美国州际高等教育协调与合作发展堪称"典范",具体包括:南部地区教育(涵盖高等教育领域)协定、西部州际高等教育协定、新英格兰高等教育协定以及中西部高等教育协定。这四个主要的州际高等教育协定对建立健全美国内部区域高等教育协调与合作机制具有十分重要的作用。

概言之,上述国际区域高等教育一体化改革实践无疑为推动长三角区域高等教育一体化发展提供了重要案例和佐证,其成功经验也为我国区域高等教育改革发展新模式的探索提供了有益启示、借鉴和参考。

借鉴国际区域高等教育一体化成功经验,长三角区域应在现有良好合作关系的基础上,持续深入推动区域高等教育一体化进程,推动高等教育改革与发展由地方行政型发展模式向区域合作型发展模式转变。

五、区域高等教育系统内生变革动力

随着高等教育发展面临不断加剧的内外部生存竞争压力,高等教育系统的内生变革动力理应从内隐转为外显。对比复杂多元的外部动力及其相互作用,催生长三角区域高等教育一体化发展的内部动力却显得相对不足,或者说受到了抑制。首先,从其整体演进历程可以看到,高等教育一体化起初只是作为推进区域经济一体化进程的衍生品,后来则作为区域一体化发展战略的一种互动式影响工具(或策略)。其次,这种动力"不足"更多指向高等教育实力强省,这是因为限于较大的省域差距,一般身处高等教育强省的高校倾向于非合作博弈,即便被动卷入一体化浪潮,也存在保守、狭隘的合作心态。可以说,相关内部动力机制仍有待持续优化,至少可在以下三个方面作进一步强化和整合。

第一,将主动适应外部剧烈变化的能动性转化为高等教育改革与发展的内在需求。高等教育日益凸显的相对独立性和从属性,决定了高等教育系统不应该是一个孤立、自我封闭式系统,而是一个能够迅速适应外部变化且进行自我变革和优化的开放式系统。这就要求作为庞大社会改革系统中重要组成部分的高等教育系统，必须对国家重大战略布局、政策方针及社会经济发展变化保持高度敏感。尤其随着国家新战略的部署、实施以及区域经济社会发展转型的推进，高等教育系统"以变应变"的内在驱动力都应被催生出来。

第二，合作博弈及外部利益内部化逐渐成为高校在竞争日益激烈环境下的自觉选择。随着市场在高等教育资源配置中的角色愈加凸显，加之"双一流"建设、"双高计划"建设以及一流本科专业建设"双万计划"等这样或那样的高等教育改革政策频频推出，高校间的竞争愈演愈烈且范围逐步扩大。有研究明确指出，高校之间因为生存而引起的非合作博弈与无序竞争，势必会给高等教育发展带来难以承受的效率损失。① 就长三角区域而言，虽然是我国高等教育的发达地区和优质集群区之一，但源源不断的新挑战、新目标和新要求不断给各个高校增添有形或无形的压力。如果从区域内高校层次、级别、类型及多种构成要素来分析，高校之间进行优势互补和有序分工，以及不同竞争优势的深度整合，就显得十分必要且关键。回顾长三角区域高等教育一体化发展的实践历史过程，越来越多的高校在政府和社会多方支持下有计划地推出若干合作项目、搭建交流平台及形成各类联盟载体等，其根本目的在于赢得高校自身竞争优势，共建共享优质高等教育资源，主动接受辐射效应，有效实现高校外部利益内部化，从而带来整体收益的提升，增强区域高等教育核心竞争力和影响力。

第三，一批拥有教育改革新思维的高校领导人开启新探索。事实上，长三角区域高等教育一体化的探索、实践，乃至今后更高质量一体化发展蓝图的绘制，离不开一批批大学校长、党委书记等"一把手"和诸多教育家等有识之士的魄力和胆识。例如，长三角一市三省多所高校领导曾先后倡议发起结成不同形式的大学特色联盟，这类实践举措对于长三角区域高等教育一体化发展起到

---

① 冒荣，宗晓华. 合作博弈与区域集群——后大众化时代我国高等教育发展机制初析[J]. 高等教育研究，2010，31（4）：35-40.

了重要的推动作用。苏州大学校长熊思东曾在 2019 年全国两会上明确提议："在长三角地区一体化建设和推进过程中，高等教育一体化可成为其一体化建设的突破口"，① 并得到各大主流媒体的宣传报道，这自然在理念和实践方面对长三角区域高等教育一体化发展产生特殊影响。

实践总体表明，上述来自外部层面的国家政治领导力、区域经济一体化驱动力、区域社会网络及文化聚合力、国际成功实践带动力等在推动长三角区域高等教育一体化发展过程中始终发挥了特殊重要作用，但是这些外部动力之所以能够有效发挥作用，归根结底还是因为长三角区域高等教育系统内部存在着内生性的一体化发展动力，即该区域内高等教育既有主动适应乃至适度引领区域经济社会发展的根本要求，也有顺势利用外部有利机遇实现自身更高质量发展的内生诉求。显然，这些动力因素之间的关系是互动的，并且几乎都内生于长三角区域高等教育一体化发展进程中。只是这种动力在现有的高等教育领导与管理体制下难以完全激发，为此，新阶段推进长三角区域高等教育更高质量一体化发展，亟须促进外部动力由外而内的有效转化并使之真正发挥促进高等教育省域融合"联姻"的作用。

本 章 小 结

伴随着长三角区域经济一体化进程的开启和高等教育管理体制改革的不断推进，早在 20 世纪 90 年代初长三角地区个别掌握部分办学自主权的高校及企业家就已经开始主动适应区域经济发展，尝试创建跨行政区划的高等教育市场，该地区的高等教育区域化发展实践由此持续向前迈进。本章以长三角区域重要高等教育合作与交流事件为标志，比较详细地梳理了长三角区域高等教育一体化发展的实践历程，并与区域经济一体化进程作对比，揭示了长三角区域

---

① 熊思东．长三角地区一体化，高教一体化要先行[N]．中国科学报，2019-03-13(05)．

高等教育一体化发展的演进特征，剖析了"一体化"进程得以推进的动力机制。

1. 长三角区域高等教育一体化发展总体经历了萌芽阶段、全面推进和逐步展开阶段、快速发展阶段、迈向高质量一体化发展等四个阶段

在"一体化"萌芽的第一阶段（20世纪90年代初至2002年），当时在市场经济环境下高等教育伴随长三角区域经济一体化的启动，虽然开始了异地扩张，但由于体制改革的滞后，区域高等教育一体化发展远滞后于区域经济一体化进程。在第二阶段（2003—2008年），随着各类教育联动改革政策框架与项目平台的搭建，长三角区域高等教育一体化发展呈现出由政府、高校、企业及社会机构等多元主体共同发力的协商联合发展特征，并自觉跟进区域经济一体化进程。在第三阶段（2009—2017年），长三角地区跨省域层面的教育"制度合作"联动模式开始形成，协作范围不断扩大，区域高等教育一体化发展呈现出由协同联动向协作联盟演进的基本特征，也由此基本适应了区域经济一体化发展趋势。在迈向高质量一体化发展的第四阶段（2018年以来），由于国家战略部署和区域高等教育自身变革的双轮驱动，长三角区域高等教育一体化发展日益凸显"联姻"式发展的新趋势，并开始与区域经济一体化进程适度协同。

简而言之，这一实践进程表现出从协商联合（自发自觉式合作与交流）到协同联动，再到协作联盟，最后有望到融合"联姻"（高质量一体化发展）的一体化演进特征，并且相对于整个区域经济一体化发展进程而言，区域高等教育一体化发展经历了从早期相对滞后逐步走向适度协同的演进路径。

2. 国家政治领导力、区域经济一体化驱动力、区域社会网络及文化聚合力、国际成功实践带动力以及区域高等教育系统内生变革动力等内外部双重动力共同作用，合力推进长三角区域高等教育一体化进程

通过对长三角区域高等教育一体化发展动力机制的解构与分析，其既有外部因素也有内部因素。从政治动力来看，推动长三角区域高等教育一体化发展是作为实施区域一体化发展战略的组成部分被启动并逐步获得政策性支持和合法性依据的，是贯彻国家意志和政府行为的具体体现。从经济动力来看，长三

角区域经济一体化发展与其区域高等教育一体化发展之间存在互动耦合趋势，二者呈现出一定"同频共振"的互动关系。从社会网络及文化动力来看，长三角一市三省内在紧密的社会网络和文化认同等因素能够发挥"黏合""聚合"作用，直接或间接地推动了区域高等教育一体化发展。从国际实践动力来看，不同类型的国际区域高等教育一体化发展"范式"不仅为推动长三角区域高等教育一体化发展提供了现实案例和佐证，而且其成功经验对长三角区域高等教育界有着较强的吸引力和带动力。此外，从内生变革动力来看，主要来自三个方面：一是将主动适应外部剧烈变化的能动性转化为高等教育改革发展的内在需求；二是合作博弈及外部利益内部化日益成为高校的自觉选择；三是一些高校领导人及有志之士教育改革新思维与新探索的推动。但总的来说，这些动力存在相对失衡的现象，仍然需要促进外部动力由外而内转化并与内部动力有机融合，从而真正内生于"一体化"进程中。

第五章　实践困境：对长三角区域高等教育一体化发展相关人员的调研分析

毋庸置疑，对一个具体论题，如果理论上未探讨清楚，那么所谓的"研究"将无从谈起，对它进行调研分析也将趋于盲目。反之，不进行调研分析而仅止于理论探讨，那么这种理论探讨将留有疑惑或流于肤浅。因此，为形成一个相对完整的研究体系，本章试图以前面的理论分析为基础开展实地调研来了解当前高等教育改革决策者与相关实践主体的一些看法，从而获得对本书研究对象较为完整的认识，也为下一步的分析和讨论提供现实指引。具体而言，即着重围绕总论题开展覆盖长三角一市三省的问卷调查和专家访谈，依据调研所得的第一手资料来分析被访者眼中的长三角区域高等教育一体化发展问题。

第一节　资料来源与样本描述

一、资料来源

本章所用数据来源于教育部人文社会科学研究规划基金项目"长三角区域高等教育一体化水平监测评价研究"课题组开展实地调研所获得的"第一手"资料。课题组首先于2019年12月初通过内部小组研讨会，同时结合相关政策文件、已有研究文献以及前文理论分析，重点针对政府或非高校事业单位行政人员、高校专职行政管理人员、高校专职教师、科研院所专职研究人员等群体设计了一份《长三角区域高等教育一体化发展》访谈提纲。但受 2020 年初开始的新冠疫情影响，原定的深度访谈计划被打乱，因此改为简短访谈。

一方面通过发微信、打电话、发电子邮件等方式做"云访谈""云调研"，对被访者进行一对一的"提问"和请教，其间不仅过程曲折，而且进展和效果均不尽如人意。另一方面结合有限访谈结果，进一步将访谈提纲改编成调查问卷，面向上海市、江苏省、浙江省和安徽省的有关政府部门、各级各类高校以及科研院所的工作人员进行了长三角区域高等教育一体化发展问卷调查。这不仅"节约"了调研成本，而且能够让更多利益攸关者参与到调研中，有利于提高研究的外部效度。

课题组事先考虑了本次调查问题及内容的专业性，一方面在问卷导言中对"区域高等教育一体化发展"等核心概念进行界定，使调查对象快速认识和了解问题；另一方面在问卷发放时，有针对性地选择一市三省的教育行政部门及教育科学研究院、挂靠在相关大学的长三角教育一体化研究院、高校的教育学院（教育研究院）、高等教育研究所、经济与管理学院等进行随机抽样调查，尽可能在可控范围内提高数据质量。

自 2020 年 9 月初开始，课题组以微信、QQ、电子邮件等网络问卷发放方式为主，以纸质问卷定点邮寄和一对一发放方式为辅，开展了为期 3 个月的问卷调查。为避免问卷漏填或重复填写等问题，一方面将网络问卷设置成"作答不完整者无法提交"，并将作答次数限制为"只允许填写 1 次"；另一方面亲自把关纸质问卷的发放、回收及筛选全过程。截至 2020 年 11 月 30 日，共回收网络问卷 459 份、纸质问卷 197 份，剔除 7 份无效纸质问卷（包括空白卷、多数题项均未填答或关键信息缺失），最终累计保留了 649 份有效问卷。

这里需要说明一点，书中所用调查数据均来源于此。由于不同章节聚焦的子问题不同，在具体分析过程中基于研究需要分散呈现问卷调查结果。

二、调查对象基本情况描述

课题组首先对本次调查对象的基本信息进行描述性统计分析，以大致了解样本总体分布情况。结果呈现在表 5-1 中。

表 5-1 被调查对象基本情况的描述性统计

项　　目		样本数	占比（％）	项　　目		样本数	占比（％）
性别	男	353	54.4	工作所在省份	上海市	134	20.7
	女	296	45.6		江苏省	169	26.0
年龄	30 岁以下	114	17.6		浙江省	131	20.2
	30~39 岁	205	31.6		安徽省	154	23.7
	40~49 岁	185	28.5		其他	61	9.4
	50~59 岁	111	17.1	职称（或职务）	正高或处级及以上	190	29.3
	60 岁及以上	34	5.2		副高或副处级	178	27.4
职业	政府或非高校事业单位行政人员	21	3.2		中级或科级	174	26.8
	高校专职行政管理人员	147	22.7		其他	107	16.5
	高校专职教师	371	57.2	主要研究方向或负责工作	高等教育学	161	24.8
	科研院所专职研究人员	53	8.2		其他各类教育学	195	30.0
	其他	57	8.8		管理学	74	11.4
单位类型	政府机关	18	2.8		经济学	30	4.6
	"双一流"建设高校	188	29.0		交叉学科	60	9.2
	非"双一流"建设普通本科高校	286	44.1		其他	123	19.0
	科研院所	50	7.7		缺失值	6	1.0
	高职（高专）院校	87	13.4				
	其他	20	3.0				

在参与本次调研的 649 个调查对象中，61 位被调查者来自长三角地区之外的其他省(市)，另外 588 位均身处长三角地区，占总样本的 90.6%。他们当中来自上海市、江苏省、浙江省、安徽省的分别占 20.7%、26.0%、20.2%、23.7%，地域分布比较均匀，能够较好地保证样本的代表性。

从性别构成来看：有 353 名男性（占 54.4%），296 名女性（占 45.6%）。从年龄层次来看：30 岁以下、30~39 岁、40~49 岁、50~59 岁、60 岁及以上者分别占 17.6%、31.6%、28.5%、17.1%、5.2%。从被调查对象所从事的职业可以看出：共有 21 名政府或非高校事业单位行政人员、147 名高校专职行政管理人员、371 名高校专职教师、53 名科研院所专职研究人员参与了本次调研。他们当中来自政府机关的占总样本的 2.8%，"双一流"建设高校的占 29.0%，非"双一流"建设普通本科高校占 44.1%，科研院所占 7.7%，高职（高专）院校占 13.4%。总的来说样本分布情况较好。

另外，从职务或职称情况来看：有 190 人为正高或处级及以上（占 29.3%）、178 人为副高或副处级（占 27.4%）、174 人为中级或科级（占 26.8%）、107 人为中级或科级以下（占 16.5%）。相比而言，参与本次调研的绝大多数人都具有高级职称（或职务），而且正高级或处级及以上者所占比例最高。对此，一方面可以从侧面反映出此类专家群体更关注本次调研主题；另一方面，一般认为在回答此类专业问题时，获取越多的专家型被调查人员"看法"则调查越有价值，这在较大程度上保证了后续分析结果的专业性和权威性。同时结合被调查对象的主要研究方向或负责的研究工作情况，去掉 6 个缺失数据后，他们当中有一半以上都从事本专业领域内（高等教育学、其他各类教育学）的研究工作，累计百分比为 54.8%；另一些从事管理学、经济学、交叉学科以及其他研究工作的占比分别为 11.4%、4.6%、9.2%、19.0%。总体而言，本次调查样本分布及构成较为合理，具有较好的代表性。

第二节　关于对长三角区域高等教育一体化发展看法的调研分析

一、对"一体化"的初步认识

(一) 对区域一体化内涵的认识和理解

在问题正式开始之前，首先有必要了解被调查者对于"区域一体化"的认识情况。是茫然不知，漠不关心？还是心中有数？考虑到问题的专业性和作答难度，课题组在概念界定的基础上通过关键词提取进行以下结构化问卷设计："下列六组词语，哪几组最符合您对区域一体化的认识和理解。（最多选3项）"

从本次调查结果来看（图5-1）：被调查者基本都能对区域一体化形成自己的基本认识和理解，且总体认知趋于一致。

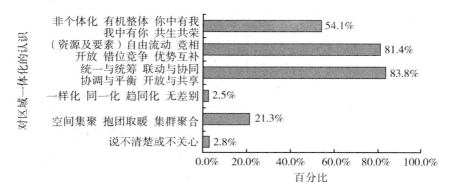

图5-1　被调查者对区域一体化的基本认识和理解

具体来看，按照各选项选择人数占总人数的比例由高到低排序依次为："统一与统筹　联动与协同　协调与平衡　开放与共享"（83.8%）、"（资源及要素）自由流动　竞相开放　错位竞争　优势互补"（81.4%）、"非个体化　有机整体　你中有我 我中有你　共生共荣"（54.1%）、"空间集聚　抱团取暖　集群聚合"（21.3%）、"说不清楚或不关心"（2.8%）、"一样化　同一化　趋同化　无差别"（2.5%）。在这些选项中，选择人数比例最高的前三项总体上体现了区域一体化的本质，即各地区之间的充分开放和资源要素的无障碍流动，从而实现个体间共同发展、区域整体收益增加的最终目标。这表明，本次调查对象基本能够比较准确地认识区域一体化问题，因而所得结果具有参考意义。

值得一提的是，"统一与统筹　联动与协同　协调与平衡　开放与共享"是所列词组中被选择最多的选项。这一调查结果为下文针对区域高等教育一体化发展一级评价指标的设计提供了一定依据。

(二)对我国区域高等教育一体化发展先决条件的认识

区域高等教育一体化发展的有效展开应当具备一些先决条件，为此，在本次调查问卷中共列出了以下 7 个主要条件："政府主导性""地域相邻性或空间可达性""高等教育资源互补性""高校能动性""区域经济驱动性""文化包容性""体制机制一致性和兼容性"，并让参与调研者进行多项选择。

从调查结果(图 5-2)来看，7 个选项选择人数的比例均较高，而且有七成以上的被调查者都选择了"高等教育资源互补性"和"高校能动性"。这反映出，所列出的这些条件基本都被认为是推动我国区域高等教育一体化发展的先决条件，并且高等教育资源互补性和高校能动性被视为其中最为重要的条件。甚至

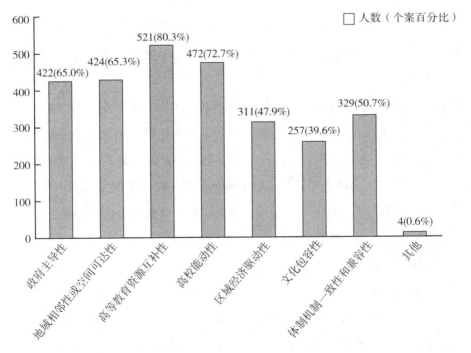

图 5-2　对推动我国区域高等教育一体化发展先决条件的认识

可以推论，目前在我国任何一个区域包括我们关注的长三角区域，要想顺利推进高等教育一体化发展进程，首先要考虑这些条件是否成熟。

二、对长三角区域高等教育一体化发展的基本态度

任何一项重大改革发展决策的形成，离不开双方达成的一定共识。为此，课题组首先通过个别访谈，初步了解长三角一市三省教育行政部门负责人、高校及有关单位领导、专家学者等不同主体对长三角区域高等教育一体化发展问题的基本态度和看法，然后在此基础上，重点在长三角一市三省范围内进行了一项专题问卷调查。

（一）基于访谈资料归纳分析

通过个别访谈（以微信聊天、打电话和发邮件咨询为主，以现场"面对面"式访谈为辅，同时搜集整理了一小部分网络新闻资料），我们初步发现，当前不同主体在看待一体化问题本身及长三角区域高等教育一体化发展这一议题时，尚存在较大分歧。

在行文时，我们均以姓氏首字母对不同访谈对象进行了匿名处理，若姓氏首字母相同则另加注序号以示区别。对于一些观点重复和无效信息的访谈资料，书稿中没有全部予以呈现。另外，限于篇幅，以下只列出了受访者的回答，不再重复罗列访谈者所提的问题。概述起来，核心之问如下：

（1）您认为在长三角地区有必要推进区域高等教育一体化发展吗？

（2）对此，可以谈谈您支持（或不支持）的理由吗？

（3）如果推进长三角区域高等教育一体化发展，您有什么意见或建议吗？或者，您认为当前最应该从哪里入手？（若不支持，不再对其提问）

一方面，受访者基本对长三角区域高等教育一体化发展表示赞成，主要理由如下：其一，进行长三角区域高等教育一体化发展是贯彻落实国家区域发展战略的重大决策选择，是推动长三角区域高质量一体化发展的重要组成部分，

旨在通过提供高层次人才和智力支持以更好更主动地适应或引领区域经济社会发展。其二，这种区域高等教育改革发展新模式是实现高等教育自身更高质量发展和参与全球竞争的有效策略，有助于避免高校间的各自为政、重复建设和恶性竞争等，更好地提升区域高等教育整体实力、国际竞争力和影响力。其三，在长三角地区良好的高等教育合作发展基础上进行一体化先行先试，可以让长三角区域继续引领新一轮高等教育改革，为全国其他区域提供示范引领和可辐射、可推广的经验做法。另外，从某种意义上讲其还是办人民满意的教育初心使然，例如，某研究团队负责人介绍："当前超过半数的长三角老百姓对于教育一体化最为期待"，而高等教育理应是最容易推进和最易见成效的部分，这就为推进长三角区域高等教育一体化发展定下了基调。

X1 高校领导：S1 大学校长，58 岁[①]

之所以提出"高等教育一体化先行"[②]这样一个观点，主要是出于这么几点考虑：第一个呢，高等教育涉及知识的创造和知识的传递。我们都知道知识是无界限的，所以我想这必然使得高等教育具备了它一体化的一些先天优势。第二个，整体上长三角高等教育的总体发展水平是趋于平等的，或者说趋于相近似的，所以我们有一体化的基础。第三个，之所以说高等教育可以先一体化做起来，是因为高等教育在长三角的这些大学里面价值取向非常一致。

那么，针对下一步的深化改革，国家要在一体化发展的体制机制上更进一步，同时我们要打破长三角行政区域的这样一个界限，或者说是行政管理壁垒问题，这样才能够把高等教育作为一个"大学区"或者一个共同的"大教育区"来看待。当然，这样我们就需要"抱团"争取支持或者自行设置一些新的政策，比方说：我们要设置一些政策、建立相应的机制，能够促使我们的学生交换和老师流动；我们要设置一些办法，使得我们的课程能够相互交换和共享，我们

---

① 为真实反映被访者心声，以下内容基本保持"原汁原味"，访问者未作大的文字修改。

② 原表述是："在长三角地区一体化建设和推进过程中，高等教育一体化可成为其一体化建设的突破口。"参见：熊思东. 长三角地区一体化，高教一体化要先行[N]. 中国科学报，2019-03-13(5).

的学分能够互认；另外，我们也要出台一些措施，能够使长三角区域的高等教育互补长短，共同发展，共同促进。我想，这样也许我们可以通过高教的一体化发展来探索区域高等教育改革发展的新模式，能够积累一些经验，推广到其他行业的一体化建设进程中去。

Y 专题研究者：H 大学博士生，31 岁

其实，这个问题（长三角区域高等教育一体化发展）还是倍感亲切的，我们也在尝试推动这方面的研究。在刚开始的时候，大家可能还会对"一体化"这个提法抱有争议，后来以政府层面召开的"长三角教育一体化"会议确定下来了，（长三角）各省也在成立教育一体化发展领导小组、教育一体化发展研究院，一起来推进这方面的工作，如此一来，争议自然消失了。

对于高教领域，我想，区域高等教育一体化的核心应该是统筹这个区域内不同行政区划、不同隶属关系、不同层次、不同类别的高等教育资源的一个发展过程吧。我们认为一体化建设肯定是必要的，只是先后顺序和难易程度的事情，尤其教育问题本身比较复杂，但难度大不意味不能推动。我认为至少可以从宏观、中观和微观三个层面来解释"为什么"。首先，在宏观上服务国家战略布局需求是无异议的。特别是一体化发展规划纲要出台之后，分领域搞好长三角区域一体化发展已经是必然的趋势，而我们的高等教育又是经济社会发展的根本支撑和动力，可以说在长三角一体化发展过程中高等教育是不可或缺的重要环节。高等教育一体化发展搞得好不好，甚至会决定整体一体化进程的可持续性。然后就是中、微观层面，包括这个地区经济产业转型发展的新需求、高等教育自身高质量发展和参与全球竞争的内在需求。研究也需要慢慢推进，我目前的想法是，希望从高等教育一体化发展机制方面切入，毕竟机制建设既是重要内容，又是行动的有力保障。

Z1 研究院领导：S2 教育研究院副院长，58 岁

这确实是要进一步推动的。事实上，区域（高等）教育一体化发展，它不等于是一个教育的平均化，或者也不是说"打统账"。它的一个重要的出发点就是通过这种一体化的发展，能够促进高校之间的差距有一个逐步的缩小过程。另外就是让各级各类教育，都能够在现有的基础上力争实现一个新的发展。我想这是教育一体化发展的一个最起码诉求。就高等教育领域来看，比如我们长三角地区高校推行学分互认这一个项目，2010年的时候，我们就已经开始推进学分互认这方面的一些工作了……

整个长三角一体化发展过程中，我们要注重标准的引领（即标准先要一体化），就是说长三角一市三省要共同设计自己的教育质量评价标准，比如教育现代化评价标准，然后基于这种评价标准先行监测、评价，以促进教育更高质量的发展，促进教育现代化率先发展。当然在这个过程中，我们也要进一步地总结、提炼，来形成一些可供其他地区借鉴参考的经验和做法。①

W 政府人员：S2 教育委员会 X 部门负责人，43 岁

与其他领域的一体化相比，我们确实是难了点、慢了点，但是教育的创新发展必须要想方设法融入到区域经济社会一体化建设当中，其既是其中组成部分，也是重要基础。我这里说的教育，是包括高等教育领域的。我们正在以《战略协作框架协议》和《三年行动计划》为基础，依托 X 研究院实质性启动长三角教育一体化发展的相关工作。目前已经大体形成了"1+1+1"的一体化行动工作推进机制。这第一个"1"就是每年度配合筹备一次省级层面的长三角教育一体化发展大会；第二个"1"是根据区域整体规划、方案和计划对涉及教育领域的要求进行梳理，形成一份具体的任务清单，落实落地；那么最后一个"1"，即我们面向整个教育领域设立一个"探索长三角区域一体化教育领域新机制试验项目"。目前来看，我们的实践工作是在有序推进的，成效应该也在逐步呈现之中。除此之外，我个人认为当前这方面的研究是不足的，任何实践和理论都应该是同步的、互动的。当然，这就非常期待你们的成果了。

L 高校领导：W 学院 J 院党委书记，50 岁

显然很有必要啊，从当前特殊的要求、职责、使命来说，教育（含高等教

---

① 根据央视《焦点访谈》视频资料进行整理，并在适当删减一些无意义语句之后形成访谈文稿，详见：http://www.kankanews.com/a/2019-05-12/0018848757.shtml。

育)有服务区域经济一体化的任务，也有自身一体化的任务，也就是我们所说的教育一体化发展问题了。我一时可能给不了什么好的答案……但我想不管怎样，肯定需要将目标与问题导向相结合，这是难点所在，也是需要突破的。尤其是我们的大学，应当顾全大局，主动服务国家发展战略。如果高等教育一体化改革行动首先能在长三角地区取得进展，之后进一步将经验做法复制和推广至全国其他区域，这一定是具有历史意义的。可是目前仅靠我们(兄弟院校)自己"抱团取暖""小打小闹"显然是不够的，必须真正由政府出面，其才是"有形的有力的手"。所以我认为，是时候从中央层面进行科学的设计和整体统筹了，比方说教育部能否征求长三角一市三省的建议，出台这方面的指导意见或者发展规划。当然我的意思肯定不是说，完全交给政府来搞，这是政府的职能所在。走稳了第一步，我们就有底气了，也知道怎么去做了，能探出教育改革创新的"新路子"。

C 学者：S1 大学教授、博士生导师，56 岁

我认为区域高等教育一体化实际上就是在一个"新"的空间范围内，构建一个共同的高等教育系统框架，来促进高教资源和要素的自由流动、开放共享，最终实现区域的整体收益递增，也就是说区域高等教育的整体实力、竞争力和影响力要有所提升。另外，从过程来看，它其实是在简单初级合作与交流的基础上逐级演化、进阶直至达到"一体"(有机整体)的最高级阶段。

对于长三角区域而言，我认为这也是很有必要的。在这个一切都充满变数的时代，关起门搞高等教育建设或者仅是集聚在一起会商，显然都是不行的。一体化建设将改变以往"块块"各自为政、重复建设或恶性竞争这样的一个不良格局，通过长三角一市三省优势互补、错位竞争、聚成合力，来共同打造一个对内、对外的"长三角"品牌，形成区域高等教育的"增长极"或是"发展极"，并辐射和带动周边。对此，我个人认为当务之急或者说切入点应该是由中央政府出面，进行科学的制度设计和整体的统筹规划，形成相对稳定的组织结构和权力结构，比方说有一个共同努力的 5 年发展规划，我想这样才能避免短视或短期行为。

G2 政府人员：J 教育厅发展规划处领导，58 岁

"推进长三角区域一体化发展是党中央做出的重大决策，是关系国家发展全局的重大战略，而推动长三角一体化高质量发展，基础在教育，关键在人才。在长三角地区开展教育一体化发展创新实验具备坚实的现实基础，可为全国（其他区域）教育一体化高质量发展提供可借鉴、可复制、可推广的经验做法。"为此我建议，"定位和瞄准全球卓越的发展目标，设立长三角教育一体化发展创新试验区，出台关于长三角教育一体化发展的规划纲要等。"①

另外，持反对意见或提出质疑者主要为从事高等教育及相关研究的一些学者，但总的来说，人数较少。他们当中有人认为当前所主张的"长三角区域高等教育一体化发展"存在对区域经济一体化发展策略追风式、跟随式提法之嫌，以及从教育尤其是高等教育问题之特殊性、复杂性等方面对区域一体化改革发展是否可行存有忧虑；也有学者认为我国高等教育管理体制仍带有明显的计划体制痕迹，若再"加码"对高等教育进行"一体化"，容易造成"官本位""行政化"等价值理念回潮，重演计划经济时代的高度集权弊端，从而可能会出现一种后退倾向；还有学者认为"一体化"可能会损失院校发展特色。而出现后面两种担忧的主要原因是他们对区域一体化发展的本质和目标认识尚存在偏差，相对狭隘或刻板地认为所谓"一体化"无非就等同于政治化、官僚化、集权化，抑或一样化、趋同化、同质化等。

P 学者：S2 教育科学研究院副研究员、博士，37 岁

到底要不要搞（长三角区域高等教育）一体化发展？要问我的看法，怎么说呢……与经济社会一体化相比，我们的高等教育是很特殊的，在现有的行政办学和政府管理框架下，其实很多东西几乎是没有可能实现的……谁也不愿意

---

① 中国教育新闻网.设立长三角教育一体化发展创新试验区［EB/OL］.（2021-03-07）［2022-11-08］，https：//baijiahao.baidu.com/s？id＝1693566266187386868&wfr＝spider&for＝pc.

承担这么大的改革成本和风险。如果只是套用"一体化"这个概念，我想（高等教育）可能"水土不服"。当然了，我们对它进行学术探讨是没有问题的，探讨的核心问题自然是要对"高等教育一体化"概念及内涵进行操作性界定或者说给出一个描述性的定义。

S 学者：N1 大学教授、博士生导师，59 岁

我有一些疑问啊。我们已经在一个"太阳罩"（党中央）下了，有必要再进行"一体化"吗？如果你在长三角地区进行"一体化"是不是意味着对高校进行分区设置？如果是这样的话，会不会再次强化中央集权？有这样一句话："高等教育是我们'计划经济的最后一块堡垒'。"我们改了这么多年，中央：政府放权、分权仍然不彻底……我们不能再重蹈历史的覆辙了。

Z2 学者：S1 大学教授、博士生导师，62 岁

关于一体化，我认为其在中国根本就搞不起来，除非把现在的教育部给取消了，重新建立一个"长三角教育署"或者直接就是专门的"长三角高等教育一体化发展委员会"，必须要有完整的组织架构和独立权力，要不然不论怎么改都不会有什么实质性的变化。说穿了，这又回到高教管理（治理）体制、办学体制这些"老"问题上来了。如果理不清、改不好，什么一体化，什么合作与交流，都是一句空话，只可能是瞎喊口号罢了。还有，我们单单一个省份里的高教机构还分成好几条线，比如，部委直属高校、省属高校、地方高校和省部共建高校，我们说不同的高校要有自己的发展特色，那么"一体化"是不是就意味着要在管理上、政策上、体制上都一样了呢？在我看来当前最好的方式就是让各个院校自己发展，突出各自的发展特色……

对于你的这个问题，我个人现在的看法就是认为（长三角区域高等教育一体化发展）不可行而且没必要了啊。但倒不是说不可以做这个研究，比如把你访谈听到的不同声音整理出来，发现问题，解释其中的原因，这恰恰能体现学术关怀和研究价值。

G1 学者：N2 大学教授、博士生导师，71 岁

关于长三角区域高等教育一体化发展问题，一些基本问题必须要弄明白。

首先，何为"一体化"？我们的高等教育到底需要什么样的"一体化"？是追求"互通有无""各展其长"与"互补互助""合作共赢"？还是期望有一个共同的一体化规划或一体化结构优化？其次，为何要进行长三角区域高等教育一体化发展？

我们知道，欧共体以及后来的欧盟之所以一再强调"欧洲意识"以及"一体化"，是希望欧共体及后来的欧盟诸国能够形成一个联合整体，以抗衡或者与美国、中国等经济实体相竞争、相较量，从而获得相关利益或获得某种优势，所以他们想形成统一的经济政策、关税体制，甚至统一的货币"欧元"，在教育特别是高等教育方面也做出了相应的"一体化要求"。那么，我们的"长三角""京津唐(冀)""珠三角"抑或现在说的"粤港澳大湾区"这些区域的发展，有没有这样的"一体化"需求与紧迫感？其实，我认为，我们只是想让沪、苏、浙、皖一市三省重视长三角区域经济发展的持续性，以便高等教育能更好更主动地为区域经济发展服务。

综合来说，在本次访谈过程中我们得到上述两种截然对立观点的主要原因是不同群体所处立场和分析视角的不同。就行政管理者而言，他们往往是政策的积极拥护者和践行者，尤其在长三角区域一体化发展已经上升为国家战略的大背景下，自然需要把握全局、服务大局和认真贯彻落实中央重大决策部署，同时结合当前该地区老百姓在教育方面的需求，自然在思想观念上认同和支持长三角区域高等教育一体化改革发展。就学者而言，他们通常有其思想的相对独立性和超越性，因而对此各持己见也很正常。出现了明确反对的意见，非但不是坏事，反而能够引发和帮助研究者寻找其中的问题所在。

从他们的回答中可以发现，至少存在"应为"和"难为"两种分析视角。所谓"应为"即理应有所作为，这也是大多持赞成意见者的主要态度。而持反对意见者基本上以"难为"为分析视角，主要出于对区域经济一体化发展战略思想引入中国高等教育改革领域的适切性、一体化"弊端"（实际上是认知偏差所致)以及高等教育区域一体化改革实践的阻力因素等方面的多重忧虑。

(二)基于问卷统计分析

基于访谈信息，我们进一步开展了一项覆盖长三角一市三省的问卷调查。考虑到前面访谈意见存在分歧的问题，课题组首先根据访谈对象提供的负反馈信息对本书所指的"区域高等教育一体化发展"做出了明确定义，并在问卷导语部分说明。调查结果总体显示，当前高等教育改革决策者与相关实践主体对于推进长三角区域高等教育一体化发展必要性的认同已经大体形成，或者说基本达成一定共识。具体情况如下：

1. 总体看法分析

我们从一体化必要性看法、现状评价、前景预见等三个方面来调查当前高等教育改革决策与实践者对长三角区域高等教育一体化发展的基本态度和看法，本次调查结果见表5-2。

第一，就一体化必要性看法而言，通过一道单选题来问询被调查者认为有无必要进行长三角区域高等教育一体化发展。在数据处理时，使用李克特（Likert）五点计分法依次对一体化必要性看法的五个选项进行赋分（从"不可行且没必要"=1到"非常必要但有难度"=5，得分越高表示被调查者对长三角区域高等教育一体化发展越持积极肯定态度；反之则越表现出消极否定态度）。结果显示，必要性看法的得分均值为4.35，且大部分人选择了"5=非常必要但有难度"和"4=有必要"这两项，共占总样本的87.8%，说明当前支持推进长三角区域高等教育一体化发展的整体意愿非常强烈。

第二，就一体化现状评价而言，我们邀请被调查者对当前长三角区域高等教育一体化发展水平（或进程）作一个总体性评价，并在0~10之间进行量化打分，得分越高表示一体化发展在个体看来越佳。理论上认为，最低分为0，表示完全非一体化（压根没有此方面的概念）；最高分为10，表示完全实现一体化目标。通过对本次调查数据分析我们至少可以获得以下两点信息：（1）一体

表 5-2　被调查者对长三角区域高等教育一体化发展的主观评价结果统计

项　　目		个数	百分比(%)	极小值	极大值	均值	标准差
一体化必要性看法	不可行且没必要	14	2.2	1	5	4.35	0.891
	没必要	17	2.6				
	可有可无	48	7.4				
	有必要	216	33.3				
	非常必要但有难度	354	54.5				
	合计	649	100.0				
一体化现状评价	0~10 打分	/	/	2	10	6.06	1.433
一体化前景预见	很不看好	8	1.2	1	5	3.76	0.847
	不太看好	49	7.6				
	一般	134	20.6				
	比较看好	358	55.2				
	非常看好	100	15.4				
	合计	649	100.0				

化水平评分的极小值为 2，大于理论最小值"0"，表明人们对长三角区域高等教育一体化发展事实的认同已经形成，不过部分群体认为当前的一体化发展水平极低。(2)一体化水平的平均得分为 6.06，仅略微高于"及格分""6"，可以认为当前长三角区域高等教育一体化发展水平在人们的主观感受上仍然有待提高。

第三，就一体化前景预见而言，我们设置了一道单选题进行提问，表述为"您看好长三角区域高等教育一体化发展的前景吗"？同样使用李克特五点计分法(从"很不看好"=1 到"非常看好"=5，得分越高表示被调查者对长三角高等教育一体化发展前景越看好，反之则越不看好)，结果显示前景预见的得分均值为 3.76，高于理论中值"3"，而且绝大多数被调查者(占比达 70.6%)都对此持看好的态度，可见人们对长三角区域高等教育一体化发展愿景有着较高期待。

简言之，通过调查人们对长三角区域高等教育一体化发展的总体看法，我们发现绝大多数被调查者都认为有必要进行长三角区域高等教育一体化发展，并对其未来前景持看好态度，但是对当前的一体化发展水平总体评价却并不高。

2. 初步原因解释

本次调查还以"相对于京津冀地区、粤港澳大湾区、成渝地区双城经济圈等而言，您觉得长三角地区推动区域高等教育一体化发展的主要优势有哪些（多选题）"来了解当前高等教育改革决策者与相关实践主体对此问题的看法，并给出了"政府参与（如签署若干教育合作协议）""区域经济一体化强驱动""地域相邻及空间可达""优质高等教育资源储备""良好高等教育合作基础""区域文化相容"以及"体制机制一致性和兼容性"等7个最有可能的优势。实际上，这些也是推进我国区域高等教育一体化发展的若干先决条件，因而对于长三角区域而言，这些条件理应不可缺少，否则所谓的"一体化"问题也将无从谈起。

从图5-3中可以看到，在本次调研中，仅有3人选择了"其他或没有优势"，所列的选项均有人选择且选择人数的比例总体较高，其中"政府参与（如签署若干教育合作协议）"（50.5%）、"区域经济一体化强驱动"（77.0%）、"地域相邻及空间可达"（62.4%）、"优质高等教育资源储备"（77.2%）以及"良好高等教育合作基础"（59.3%）等选项选择人数的比例均达到了50%以上。这一调查结果说明，目前高等教育改革决策者与相关实践主体或多或少都认可长三角区域相比国内其他一些区域而言，具备一定的一体化发展优势，这就比较直接地解释了他们当中为什么大多数人对长三角区域高等教育一体化发展持支持且看好的态度了。

实际上，这些优势的确又是区域高等教育一体化发展得以进行的前提条件，有利于"一体化"的萌生和持续推进。但比较特殊的是，"体制机制一致性和兼容性"选择人数的比例明显偏低，这也是需要引起注意的一点，意味着目前在此方面仍有很大的补充空间。

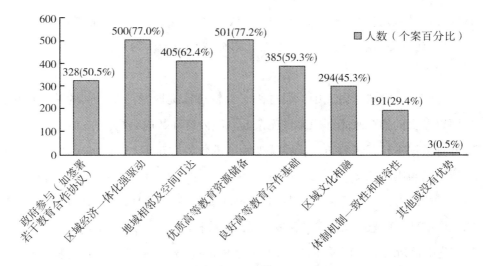

图 5-3　对长三角区域高等教育一体化发展比较优势的看法

第三节　关于对长三角区域高等教育一体化
发展困境的调研分析

一、长三角地区高等教育发展问题与困境认知①

为考察长三角地区高等教育发展面临的问题与困境，课题组首先参考专家

---

① "认知"是指个体认识客观世界的信息加工过程。这里之所以使用"认知"一词，是考虑到关于"问题与困境"的调查结果是调查对象的一种主观判断，不同对象对同一问题的判断存在差异。虽然主观并不一定完全准确地反映客观，但基于大样本的主观判断总体上能够反映客观存在。因此，下文将结合调查结果，进一步归纳分析长三角区域高等教育一体化发展面临的困境。

学者的意见和相关研究文献，主要从长三角地区高等教育发展本身存在的现实问题、区域高等教育一体化发展可能面临的困境两个层面设计了若干题项，通过专家效度审核后确定了 17 个题项。采用李克特五点量表表示被调查对象的认同程度，认同程度分为"非常认同""认同""一般""不认同"和"非常不认同"五个等级，依次赋值 5、4、3、2、1，得分越高表示认为存在的问题越严重或困境越大。

通常在社会科学研究中，通过因子分析可以提取题项变量间的共同因子，从而以较少的构念来表征原来较庞杂的题项内容和数据结构，是故此处将对本次调查数据进行因子分析，旨在减少题项的数目并确定"长三角地区高等教育发展问题与困境认知"量表式问卷潜在结构，同时也为下一步分析作准备。

一般认为，取样适切性量数（Kaiser-Meyer-Olkin，KMO）和 Bartlett's 球形检验统计量是识别题项变量间是否适合做因子分析的两个常用分析工具。因此，我们首先对该量表的全部题项进行 KMO 与 Bartlett's 球形检验，结果（表 5-3）显示 KMO 值等于 0.898，因子分析适切性达到"良好的"且接近"极佳的"判别标准，①表明题项变量间适合做因子分析。另外，Bartlett's 球形检验的近似卡方值为 6761.172，自由度为 136，显著性概率值为 0.000（<0.05），达到显著水平，表明这些题项变量间有共同因子存在，也就是说本次问卷数据适合进行因子分析。

表 5-4 为每个题项变量的初始公因子方差和以主成分分析法提取主成分后的公因子方差。公因子方差估计值越高，表示该题项变量与其他题项变量间可观测的共同特征越多，也即该题项变量越有影响力；反之，估计值越低，表示

---

　　①　判断题项间是否适合进行因子分析，根据 Kaiser 和 Rice（1974）的观点，可从取样适切性量数（KMO）值的大小来看。KMO 值介于 0 至 1 之间，当小于 0.50 时，因子分析适切性为无法接受的（unacceptable），表示题项变量间非常不适合进行因子分析；当介于 0.50 至 0.80 之间时，因子分析适切性为普通的（mediocre）或适中的（middling），表示勉强或尚可进行因子分析；当大于 0.80 时，因子分析适切性为良好的（meritorious），表示适合进行因子分析；当大于 0.90 时，则达到极佳的（perfect）程度，表示非常适合进行因子分析。（参见：Kaiser H F，Rice J. Little Jiffy，Mark Ⅳ［J］. *Educational and Psychological Measurement*，1974，34（1）：111-117. ）

该变量越不适合投入主成分分析中，若是低于 0.2 则可考虑将该题项予以删除。本次分析结果显示，17 个题项变量的公因子方差值均远大于 0.2，说明当前投入分析的这些题项变量较好。

表 5-3 KMO 与 Bartlett's 球形检验

检验统计量		值
Kaiser-Meyer-Olkin 取样适切性量数		0.898
Bartlett's 球形检验	近似卡方值(χ^2)	6761.172
	自由度(df)	136
	显著性(Sig.)	0.000

表 5-4 公因子方差

题项变量	初始公因子方差	提取主成分后的公因子方差
Q12-01	1.000	0.813
Q12-02	1.000	0.808
Q12-03	1.000	0.694
Q12-04	1.000	0.677
Q12-05	1.000	0.572
Q12-06	1.000	0.766
Q12-07	1.000	0.728
Q12-08	1.000	0.692
Q12-09	1.000	0.657
Q12-10	1.000	0.544
Q12-11	1.000	0.617
Q12-12	1.000	0.513
Q12-13	1.000	0.682
Q12-14	1.000	0.496

题项变量	初始公因子方差	提取主成分后的公因子方差
Q12-15	1.000	0.677
Q12-16	1.000	0.651
Q12-17	1.000	0.636

提取方法:主成分分析。

表 5-5 为使用主成分分析法提取成分的结果,选择的转轴方法为直交转轴的最大变异法,并初步保留特征值大于或等于 1 的成分。由此可以看到:有 3 个特征值大于 1 的成分,且坡线从第三个因子之后趋于平缓,因而认为本次因子分析提取 3 个公因子较为适宜。各个因子在转轴前分别解释总方差的43.416%、13.930%、8.678%,转轴后分别解释总方差的 31.093%、20.869%、14.063%,累积方差贡献率达 66.024%,① 表明提取后保留的公因子较为理想。

表 5-5 解释的总方差

成分	初始特征值			提取平方和载入			转轴平方和载入		
	合计	方差的%	累积%	合计	方差的%	累积%	合计	方差的%	累积%
1	7.381	43.416	43.416	7.381	43.416	43.416	5.286	31.093	31.093
2	2.368	13.930	57.346	2.368	13.930	57.346	3.548	20.869	51.961
3	1.475	8.678	66.024	1.475	8.678	66.024	2.391	14.063	66.024
4	0.823	4.839	70.863						
5	<以下数据结果省略>								

提取方法:主成分分析。

---

① 累积方差贡献率需要达到多少为佳,根据吴明隆的观点,在行为及社会科学领域中进行因子分析时,由于是以少数的因子构念来解释所有观察变量的总变异量,加之测量不如自然科学领域精确,因此提取后保留的公因子联合解释变异量若能在 60% 以上,表示提取后保留的因子理想;若达到 50%,认为提取的因子也是可以接受的。

表 5-6 呈现的是转轴后的因子载荷矩阵(只列出 0.5 以上的因子载荷值),结果显示:公因子一包含 Q12-09~Q12-17 九个题项,公因子二包含 Q12-04~Q12-08 五个题项,公因子三包含 Q12-01~Q12-03 三个题项。其中,第一个公因子与事先编制的构念与题项完全符合,即构念名为"高等教育一体化发展困境"(F1);后两个公因子实际上是对原先编制的高等教育事业改革发展本身存在问题的再提取,可以根据各自因子构念所包含的题项变量特征分别对其进行命名:"区域高校发展雷同与恶性竞争"(F2)、"区域高等教育系统失调与失衡"(F3)。

表 5-6　旋转后的因子载荷矩阵

题项变量	成　分		
	1	2	3
Q12-13	0.819		
Q12-15	0.805		
Q12-16	0.784		
Q12-17	0.781		
Q12-09	0.750		
Q12-10	0.700		
Q12-11	0.681		
Q12-12	0.671		
Q12-14	0.670		
Q12-06		0.862	
Q12-07		0.820	
Q12-04		0.771	
Q12-08		0.758	
Q12-05		0.715	

续表

题项变量	成　分		
	1	2	3
Q12-01			0.872
Q12-02			0.857
Q12-03			0.740

提取方法：主成分分析；旋转法：具有 Kaiser 标准化的正交旋转法；旋转在 4 次迭代后收敛。

　　因子分析完之后，进一步进行信度检验来判断本次问卷量表的可靠性及一致性。在李克特五点量表法中最为常用的信度检验方法之一就是 Cronbach's α 系数。经计算得出："长三角地区高等教育发展问题与困境认知"总量表的 Cronbach's α 值等于 0.913，各个因子层面的 Cronbach's α 值分别为 0.914、0.881、0.847，也都在 0.8 以上，表明该量表的信度较好。

　　综上，通过因子分析对"长三角地区高等教育发展问题与困境认知"量表共提取了 3 个公因子，其分析结果见表 5-7。

表 5-7　"长三角地区高等教育发展问题与困境认知"因子分析及检验结果

因子	题项内容	平均值 M±SD	因子载荷	共同性
F1.	区域高等教育一体化发展困境（特征值＝5.286；方差贡献率＝31.093%；Cronbach's α＝0.914）	4.08±0.619	—	—
	Q12-13. 高等教育一体化发展体制机制、法律法规有待健全	4.01±0.820	0.819	0.682
	Q12-15. 缺乏一体化发展保障措施（如评价、激励、监督、问责等）	4.03±0.772	0.805	0.677

续表

因子	题 项 内 容	平均值 M±SD	因子载荷	共同性
F1.	Q12-16. 一体化改革存在利益归属与分割障碍	4.14±0.811	0.784	0.651
	Q12-17. 一体化改革存在风险与成本分担障碍	4.08±0.803	0.781	0.636
	Q12-09. 行政区划分割	4.23±0.749	0.750	0.657
	Q12-10. 缺乏"自上而下"的高等教育一体化发展战略规划	4.03±0.811	0.700	0.544
	Q12-11. 缺乏"自下而上"一体化发展的基层高校内部变革动力	4.15±0.743	0.681	0.617
	Q12-12. 中央及地方政府对高校的放权与授权不够	4.10±0.877	0.671	0.513
	Q12-14. 社会力量参与一体化发展不够	3.92±0.834	0.670	0.496
F2.	区域高校发展雷同与恶性竞争(特征值=3.548;方差贡献率=20.869%;Cronbach's α=0.881)	3.54±0.799	—	—
	Q12-06. 区域内高校人才培养模式雷同、结构单一	3.51±1.009	0.862	0.766
	Q12-07. 区域内高校学科、专业建设同质与同构	3.57±0.956	0.820	0.728
	Q12-04. 区域内高校无序竞争、以邻为壑	3.71±0.910	0.771	0.677
	Q12-08. 区域内高校彼此间联系协作不足	3.67±0.903	0.758	0.692
	Q12-05. 当前高校改革动力与活力不足	3.21±1.069	0.715	0.572
F3.	区域高等教育系统失调与失衡(特征值=2.391;方差贡献率=14.063%;Cronbach's α=0.847)	3.61±0.863	—	—
	Q12-01. 高等教育与区域经济社会发展关系不协调	3.34±1.041	0.872	0.813
	Q12-02. 高等教育规模与质量的关系不协调	3.41±1.013	0.857	0.808
	Q12-03. 一市三省高等教育发展的省域差距过大	4.09±0.900	0.740	0.694

从各个因子及其所辖题项的平均值可以看到，平均值均高于理论中值。这表明在相关主体看来，当前长三角地区的高等教育发展在这些方面存在的问题和困境比较突出。

二、"问题与困境认知"对一体化认知的影响

(一)理论探讨

根据经验逻辑和访谈过程中所掌握的情况，人们对长三角地区高等教育发展问题与困境不同程度的认识会影响到他们对该区域高等教育一体化发展的看法(包括一体化必要性、现状评价、前景预见)。一般认为，人们越是认识到相关问题与困境的存在以及在此方面的严重性，越会对发展现状表示不满，也越会对未来发展前景表示担忧。但对于是否有必要推行某一项重大改革的看法可能存在双向影响：一方面，正是由于看到了较为严重的问题与困境，为了打破现状，人们希望进行相应的变革。另一方面，当这种问题与困境认知太过于强烈时，反而削弱了人们对改革的必要性看法。针对这一点，在本书的样本范围内究竟存在何种方向性影响，还需实证检验。

(二)实证模型构建与变量说明

1. 实证模型构建

(1)模型Ⅰ。一体化必要性看法是被解释变量，可直接使用调查的五分类选项，即"不可行且没必要""没必要""可有可无""有必要""非常必要但有难度"，但考虑到本书关心的是调查样本为什么整体有着较为强烈的长三角区域高等教育一体化发展意愿，因此将这些选项进行合并后形成一个新的二分类变量：有必要(即后两个选项)、没必要(即前三个选项)。可使用二元逻辑斯蒂(Binary Logistic)回归模型，并通过极大似然(maximum likelihood，ML)法进行参数估计。设定的 Binary Logistic 模型形式如下：

$$p_i = \cfrac{1}{1 + \exp\left[-\left(\alpha_0 + \sum_{j=1}^{n}\beta_j x_j + \sum \gamma_i Z_i + \varepsilon_i\right)\right]} \qquad ①$$

对式①两边取自然对数后整理可得到：

$$\ln\frac{p_i}{1-p_i} = \alpha_0 + \sum_{j=1}^{n}\beta_j x_j + \sum \gamma_i Z_i + \varepsilon_i \qquad ②$$

式②中，p_i 表示第 i 位被调查者认为有必要推进长三角区域高等教育一体化发展的概率；x_j 表示第 $j(j=1,2,\cdots,n)$ 个影响其一体化必要性看法的因素；Z_i 表示一系列可能干扰个体判断的控制变量；α_0 为常数项；β_j 为解释变量 x_j 的估计系数，表示当其他变量不变时，该解释变量每增加 1 个单位所引起被解释变量的发生比率之比（Odds Ratio）的自然对数的变化，其中 Odds Ratio 为发生比（$=\dfrac{p_i}{1-p_i}$），即样本个体认为有必要一体化与没必要一体化的概率之比；γ_i 为控制变量的估计系数；ε_i 为随机误差项。

（2）模型 Ⅱ。被解释变量是一体化现状评价。评价打分为 0~10，可视为连续变量，因此将使用基于 OLS（ordinary least square）的常规稳健回归模型进行估计，并设定以下多元线性回归模型表达式：

$$y_i = \beta_0 + \beta_1 x_{i1} + \beta_2 x_{i2} + \beta_3 x_{i3} + \sum \gamma_i Z_i + \varepsilon_i \qquad ③$$

式③中，y_i 表示第 i 位被调查者对当前长三角区域高等教育一体化发展水平的评价分数；x_{i1}、x_{i2}、x_{i3} 分别为高等教育一体化发展困境、区域高校发展雷同与恶性竞争、区域高等教育系统失调与失衡 3 个解释变量；Z_i 表示一系列可能干扰个体评分的控制变量；β_0 为常数项；$\beta_1 \sim \beta_3$ 和 γ_i 为各自相对应变量的估计系数；ε_i 为随机误差项。

（3）模型 Ⅲ。被解释变量是一体化前景预见，也通过合并同类项的方式将调查的五分类变量进行重新界定，形成一个二分类变量：看好（包括"比较看好"和"非常看好"）、不看好（包括"很不看好""不太看好"和"一般"）。同样，也可使用 Binary Logistic 回归模型，并设定模型形式为：

$$p_i = \cfrac{1}{1 + \exp\left[-\left(\alpha_1 + \sum_{k=1}^{m}\beta_k x_k + \sum \gamma_i Z_i + \varepsilon_i\right)\right]} \qquad ④$$

对式④两边取自然对数后整理可得到：

$$\ln\frac{p_i}{1-p_i} = \alpha_1 + \sum_{k=1}^{n}\beta_k x_k + \sum \gamma_i Z_i + \varepsilon_i \qquad ⑤$$

式⑤中，p_i 表示第 i 位被调查者表示看好长三角区域高等教育一体化发展前景的概率；x_k 表示第 $k(k=1,2,\cdots,m)$ 个影响其一体化前景预见的因素；Z_i 表示一系列可能干扰个体判断的控制变量；α_1 为常数项；β_k 为解释变量 x_k 的估计系数，表示当其他变量不变时，该解释变量每增加 1 个单位所引起被解释变量的发生比率之比（Odds Ratio）的自然对数的变化，这里的 Odds Ratio 为样本个体表示看好与不看好的概率之比；γ_i 为控制变量的估计系数；ε_i 为随机误差项。

2. 变量说明

（1）被解释变量。上文已讲述三个被解释变量的操作化处理程序，因而此处只对新变量的赋值情况进行介绍：对"有必要"赋值为 1，"没必要"则为 0；对"看好"赋值为 1，"不看好"则为 0。

（2）解释变量。此处重点在于验证上述问题与困境认知是否会像预期那样影响到被调查对象对长三角区域高等教育一体化发展的不同看法，因此将基于因子分析法所得的三个公因子均作为解释变量，取值为各个因子所辖题项的算术平均分，均为连续变量。

（3）控制变量。要分析解释变量对于被解释变量的独立作用，就必须控制其他相关因素。尽管目前没有直接可供参考的研究文献，但是根据经验至少需要排除如个体年龄、职业、工作单位、工作地、职称（或职务）以及专业方向等方面可能对其做出专业性价值判断存在的干扰，因此，将这些个体特征变量设置为控制变量，以便将比较的条件控制在相似的群体背景下。

以上各个变量的具体定义、赋值与描述性统计结果见表 5-8。

表 5-8　变量定义、赋值与描述性统计

变量名称	变量定义与赋值	变量类型	均值	标准差
被解释变量				
一体化必要性看法	有必要＝1，没必要＝0	二分类变量	0.88	0.327
一体化现状评价	在0~10上打分，最低分＝0，最高分＝10	连续变量	6.02	1.444
一体化前景预见	看好＝1，不看好＝0	二分类变量	0.71	0.456
解释变量				
区域高等教育一体化发展困境	Q12-09~Q12-17题项得分的平均数	连续变量	4.08	0.619
区域高校发展雷同与恶性竞争	Q12-04~Q12-08题项得分的平均数	连续变量	3.54	0.799
区域高等教育系统失调与失衡	Q12-01~Q12-03题项得分的平均数	连续变量	3.61	0.863
控制变量				
年龄	以30岁以下为参照组，30~39岁＝1	虚拟变量	0.32	0.465
	40~49岁＝1		0.29	0.452
	50岁及以上＝1		0.22	0.417
职业	以高校专职教师为参照组，行政管理人员＝1	虚拟变量	0.26	0.438
	以高校专职教师为参照组，其他人员＝1		0.17	0.375
单位类型	是否普通高等学校(是＝1，否＝0)	虚拟变量	0.86	0.343
所在省份	以上海市为参照组，江苏省＝1	虚拟变量	0.26	0.439
	以上海市为参照组，浙江省＝1		0.20	0.402
	以上海市为参照组，安徽省＝1		0.24	0.426
	以上海市为参照组，其他省份＝1		0.09	0.292

变量名称	变量定义与赋值	变量类型	均值	标准差
职称(或职务)	以中级或科级及以下为参照组，正高或处级及以上=1	虚拟变量	0.29	0.455
	以中级或科级及以下为参照组，副高或副处级=1		0.27	0.446
主要研究方向或负责工作	是否专业领域内(是=1，否=0)	虚拟变量	0.55	0.497

注：表格中的控制变量，亦是根据问卷原有选项(见本章第一节表5-1)进行合并后重新建立的，具体包括：①在年龄上，考虑到"60岁及以上"组的样本量很小，故将其与"50~59岁"组合并，统称为"50岁及以上"；②在职业身份上，将"政府或非高校事业单位行政人员"和"高校专职行政管理人员"合并为"行政管理人员"，将占比相对较少的"科研院所专职研究人员"和"其他"两组合并为"其他人员"；③在单位类型上，将"'双一流'建设高校""非'双一流'建设普通本科高校"和"高职(高专)院校"3组合并为"普通高等学校"，其余各组均为"非高校"；④在职称(或职务)上，将"中级或科级"和"其他"合并为"中级或科级及以下"；⑤在主要研究方向或负责工作上，将"高等教育学"和"其他各类教育学"合并为"专业领域内"，其余选项均为"非专业领域内"。以下均相同，不再重复列出。

(三)总体样本回归结果及分析

表5-9依次给出了模型Ⅰ、Ⅱ、Ⅲ的回归估计结果。

就两个Binary Logistic回归模型而言，模型Ⅰ和Ⅲ的Hosmer-Lemeshow检验卡方值均未达到0.05的显著性水平，表明回归模型的整体适配度良好，也即可以在0.05的显著性水平上接受这两个模型对样本数据的拟合程度。同时，两个模型各自的−2倍对数极大似然值分别为442.879、718.563，且Cox-Snell关联强度值分别为0.175、0.189，Nagelkerke关联强度值分别为0.224、0.227。尽管它们的关联强度指标值较小，但对于Binary Logistic回归而言，通常都会不像线性回归模型中的决定系数值(R^2)那么大，因而总体上可以表明纳入分析的预测变量与被解释变量间具有一定关联性。

就 OLS 多元线性回归模型而言，首先对模型Ⅱ进行多重共线性检验，结果显示最小的容忍度(tolerance，TOL)为 0.266，大于 0.1 的最低评鉴要求，最大的方差膨胀因子(variance inflation factor，VIF)为 3.776，远小于评鉴指标值 10，因此解释变量间没有严重的多重共线性问题。其次，Durbin-Waston 自相关检验统计量值为 1.740，接近于 2(DW 值等于 2 时，表示误差项间无自相关)，因而也不必担心自相关问题。同时该模型有效解释率为 28.8%，且 F 统计量的显著性概率值小于 0.01，因而初步认为模型估计有效。

表 5-9　不同问题与困境认知对一体化必要性看法、现状评价及前景预见的影响①

变　　量	一体化必要性看法		一体化现状评价	一体化前景预见	
	模型Ⅰ(Binary Logistic)		模型Ⅱ(OLS)	模型Ⅲ(Binary Logistic)	
	估计系数	发生比	估计系数	估计系数	发生比
常数项	−0.354***	0.702	2.554***	−0.533***	0.587
	(0.203)		(0.472)	(0.251)	
控制变量					
年龄					
30~39 岁	−0.288*	0.750	0.017	−0.123	0.884
	(0.270)		(0.182)	(0.083)	
40~49 岁	−0.666**	0.514	0.422*	−0.393**	0.675
	(0.204)		(0.216)	(0.169)	
50 岁及以上	−0.759**	0.468	0.040(0.257)	−0.459**	0.632
	(0.246)			(0.230)	
职业					
行政管理人员	0.796***	2.217	−0.095	0.754*	2.125
	(0.203)		(0.144)	(0.141)	

① 此处及下文分析所述的解释变量对被解释变量的影响并非是严格意义上的因果推断，而是指在保持其他变量取值相同的条件下，观察本书所关注的解释变量其取值大小带来的被解释变量的变化情况。

续表

变　量	一体化必要性看法		一体化现状评价	一体化前景预见	
	模型Ⅰ（Binary Logistic）		模型Ⅱ（OLS）	模型Ⅲ（Binary Logistic）	
	估计系数	发生比	估计系数	估计系数	发生比
其他人员	0.148* （0.095）	1.159	−0.073 （0.208）	0.760** （0.261）	2.138
单位类型	0.007（0.125）	1.007	−0.064 （0.218）	−0.194 （0.192）	0.824
所在省份					
江苏省	−0.038 （0.108）	0.963	−0.063 （0.174）	−0.179 （0.085）	0.836
浙江省	0.369** （0.111）	1.446	−0.175* （0.186）	0.387** （0.128）	1.473
安徽省	0.243* （0.094）	1.275	−0.421*** （0.190）	0.024 （0.007）	1.025
其他省份	−0.399 （0.104）	0.671	−0.143* （0.205）	0.258 （0.180）	1.294
职称（或职务）					
正高或处级及以上	0.106 （0.077）	1.112	−0.129* （0.104）	0.083 （0.130）	1.087
副高或副处级	0.196 （0.106）	1.217	−0.037 （0.064）	0.131 （0.067）	1.140
主要研究方向或负责工作	0.421** （0.139）	1.524	−0.222** （0.186）	−0.045 （0.003）	0.956
解释变量					
区域高等教育一体化发展困境	0.166 （0.255）	1.180	−0.390*** （0.110）	−0.785*** （0.193）	0.456
区域高校发展雷同与恶性竞争	1.301*** （0.195）	3.673	−0.205** （0.084）	−0.440*** （0.152）	0.644
区域高等教育系统失调与失衡	1.423*** （0.172）	4.149	−0.216** （0.077）	−0.322** （0.082）	0.725

变 量	一体化必要性看法		一体化现状评价	一体化前景预见	
	模型Ⅰ（Binary Logistic）		模型Ⅱ（OLS）	模型Ⅲ（Binary Logistic）	
	估计系数	发生比	估计系数	估计系数	发生比
样本量	643		643	643	
模型检验	Hosmer-Lemeshow $\chi^2 = 5.409$ n.s. -2 log likelihood = 442.879 Cox-Snell $R^2 = 0.175$ Nagelkerke $R^2 = 0.224$		TOL(min) = 0.266 VIF(max) = 3.766 Adj. $R^2 = 0.288$ Pro>F(p = 0.000) DW = 1.740	Hosmer-Lemeshow $\chi^2 = 10.747$ n.s. -2 log likelihood = 718.563 Cox-Snell $R^2 = 0.189$ Nagelkerke $R^2 = 0.227$	

注：①6个缺失案例未包括在分析中。②＊、＊＊、＊＊＊分别表示在10%、5%、1%的显著性水平上通过统计检验，n.s.表示未达到5%的显著性水平；小括号内数值为标准误。

下面将分别对三个模型的回归结果作具体分析。

第一，模型Ⅰ的结果表明：（1）总样本对长三角区域高等教育一体化发展必要性的看法在年龄、职业、所在省份以及主要研究方向或负责工作等方面均存在显著差异，且年龄较轻者、行政管理人员、身处高等教育实力较弱省份者及专业领域内人员持有必要看法的概率更大。（2）在控制了个体特征之后，人们关于长三角地区高等教育发展问题与困境的认知会显著正向影响其对区域高等教育一体化必要性的看法，尤其当人们认为长三角地区高等教育发展本身（包括"区域高校发展雷同与恶性竞争"和"区域高等教育系统失调与失衡"两个子维度）存在的问题越突出时，越认为有必要进行高等教育一体化改革发展。具体分析如下：

首先，就模型Ⅰ中控制变量而言，除了单位类型、职称（或职务）之外，其他四个变量基本通过了10%的显著性水平检验。从年龄来看，估计系数均显著为负，表明相对高龄的调查样本对长三角区域高等教育一体化发展必要性认识与相对低龄的调查样本间存在显著差异，且低龄者认为有必要的发生比率要大于高龄者。相比之下，"30~39岁""40~49岁"以及"50岁及以上"各组持有必要看法的发生比分别是"30岁以下"组的0.750倍、0.514倍和0.468倍。原因很明显，越是年轻人通常越希望打破常规，进行新的尝试。从职业来看，相对于高校专职教师而言，行政管理人员、其他人员持有必要看法的发生比分别是他们的2.217倍(即高出121.7%)和1.159倍(即高出15.9%)。此数据，一方面佐证了我们前面的访谈结果，即有关行政管理者是推进长三角区域高等教育一体化发展的积极倡导与支持者；另一方面，以科研院所专职研究员和专业领域内博士生①(可视其为潜在的学者)为主的其他人员对此持有必要看法的概率也相对更高，该结果间接验证了学者们对是否有必要进行长三角区域高等教育一体化发展的看法存在较大差异。从不同省份来看，相对于上海组而言，浙江和安徽组持有必要看法的概率均更高，且持有必要看法发生比最高的是浙江组(较上海组高出44.6%)，其次是安徽组(较上海组高出27.5%)；而江苏组的回归系数为负但不显著，表明江苏组持有必要看法的概率可能相对低一些，只不过这种数据在统计上不显著。在此基础上我们可以大致给出一市三省样本对支持推进区域高等教育一体化发展的意愿由高到低依次为：浙江>安徽>上海>江苏。事实是，上海和江苏可谓当仁不让的高等教育强省，而浙江和安徽两省则显得势单力薄。对此可进一步解释为高等教育实力相对薄弱的省份更希望进行一体化发展并融入其中，从而改变当前不利处境；而实力雄厚的省份则可能会遇到利益博弈阻力，往往倾向于维持现状、以保其身。从主要研究方向或负责工作来看，专业领域内的被调查者持有必要看法的发生比是非专业领域内的1.524倍，这从一个方面反映了教育系统强大的内生变革动力。

其次，就三个解释变量而言，"区域高等教育一体化发展困境"的回归系数值为正，但这种影响在统计上不显著($p>0.1$)。这其中可能的原因在于样本

---

① 这部分均来自网络问卷，在问卷回收后通过查看"来源"和"来源详情"，可以看到这些样本基本为教育学专业领域内的博士研究生。

关于区域高等教育一体化发展困境的认识对其看待一体化必要性的影响存在群体内部差异，并且不同群体样本的数量大致相当，从而导致原先差异的部分相互抵消。"区域高校发展雷同与恶性竞争"和"区域高等教育系统失调与失衡"的估计系数分别为 1.301 和 1.423，且均通过 1% 的显著性水平检验，表明这两个因素均可以有效解释人们是否赞成进行长三角区域高等教育一体化改革发展。也即在其他条件不变的情况下，当人们认为长三角地区高等教育发展本身存在的问题越严重时，认为有必要进行一体化发展的意愿将越强烈。调研结果显示，人们在"区域高校发展雷同与恶性竞争"维度上的认知得分每提高 1 分将导致其对一体化持有必要看法的发生比率变为原来的 3.673 倍，在"区域高等教育系统失调与失衡"维度上的认知得分每提高 1 分将使其持有必要看法的发生比率变为原来的 4.149 倍。这就验证了前面提出的一个基本判断：人们之所以支持此类改革正是由于看到了自身存在的问题及其严重性。同时也表明，相关改革与发展实践的困难的确存在，但并非恶化到由此而削弱人们改革意愿的地步。

第二，模型 II 的结果表明：(1)就控制变量而言，人们对长三角区域高等教育一体化发展现状评价的高低在其所在省份、主要研究方向或负责工作上存在一定差异，且身处一市三省中高等教育实力相对薄弱省份以及专业领域内人员所作评价相对较低；(2)在保持其他条件相同的情况下，人们关于长三角地区高等教育发展问题与困境的认知会显著降低其对区域高等教育一体化发展现状的量化评分，并且"区域高等教育一体化发展困境"带来的负向影响较其他两个认知因素更为强烈。具体来看：

首先，观察模型 II 中各控制变量的系数符号及其显著性可以看到：所在省份和主要研究方向或负责工作这两个变量的系数值基本通过了 10% 显著性水平检验。从当前工作所在省份来看，以上海为参照组，其余各组的系数均为负（不同的是，江苏与参照组的差异在统计上不显著）。也就是说，与在上海工作的被调查者相比，工作于浙江、安徽以及非长三角地区的其他省份的被调查者对长三角区域高等教育一体化发展水平的总体评分均显著降低。尤其是安徽组给出的总体评分相对最低，比上海组显著低 42.1%。对此一个可能的解释是，安徽作为加盟长三角教育协作体的最后成员，加上自身经济实力相对处于劣势，较长一段时间处在长三角区域的边缘结构中，这种结构使之难以从中获得自我肯定，自然而然也就不满意当前的"一体化"发展。从主要研究方向或负责工作来看，其系数符号为负且显著，说明在其他条件均相同的情况下，专业领域内的被调查者比非专业领域的被调查者对当前长三角区域高等教育一体化发展水平的总体评分降低了 22.2%。从前文数据分析结果可知有关一体化现状评价整体得分并不高，同时结合这一显著差异，再次佐证了当前长三角区域高等教育一体化发展的确存在诸多问题和较大的推进空间；而这也在一定程度上说明专业领域内群体似乎对区域高等教育一体化发展有着更高的期望。另外，年龄、职业、单位类型以及职称（或职务）等变量与一体化现状评价基本上没有显著关联，结合目前仅达到及格分的整体评价结果来看，看似是一种主观评分，其背后折射出的更可能是现实问题与困境本身，也就是接下来所要分析的核心解释变量。

其次，三个解释变量的回归系数符号均显著为负，表明在其他条件均相同的情况下，被调查者认为长三角地区高等教育发展问题与困境越大，对当前该区域高等教育一体化发展水平的评分将越低。其中，"区域高等教育一体化发展困境"的估计系数值为 -0.390，且通过 1% 的显著性水平检验，对此可以解释为：被调查者在此维度上的认知得分每提高 1 分，将会导致其对长三角区域高等教育一体化发展的现状评分降低 39.0%；"区域高校发展雷同与恶性竞争"和"区域高等教育系统失调与失衡"的系数值分别为 -0.205、-0.216，且均达到 5% 的显著性水平，意即：被调查者在"区域高校发展雷同与恶性竞争"维度上的认知得分每提高 1 分将使其对一体化现状评分降低 20.5%，在"区域高等教育系统失调与失衡"维度上的认知得分每提高 1 分将使其对一体化现状评分降低 21.6%。此外，由系数绝对值大小及其显著性可知，"区域高等教育一体化发展困境"对被解释变量具有更高的解释力。换言之，人们对长三角区域高等教育一体化发展现状评价（得分）的高低更取决于其对一体化发展困境的认知程度。这一实证结果无非表明，只有逐步消除这些现实屏障与潜在阻力才有可能真正提高区域高等教育一体化发展水平。

第三，模型Ⅲ的结果表明：（1）总样本对长三角区域高等教育一体化发展前景看好与否在其年龄、职业存在显著差异，且年龄较轻者、行政管理人员等对此表示看好的概率更大；（2）在其他条件相同的情况下，与对长三角高等教育发展问题困境认知程度低的被调查者相比，认知程度高的被调查者对该区域高等教育一体化发展前景表示看好的概率明显降低，并且"区域高等教育一体化发展困境"子维度是其中最大的负影响因素。具体而言：

首先，在控制变量中，仅有年龄和职业这两个变量的估计系数基本达到了10%的显著性水平。在不考虑其他条件的情况下，与"30岁以下"（参照组）年龄者相比，其他各层次年龄者表示看好长三角区域高等教育一体化发展前景的发生比总体呈现梯次下降趋势（只不过"30~39岁"组与参照组之间的差异在统计上不显著）："50岁及以上"组表示看好态度的发生比仅为"30岁以下"组的63.2%。由此可见，被调查者的年龄与其看好长三角区域高等教育一体化发展前景的概率总体存在负相关，即年龄较大者，更可能不看好一体化发展前景。其中可能的一个原因是，随着年龄增长和阅历积累，人们在看待复杂或者不确定的问题时通常会更多地考虑风险因素，更加趋于保守估计。另外，就职业而言，与"高校专职教师"（参照组）相比，"行政管理人员"和"其他人员"对长三角区域高等教育一体化发展前景表示看好的概率都显著增大，并且表示看好的发生比均为参照组的2倍以上。结合前文绝大多数被调查者表示看好的统计结果来看，反映出高校专职教师对长三角区域高等教育一体化发展前景看好与否可能存在较大的内部差异，而这也在一定程度上验证了在反对区域高等教育一体化发展的群体中，高校专职教师（包括学者）是不可忽视的一部分。简言之，与年龄较大者、高校专职教师相比，年龄较轻者、行政管理人员以及其他非高校专职教师(以科研院所专职研究人员和专业领域内博士生为主)人员对长三角区域高等教育一体化发展前景表示看好的概率更大。

　　其次，在解释变量中，三个变量的估计系数均显著为负，表明这些都是非常重要的阻力因素。也即在其他条件相同的情况下，被调查者认为长三角地区高等教育发展问题困境越大，对该区域高等教育一体化发展前景表示看好的概率将显著降低。具体变化为：被调查者在"区域高等教育一体化发展困境"维度上的认知得分每增加1分将导致其对一体化前景表示看好的发生比变为原来的0.456倍，在"区域高校发展雷同与恶性竞争"维度上的认知得分每增加1分将使其表示看好一体化发展前景的发生比变为原来的0.644倍，在"区域高等教育系统失调与失衡"维度上的认知得分每增加1分将使其表示看好一体化发展前景的发生比变为原来的0.725倍。进一步比较估计系数的绝对值大小及其显著性可以发现，在这三个影响因素中，区域高等教育一体化发展困境当是最大的阻力因素。这给予我们的启示在于，要实现长三角区域高等教育一体化发展美好愿景，行动的着力点应该是想法设想突破当前面临的困境。

三、长三角区域高等教育一体化发展的现实困境

(一)制度困境：长三角一市三省行政区划壁垒仍然存在

　　长三角一市三省分属不同的行政区划，这意味着各地政府在进行行政管理时，自然而然形成了行政区划管辖权限壁垒和制度阻隔。由于各地政府及其教育行政部门之间权责界限明晰，高等教育相关人事、财政、教学及科研管理制度形成了相对稳定的属地化管理格局，这就为长三角区域高等教育一体化发展带来了"天然"障碍。区域内各行政区在发展高等教育时表现出相互矛盾的行为，容易形成所谓的"一体化悖论"。

　　一方面，不同行政区之间存在相互竞争的关系。由于行政壁垒的存在和束缚，一市三省政府在发展各自辖区内高等教育事业时均有其自身利益诉求，其

地方本位主义、地方保护主义观念往往占据主导地位，难免会趋于"各自为政""各为其主"的保守倾向，这将造成行政区之间的高等教育发展规划缺乏系统协调性，从而导致高校重复建设和无序竞争现象严重，高等教育结构同质化、趋同化状况加剧，以及优质高等教育资源及生产要素更加封闭——"想出，出不去；想进，进不来。"此种行为显然与区域高等教育一体化发展要求背道而驰。另一方面，各行政区又具有合作关系。正是在这种行政区划格局下，各地政府可能以区域一体化发展来做大、做强本省（市）高等教育，但又受到当前高校隶属关系和行政管辖权限的制约，必将导致各参与方"谁都想分一杯羹，谁都不愿割块肉"，这就为持续推进长三角区域高等教育一体化发展进程带来了极其严峻的利益冲突与挑战。

由此可见，在长三角行政管理领域的区域一体化取得突破之前，行政区划壁垒和制度阻隔依然是区域高等教育一体化发展需要跨越的主要障碍之一。换言之，如果行政壁垒不能打破，区域高等教育一体化发展终将难以推进。但鉴于统一版图中行政区划的严肃性，因而打破行政壁垒并不等同于随意撤并现行行政区，而是要进行相应的体制机制创新。

（二）条件困境：长三角省域高等教育发展差距依然悬殊

受历史、政治以及经济社会发展水平等因素影响，长三角高等教育发展水平呈现出明显的省域差距。总体而言，上海和江苏处于整个区域乃至全国"高等教育高地"，而安徽与两地之间的落差尤为突出。

从高校规模及层次结构来看，2019年上海、江苏、浙江、安徽的普通高校数量分别为64、167、108、120所，各自拥有本专科院校数量的比值分别为1.56、0.86、1.20、0.62。其中就中央部属院校而言，上海和江苏各自坐拥10所，而浙江和安徽分别仅有1所、2所（表5-10）。由此可见，上海、江苏高校规模及层次结构在整个长三角区域内均表现出明显的资源优势，而安徽总体最弱。

表 5-10　2019 年长三角区域普通高校规模及层次结构比较

	中央部属院校(所)	本科院校(所)	高职(专科)院校(所)
上海市	10	39	25
江苏省	10	77	90
浙江省	1	59	49
安徽省	2	46	74
全国平均	4	41	46

数据来源：中华人民共和国教育部．教育统计数据［EB/OL］．http：//www. moe. gov. cn/s78/A03/moe_560/jytjsj_2019/.

　　从高校人才培养来看，2019 年长三角区域普通高校在校生数合计高达535.76 万人，占全国普通高校在校生总数的 16.12%。[1] 其中，上海和江苏两地本科及以上层次的高校在校生规模较大，而且江苏高校在各个层次人才培养上基本都表现出明显的相对优势；浙江和安徽两地则以本专科生培养为主(图5-4)。这一统计结果从一定程度上说明，浙江、安徽高校人才培养结构仍有待优化。

　　从高等教育经费支出来看，上海的各项生均经费指标均在长三角区域和全国遥遥领先；江苏和浙江两地大致相当，且总体高于全国平均水平；安徽各项指标则均低于全国平均水平，尤其与上海之间呈现出巨大的落差(图 5-5)。可以预见，如果安徽高校生均经费严重不足的现状得不到改善，则会制约其高等教育发展步伐，从而大大削弱其寻求合作的比较优势。

　　从高校科研生产来看，上海和江苏在各项产出指标上的表现基本优于浙江和安徽，尤其远优于安徽。安徽高校科研产出较低，除了专利授权数略多于全国平均数以外，其他各项指标值均未达到全国平均水平(表 5-11)。这些数据

―――――――――

　　[1]　根据 2019 年教育统计数据计算得出。数据来源：中华人民共和国教育部．教育统计数据［EB/OL］．http：//www. moe. gov. cn/s78/A03/moe_560/jytjsj_2019/.（图 5-4 数据同样来源于此）

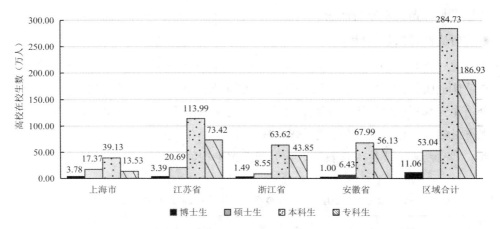

图 5-4 2019 年长三角区域普通高校在校生规模及层次结构比较

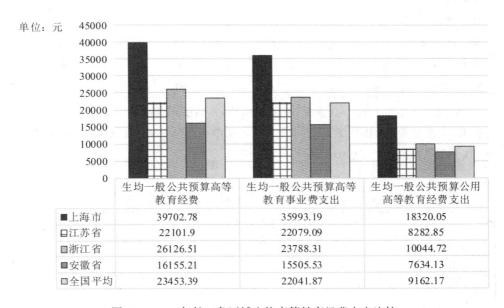

图 5-5 2019 年长三角区域生均高等教育经费支出比较

数据来源：中华人民共和国教育部 . 2019 年全国教育经费执行情况统计公告［EB/ OL］. http：//www. moe. gov. cn/ srcsite/ A05/s3040/202011/ t20201103_497961. html.

凸显出长三角一市三省高校科研生产状况的巨大差距，可能为跨省域层面的高校科研协作带来较大障碍。

此外，表 5-12 显示，上海、江苏和浙江高校专任教师规模和师资结构重心总体上明显优于安徽，尤其是江苏高校师资的优势更为显著，均处于区域和全国领先水平（各项指标均为全国平均值的 2 倍以上）。而安徽高校专任教师规模虽然高于全国平均值，但师资结构重心明显偏低（具有博士学历专任教师数、副高及以上职称专任教师数均低于全国平均值）。

表 5-11　2018 年长三角区域普通高校科研生产比较

	出版科技著作（部）	发表学术论文（篇）	国际级项目验收（项）	专利授权（项）
上海市	521	71225	459	6465
江苏省	1100	101418	264	24368
浙江省	466	38371	98	14161
安徽省	406	27979	78	6341
全国平均	474	33103	104	5966

注：这里仅包括设有理、工、农、医类教学专业的高校及其附属医院的科技创新产出。
数据来源：中华人民共和国教育部科学技术司．2019 年高等学校科技统计资料汇编［M］．北京：高等教育出版社，2020．

表 5-12　2019 年长三角区域普通高校师资规模及结构比较

	专任教师（人）	博士学历专任教师（人）	副高及以上职称专任教师（人）
上海市	46278	26266	23942
江苏省	120599	44539	59696
浙江省	66734	24272	30228
安徽省	62374	12409	23502
全国平均	56134	15348	24340

数据来源：中华人民共和国教育部．教育统计数据［EB/OL］．http：//www.moe.gov.cn/s78/A03/moe_560/jytjsj_2019/．

综上，当前长三角省域高等教育发展差距依然悬殊，这就从不同程度上加大了高校之间合作博弈与深度对话的难度。可以说，如果这种省域发展不平衡不协调的问题长期存在甚至进一步恶化，不但不利于各地区高校发挥比较优势，反而会逐渐减少合作机会，使得区域高等教育一体化发展受到现实条件方面的制约，这进一步加大了一体化进程推进中的阻力。

（三）组织困境：区域高等教育顶层设计和统筹规划不足

作为高等教育区域化发展的高级演进阶段，区域高等教育一体化发展的难度必将更大，涉及的利益相关体众多、关系复杂，因而其进程推进迫切需要形成和完善一套可以统一协调多方利益、支撑跨行政区高等教育区域一体化发展的政策供给。只有从国家决策层面将其"合法化"，才能避免区域一体化进程的曲折反复，甚至不幸夭折。但是，回望长三角区域高等教育一体化实践探索历程，可以看到，目前该区域内已有的高等教育合作实践仍然表现出自发性、探索性和组织连接的松散性等突出问题，缺乏科学的顶层设计和统筹规划。

迄今为止，国家层面还未从战略高度对长三角区域高等教育一体化发展进行明确统筹规划，教育部尚未出台促进长三角区域高等教育一体化发展的战略性纲领文件。这就导致一市三省在制定本辖区高等教育发展规划时，依然从自身利益出发，"各为其主"，依其各自行政区自成政策体系，尚未实现区域合作型统筹规划与联合共管，从而造成了长三角区域高等教育一体化发展难以在多方分管的环境中实现最大限度的融合。因此，如何在整合现有各项合作协议、组织、框架的基础上，进行科学的顶层设计和战略规划，就成为下一步推进长三角区域高等教育一体化发展中亟待思考和解决的主要问题之一。

（四）动力困境：区域高等教育一体化发展内生动力不足

本书第四章第二节已讲，当前推动长三角区域高等教育一体化发展的主要动力仍然源自"强政治""强经济"力量，而非区域高等教育系统内生变革动力

（这里不作赘述）。但从长远来看，作为区域高等教育一体化发展的主体，基层高校自身的积极性、主动性有待进一步激发。为了破解这一困境，还需要从深层次抓住要害，进行相应的制度变革与创新，尤其应更进一步深化改革当前高等教育领导与管理体制等，从而给高校更多自主权。

本 章 小 结

本章基于个案访谈和问卷调查资料，比较具体地描述和分析了当前高等教育改革决策者与相关实践主体对长三角区域高等教育一体化发展现状与困境的总体认识及其原因，并阐释了"一体化"面临哪些困境。

1. 相关主体对长三角区域高等教育一体化发展的意愿强烈、愿景美好，但现实评价不高

首先，通过对长三角一市三省教育行政部门和长三角教育一体化发展研究院相关人员、高校领导及专家学者等进行个别访谈，我们发现：当前不同主体对"一体化"本身的认识存在一定偏差，在看待长三角区域高等教育一体化发展问题上存在较大分歧，既有赞成者，也有反对或质疑者；但是，明确持反对意见或提出质疑者相较较少，主要为高等教育及相关研究领域内的一些学者，其主要原因在于不同群体所处立场和分析视角的不同。

然后，基于访谈结果我们进一步澄清区域高等教育一体化发展这一核心概念，将其置于同一语境下再对 649 位（其中长三角地区样本数为 588 个）高等教育改革决策者与相关实践主体进行问卷调查。结果显示：当前不同主体基本就推进长三角区域高等教育一体化发展达成一定共识。他们当中绝大多数都认为有必要进行长三角区域高等教育一体化发展，并对其未来前景大体持看好的态度，但是对当前的一体化发展水平评价（评分）却并不高。

2. 相关主体整体上认为长三角地区高等教育发展问题与困境较突出，这些又会对"一体化"看法产生一定影响

通过对问卷调查数据作因子分析,我们将人们关于长三角地区高等教育发展问题与困境认知分为"高等教育一体化发展困境""区域高校发展雷同与恶性竞争"和"区域高等教育系统失调与失衡"3 个子维度,在此基础上,实证分析了"问题与困境认知"对一体化看法(包括一体化必要性看法、现状评价、前景预见)的影响,得出主要结论如下:

其一,"问题与困境认知"总体正向影响一体化必要性看法。具体而言,以一体化必要性看法作为被解释变量(分为"有必要"和"没必要"),采用二元 Binary Logistic 模型实证分析了"问题与困境认知"对一体化必要性看法的影响,结果表明:不同主体对长三角区域高等教育一体化发展必要性的看法在年龄、职业、所在省份、主要研究方向或负责工作等方面均存在显著差异,且年龄较轻者、行政管理人员、身处一市三省中高等教育实力较弱省份者以及专业领域内人员持有必要看法的概率更大;在控制了个体特征后,"问题与困境认知"在整体上显著正向影响一体化必要性看法,并且当主体对长三角地区高等教育发展本身存在的问题认知越强烈,越认为有必要推进高等教育一体化发展。

其二,"问题与困境认知"对一体化现状评价具有负向影响。以一体化现状评价为被解释变量(为 0~10 的评分),我们运用 OLS 多元线性模型分析了"问题与困境认知"对一体化现状评价的影响,结果表明:不同主体对长三角区域高等教育一体化发展现状的评分高低与其所处省份、专业领域存在一定差异,且身处高等教育实力较弱省份、专业领域内人员的主观评分较低;在其他条件相同的情况下,"问题与困境认知"显著负向影响一体化现状评分,并且"区域高等教育一体化发展困境"认知带来的负向影响较其他两个认知因素更为强烈。

其三,"问题与困境认知"对一体化前景预见具有负向影响。以一体化前景预见作为被解释变量(分为"看好"和"不看好"),我们采用二元 Binary Logistic 模型分析了"问题与困境认知"对一体化前景预见的影响,结果表明:不同主体对长三角高等教育一体化发展前景预见与否在其年龄、职业上存在显著差异，且年龄较轻者、行政管理人员持看好态度的概率更大；在其他条件相同的情况下，与弱"问题与困境认知"的主体相比，强认知主体持看好态度的概率明显降低，并且受到"区域高等教育一体化发展困境"认知的负向影响最大。

简言之，当相关主体越是认为长三角地区高等教育发展的问题与困境突出，越有可能认为有必要推进一体化发展，然而对其现状评价就越低，对其发展前景表示看好的概率会越低。

3. 当前长三角区域高等教育一体化发展主要在制度、条件、组织和动力等四个层面上面临重重困境

一是制度困境，表现为行政区划壁垒仍然存在；二是条件困境，表现为省域高等教育发展差距依然悬殊；三是组织困境，表现为区域高等教育顶层设计和统筹规划缺乏；四是动力困境，表现为区域高等教育一体化发展内生动力不足。

第六章：近为：面向"一体化"远景目标的
长三角区域高等教育推进策略

　　有关长三角区域高等教育一体化发展的研究，在明确了什么是一体化发展、为什么要推进一体化发展之后，如何持续推进一体化发展进程就成为问题的关键。这涉及以什么样的战略目标为指引，确立什么样的发展理念，搭建什么样的行动框架，采取什么样的举措等问题。为此，本章将在结合调研结果和他人相关研究成果的基础上，探索长三角区域高等教育一体化发展的推进策略。

第一节　长三角区域高等教育一体化发展的战略目标

　　推进长三角区域高等教育一体化发展其实是一个复杂而系统的区域高等教育改革过程，这必然少不了一个体现共同价值追求的战略目标，而且这种目标导向在未来需要进一步强化，而不再局限于问题导向抑或仅止于现状描述。从区域高等教育一体化发展概念及内涵的界定来看，它可以被视作政治、经济、社会以及文化等领域的区域一体化发展在高等教育领域的延伸，在此意义之下，长三角区域高等教育一体化发展战略目标的明确既要符合高等教育自身发展需要，又要全方位服务和支撑区域整体一体化发展战略定位。

　　对标长三角区域一体化发展"一极三区一高地"①的战略定位，同时结合

---

　　①　"一极"即全国发展强劲活跃增长极，"三区"包括全国高质量发展样板区、率先基本实现现代化引领区、区域一体化发展示范区，"一高地"即新时代改革开放新高地。（具体参见：《长江三角洲区域一体化发展规划纲要》）

169

《长三角地区教育更高质量一体化发展战略协作框架协议》提出的"两步走"目标以及《长三角地区教育一体化发展三年行动计划》对于高等教育领域的要求，本书提出以下战略目标：

——努力把长三角地区打造成为全国高等教育（包括国际高等教育服务贸易）的增长极；

——区域高等教育一体化发展的样板区和示范区、率先实现高等教育现代化的引领区；

——新时代高等教育改革创新的新高地。

在此战略目标定位的基础上，我们对覆盖长三角一市三省的高等教育改革决策与实践群体进行了问卷调查。问卷中的题目为"您认为长三角地区高等教育的发展定位或追求下述目标重要吗"？并将每一项目标的评价程度分为"非常重要""重要""不太重要"和"不重要"四个等级，依次赋值4、3、2、1分。

从图6-1中可以看到：行政管理人员、高校专职教师和其他人员三类分样本对于每项目标的评价均在3分（重要）以上，总样本在"全国高等教育的增长极""区域高等教育一体化发展的样板区和示范区""高等教育现代化的引领区""新时代高等教育改革创新的新高地"各选项上的评价均值分别为3.43分、

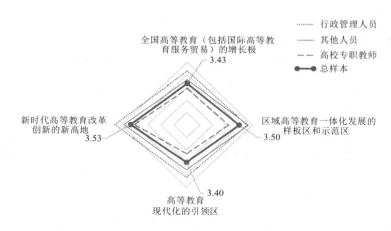

图6-1 不同主体对长三角区域高等教育一体化发展战略目标的看法（均值）

3.50 分、3.40 分和 3.53 分，可见本次被调查者对"一极三区一高地"的区域高等教育一体化发展战略目标设计总体上持积极认可态度。或者说，在他们看来一体化发展朝着这些目标迈进是重要的，并且对长三角地区成为新时代区域高等教育改革创新的新高地目标最为期待，对成为区域高等教育一体化发展的样板区和示范区目标有次级期待。不难发现，改革创新于此尤为迫切，甚至居于首位。另外，相比而言，有关行政管理人员对这些战略目标的认可态度整体上要强于高校专职教师以及其他人员的认可态度。

　　为了更加直观地呈现三类不同主体之间的看法差异，此处将各个选项勾选的人数比例绘制成统计图。从图 6-2 可以看出：三类主体对"一极三区一高地"战略目标一致持积极认可态度，即在"非常重要"和"重要"两个选项上，三者勾选的累计比例趋于一致，但在各个分目标选项上却存在着一定差异。其中，

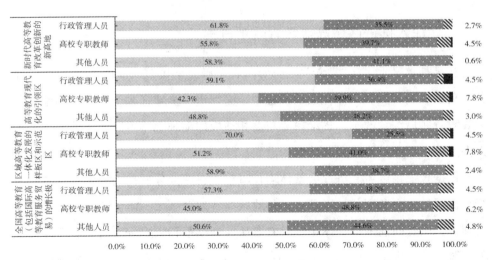

图 6-2　不同主体对"一极三区一高地"战略目标各选项勾选的比例(百分比)

　　注："不太重要"和"不重要"两个选项的勾选比例甚低，故将二者勾选比例累加后呈现在图中。下同。

三者对"新时代高等教育改革创新的新高地"选项的认可态度最为一致，其次是"全国高等教育（包括国际高等教育服务贸易）的增长极"选项。而对于"区域高等教育一体化发展的样板区和示范区"以及"高等教育现代化的引领区"这两个选项，行政管理人员持非常认可态度的人数比例明显高于高校专职教师和其他人员。相反，在持否定态度的少数样本当中，高校专职教师对各个选项勾选的比例都相对高于另外两类主体尤其是行政管理人员。这一调查结果也从一定程度上解释了长三角区域教育一体化实践探索过程中存在"上面热，下面冷"的现象。针对这一现象，如何尽快使"上下"一齐热起来，在总的战略目标上形成一致认识和共同愿景，也是今后长三角区域高等教育一体化行动的重要任务。

第二节　长三角区域高等教育一体化发展的推进策略

一、深入推进区域高等教育改革进程

从某种意义上讲，"改革"是一个代表正确方向的褒义词。言下之意，在长三角区域高等教育一体化发展进程中，必须进一步增强改革意识，不断深化高等教育领域综合改革，逐渐树立与之相适应的新理念。本次调研结果显示绝大多数调查对象认为综合改革尤为重要。

根据长三角区域经济社会整体运行需求，在综合分析我国高等教育事业改革与发展的历史和现状，以及长三角地区高等教育区域一体化实践探索历程的基础上，调查问卷围绕一体化发展方案从综合改革和微观行动两个层面设置了单选题。从调查结果（表6-1）可发现：当前高等教育改革决策者与相关实践主体认为要进一步推进长三角区域高等教育一体化发展必须率先进行高站位上的教育综合改革，其中，共创高等教育综合改革试验区，以及争取通过改革与重构高等教育行政区划来建立长三角高等教育功能主体区是重中之重；同时，相

比而言，涉及微观行动层面的各个方面或环节（比如加强一体化平台建设和项目实施，研制一套目标导向的区域高等教育一体化水平评价指标体系等）则显得不那么急迫，但也不容忽视，而且从另一个角度来说，当对综合改革的改革难以撬动之时，不妨先从切实可行的微观行动做起。

表6-1　对促进长三角区域高等教育一体化发展行动方案的选择情况

备选方案		个数	百分比（%）	平均百分比（%）
层面	内　容			
综合改革层	1. 共创高等教育综合改革试验区：国家允许长三角地区先行先试，先破后立	253	39.0	18.9
	2. 改革与重构高等教育行政区划：联合建立一个长三角高等教育功能主体区	165	25.4	
	4. 改革高等教育财政管理体制：尽快设立长三角地区高等教育拨款委员会	19	2.9	
	5. 促进政府有限行政参与的转变：探索政教分离，避免行政参与过度或缺位	53	8.2	
微观行动层	6. 以评促发展：研制一套目标导向的区域高等教育一体化水平评价指标体系	89	13.7	11.8
	3. 加强一体化平台建设和项目实施：实现各类协同发展平台和合作项目落地	64	9.9	
7. 以上均不是（请注明）		6	0.9	0.9
合计		649	100.0	—

注：①序号只是原调查问卷中的选项编号，并非是对选项内容重要性的排序。②其中勾选"7. 以上均不是"的三位被调查者还给出了明确标注，分别是："改成多选更好""单选不太好""自上而下+自下而上"。

从表6-1可看出，在所列举的6项行动举措中，按照各选项选择人数的比例由高到低排序依次是：第 1 项（39.0%）、第 2 项（25.4%）、第 6 项

（13.7%）、第 3 项（9.9%）、第 5 项（8.2%）、第 4 项（2.9%）。若仅就绝对重要性而言，共创高等教育综合改革试验区看似被认为当前最重要且可行的行动，但选择此项的人数比例仍不足 50%。一般认为，单选题的某一选项选择人数比例至少要在 50% 以上，方才有代表多数人意见的分析意义。而这里所有单个选项的选择人数比例均未达到 50%，因而如果单纯看结果排序高低有失偏颇，同时结合其中有被调查者明确表示希望进行多选的建议，有必要在此基础上将这些备选项合并"同类项"之后再作比较分析。

一是囊括第 1、2、4、5 四个选项的综合改革层，二是以第 6 项和第 3 项为主要内容的微观行动层。此时再来比较两个层面及其具体内容选择人数的比例情况，首先可以看到，两个层面平均每项选择人数的比例分别为 18.9% 和 11.8%，二者仍然相差较大，但后者也占据一定比例。这表明，在参与调研者看来，当前有望进一步推进长三角区域高等教育一体化发展的行动方案在于进行更高站位上的教育综合改革，而"必要的"微观行动也不可忽视。其次，通过进一步比较可以看到，综合改革层中前两项选择人数的比例排序明显靠前，而微观行动层各项选择人数的比例排序却并非落在最后。这一结果表明，通过共创长三角区域高等教育综合改革试验区，联合建立长三角高等教育功能主体区来推动高等教育区域一体化发展，是高等教育改革决策与实践主体的主要行动选择。与此同时，也应重视开展基于目标导向的区域高等教育一体化水平评价等举措。这些其实也间接说明了推进"一体化"之复杂与艰难，至少在现阶段来看仍然需要多管齐下、多措并举。

由上可知，进一步增强改革意识，树立并强化长三角区域高等教育功能主体区理念显得十分迫切。所谓高等教育功能主体区，就是将整个区域视为高等教育功能区或大学区，但不同于法国大学区制，也不同于民国时期蔡元培、李石曾主张的大学区制。首先必须在理念上认清建立长三角区域高等教育功能主体区，不是为了治理教育政治化、官僚化，而是为了更好地响应长三角区域一体化发展国家战略需求，促进区域内高等教育更加充分、平衡发展，发挥其示范、引领、辐射和带动作用；不是组建单一独立的行政区划，而是重构高等教育跨界合作共同体、联合体；尽管没有更高的制度建设成本，但需要分担区域一体化改革创新失败的风险；尽管没有管理大中小学的职能或任务，但需要纵向协调不同级别高等教育行动。

二、采取"上下"配合的一体化行动和举措

尽管区域高等教育一体化发展的成功案例在不同主权国家（或地区）、同一个主权国家的不同地区广泛存在，但对于我国而言仍有许多不可比性，这也就决定了推进长三角区域高等教育一体化发展的行动路径必须结合现实需求"自行"探索。参考借鉴他人相关研究成果，①②③ 同时结合专家访谈意见，有必要探索综合性行动路径。正如国外学者迈克·富兰在研究 21 世纪西方教育改革与发展趋势时认为："过分的集权和分权都有着不足之处，而'从上到下'和'从下到上'的策略是必不可少的。"④

本书主要从顶层设计和战略规划、体制机制创新与完善、政府主导推动、一体化项目推进、一体化水平监测评价等五个方面来探究一体化行动路径。然后在此基础上设计问题，展开问卷调查，问题为"您认为要推进长三角区域高等教育一体化发展，以下几个方面重要吗"？并将其评价分为"非常重要""重要""不太重要"和"不重要"四个等级，依次赋值4、3、2、1分。旨在通过对这些行动路径的相对重要性进行分析，较为准确地了解高等教育区域一体化行动的着力点之所在。

---

① 龚放. 观念认同 政府主导 项目推动——再论打造"长三角高等教育发展极"[J]. 教育发展研究，2005(4)：55-57.

② 巫丽君，王河江. 长三角高等教育区域一体化模式探析——基于历史进程的考察[J]. 清华大学教育研究，2010，31(4)：52-56.

③ 袁晶，张珏. 长三角区域高等教育一体化发展：动因、内涵与机制创新[J]. 中国高教研究，2019(7)：33-38.

④ [加]迈克·富兰. 变革的力量——透视教育改革[M]. 中央教育科学研究所，加拿大多伦多国际学院，译. 北京：教育科学出版社，2004：12.

从本次调查结果来看，三类不同主体对上述五个方面都给予了 3 分以上的评价（图 6-3），且三者分别选择"非常重要"评价的人数比例均超过一半，除了高校专职教师在"政府主导推动"选项上的选择比例相对较低以外（图 6-4、图 6-5 和图 6-6）。由此可见，当前高等教育改革决策者与相关实践主体基本上认可我们提出的这些行动路径。

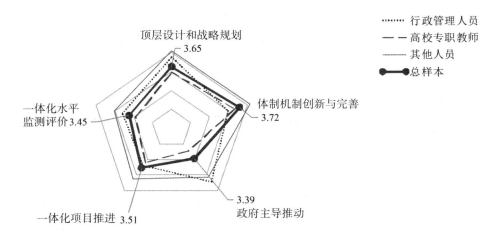

图 6-3　不同主体对长三角区域高等教育一体化发展行动路径的看法（均值）

从总样本对系列行动路径各方面的认识来看（图 6-3），按照重要性由高到低排序依次是：体制机制创新与完善（均值为 3.72 分）、顶层设计和战略规划（均值为 3.65 分）、一体化项目推进（均值为 3.51 分）、一体化水平监测评价（均值为 3.45 分）、政府主导推动（均值为 3.39 分）。

具体而言，在这一系列行动路径的选项中，"体制机制创新与完善"被认为最重要，紧跟其后分别是"顶层设计和战略规划"。实际上，位居首位的"体制机制创新与完善"无非就是制度创新，而制度创新往往又是有效推进改革与发展的关键，其重要性不言而喻。这也证明了新制度主义的核心观点，即"制度决定论"。从这一意义上说，若忽视制度建设与创新对教育改革与发展的重

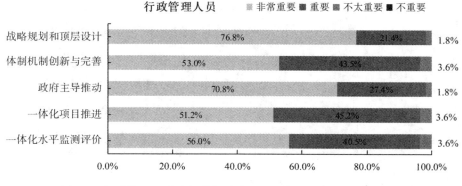

图 6-4　行政管理人员对相关行动路径认可度的人数比例(百分比)

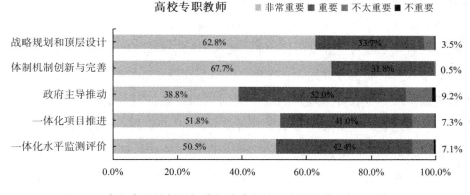

图 6-5　高校专职教师对相关行动路径认可度的人数比例(百分比)

要作用,则所谓的改革实则"换汤不换药",由此所提出的问题应对办法也只能治标不治本。因此,有理由预见推进区域高等教育一体化发展的关键着力点是对目前高等教育领导与管理体制进行真正意义上的变革和创新,否则,不合理、不完善的体制机制将会不利于甚至阻碍一体化的改革与发展。进一步说,做出任何一项重大改革决策包括高等教育方面的改革与创新发展,都应秉持制度理性,做好相关顶层设计和战略规划。一方面,在我国现行的行政体制框架下,政府力量的不可替代性决定了由掌握核心资源的中央政府来推行各项改革

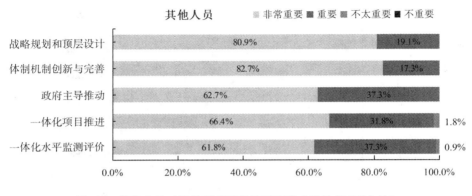

图 6-6　其他人员对相关行动路径认可度的人数比例（百分比）

见效最快且最有保障，况且推进长三角区域高等教育一体化发展无疑是一次重要的教育制度变革与创新，其核心行动者非政府莫属。但另一方面，高等教育实践者也看到了政府主导权的另一面，主要是出于对政府与高校之间关系的担忧，通常认为政府主导权过大，难免会削弱高校独立自主权，从而担心至今还处在摸索中的高等教育管理体制改革退回至计划经济时代的高度集权领导体制。当然，问卷调查结果（"政府主导推动"得分并非最高）也较好地反映了"矛盾"所在，即既总体认可政府力量的重要性但又不希望这种力量过度干预。

　　而比较有趣的是，在得分相对靠后的选项中，"一体化项目推进"得分反而相对靠后，这其实有点出乎意料。通过进一步比较不难发现，"一体化项目推进"选项总体均值虽然较低，但从各类分样本来看，其均值仍然都处在 3 分以上。这表明，参与调研者基本认可项目的重要性，但也认识到了其中的问题，尤其高校专职教师（占总样本勾选比例最大）在这一选项上做出的重要性选择相比其他选项而言都要低。结合部分访谈信息来看，正如有些学者指出的，看似实实在在的项目和平台支撑实则"走过场"，其根本原因在于仍然缺乏有效的制度安排和持续的资金支持。然而，"一体化水平监测评价"在相关主体看来仍不容忽视。这一调研结果表明，在推进长三角区域高等教育一体化发展进程中需要充分发挥好"以评促发展"的积极导向作用。当然，其重要性与前三项相比较要弱一些，这主要是因为如果跳过了制度安排来谈推进路径的话，不管出于何种目的开展的评价工作，都将沦为没有意义的"瞎折腾"。

综合调研结果，针对现实问题，本书围绕上述五个层面提出应采取多措并举、"上下"配合的一体化行动举措。

(一) 进行科学的顶层设计和战略规划

在迈向高质量区域一体化发展阶段后，推进长三角区域高等教育一体化发展迫切需要进行科学的顶层设计和战略规划。建议首先在充分听取长三角一市三省相关负责人意见和建议的前提下，尽快从国家层面制定并颁布《长三角区域高等教育一体化发展规划(或指导意见)》，提供权威可靠的宏观指导和政策支持。尽管该地区各省(市)曾先后签署过各种教育合作协议，但对于高等教育而言，特殊之处在于其所涉及的管理主体较多，因而进行深度合作的难度更大。况且迄今为止，国家层面尚未出台长三角区域高等教育一体化发展的战略性纲领文件，高等教育区域一体化发展因此缺乏整体性和全局性的规划视野，缺乏有效的统筹性和执行力。这正如研究者所言，如果"块块"高等教育之间的合作缺乏统一协调的科学顶层设计和统筹规划，反而容易形成一种类似经济领域的"意大利面碗现象"，[①] 这终将不利于区域高等教育一体化发展的可持续推进。为此，需要尽快建立一个长三角地区一市三省高等教育发展共同遵守、一致维护的行为规则，化解行政区之间可能存在的矛盾冲突和利益纷争，防止盲目、混乱、无效现象出现。

这里需要指出的是，强调国家中央层面的强介入，并非意欲重走新中国成立后实行中央政府对高等教育完全集权管理[②]的回头路，而是在相当大程度上

---

① 所谓"意大利面碗现象"是由美国经济学家巴格沃蒂(J. Bhagwati)在其《美国贸易政策》一书中提出的经济学用语，意指在特惠贸易协议下，各个协议的不同优惠待遇和原产地规则就像碗里的意大利面条，一根根搅在一起，剪不断、理还乱。这种碎片化现象的存在，对各经济体的一体化发展进程带来了诸多困惑。

② 周川. 简明高等教育学[M]. 南京：河海大学出版社，2002：179.

强调坚持中央政府作为宏观调控高等教育区域化发展"第一责任人"和制度创新"第一行动集团"的身份和地位，强调保持中央政府拥有必要的高等教育国家能力，使之能够更有效地回应复杂变化与挑战。

(二) 加强一市三省政府的协同主导力量

在"政府主导推动"层面，除了中央政府及教育部首先从顶层设计和战略规划上将长三角区域高等教育一体化发展"合法化"之外，还需要省级政府厘清自身权责，承担起主要责任。总的来说，就是要发挥好中央与地方政府的主导作用，坚持中央统筹规划与地方政府协同负责相结合。

具体而言，长三角一市三省政府（包括省级和市级）要在现有各种合作协议、联席会议及主要行政领导人对话的基础上，加强省级政府的协同主导作用，共同以责任分担者、资源供给者的身份参与区域高等教育一体化建设，尤其要在中央政策执行、资源供给及资金投入等方面付诸实际行动，从而真正实现从自我"守界"到协同"跨界"的转变，维护区域高等教育一体化发展的目标选择。可以预见，在中央决策层的统筹布局下，如果一市三省政府从正式制度层面携手推进，长三角区域高等教育一体化发展进程将会渐入高潮。首先，一市三省政府必须摒弃地方本位主义、地方保护主义，树立大局观、良性竞争和优势互补的价值导向，共同贯彻落实好国家层面的决策意志，全力推进长三角区域高等教育一体化发展进程，服务长三角经济社会一体化进程。其次，要充分发挥各自地方性资源集聚与统筹优势，科学整合、调配区域内高等教育资源，积极引导高校开展有序分工和错位竞争，消除高校之间的非合作博弈和恶性竞争；同时，也要持续为区域高等教育一体化项目实施及相关平台建设提供必要的资金支持，为促进区域高等教育资源及生产要素的自由流动与开放共享提供组织保障。

(三) 健全区域高等教育一体化发展机制

一体化发展机制建设作为推进区域一体化发展的重要内容和有力保障，已被证明在长三角区域一体化发展中发挥了重要作用。① 对于诸多领域包括高等教育在内的区域一体化发展而言，建设并逐步形成相对完善的区域一体化发展机制同样有着重要作用，然而机制缺位却成为目前阻碍区域高等教育一体化发展进程最为关键的因素之一。②

针对长三角区域高等教育运行现状，综合相关政策文本以及专家学者意见，本次调查问卷列举了多个区域高等教育一体化发展机制。概括起来，大致可将这些机制划分成以下四个方面：一是以克服当前高等教育"条块分割""块块分割"弊端为主要目标的领导统筹机制，主要通过"区域高等教育统筹规划机制"和"区域高等教育联合共管机制"两个选项来表征；二是以促进高等教育区域一体化主体之间互补互助为主要目标的高校合作与竞争机制，包括"高校深层次合作发展机制"和"高校错位竞争机制"两项内容；三是以区域高等教育整体利益最大化为主要目标的高等教育资源共建共享机制，包括"优质高等教育资源共享机制"和"区域高等教育品牌共建与提升机制"两项内容；四是以促进区域高等教育一体化发展得以顺利运行为主要目标的协调推进与激励保障机制，包括"利益协调与补偿机制"和"改革风险与成本分担机制"两项内容。

从图6-7中可以看出，在列出的区域高等教育一体化发展机制中，选择人数的比例基本上都占总人数的50%以上，说明在被调研者看来这些机制均是重要的。这一结果意味着，要使长三角区域高等教育一体化发展得以推进，应当重视并加强这些机制建设。在此基础上，通过对上述四个方面各自所辖选项的比例进行算术平均计算之后发现，按照平均选择人数的比例由高到低排序依次为：领导统筹机制（70.1%）、高校合作与竞争机制（66.2%）、高等教育资源共建共享机制（60.5%）、协调推进与激励保障机制（48.8%）。

综合这四个方面的调查结果来看，应该做好以下工作：

---

① 张学良，林永然，孟美侠 . 长三角区域一体化发展机制演进：经验总结与发展趋向[J]. 安徽大学学报(哲学社会科学版)，2019(1)：138-147.
② 袁晶，张珏 . 长三角区域高等教育一体化发展：需求、障碍与机制突破[J]. 教育发展研究，2019(5)：54-59.

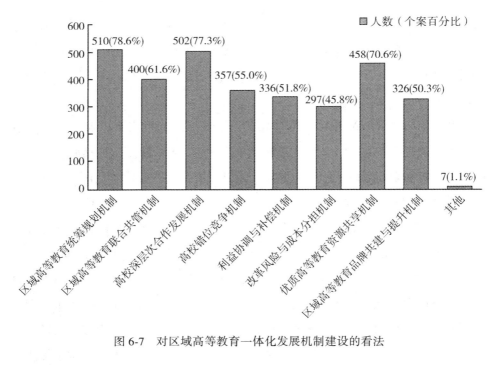

图 6-7　对区域高等教育一体化发展机制建设的看法

首先，以中央领导和一市三省政府协商统筹机制建设为重点，进一步明确区域高等教育一体化发展之"合法性"并从整体上把控方向。在这一点上，应尽快建立由国家教育主管部门和一市三省教育行政部门相关负责人组成的"长三角区域高等教育功能主体区委员会"，主要负责定期举办长三角区域高等教育一体化发展联席会议，就一体化发展中的重大事宜定期进行相互磋商，同时协调多方利益；可由"长三角区域高等教育一体化发展联席会议领导小组及办公室""长三角区域高等教育一体化专题组""长三角区域高等教育发展研究院"等共同商定的区域高等教育一体化发展常态化机制，作为推进区域高等教育一体化发展的运行机制。

其次，要加快建立健全区域高校合作与竞争机制、区域高等教育资源共建共享机制，充分释放和增强长三角区域高等教育一体化发展的内生驱动力。这就要求长三角区域内所有高校做好基层创新和聚力提升工作。对于研究型大学、行业特色大学及地方应用型高校而言，不仅要着眼于自身合理定位以及内部资源要素的"新组合"，如适当优先建立或调整与本区域战略性产业相关的学科和专业，实施不同品质的品牌战略，更要关注与外部资源要素的融合创新，如继续实施跨省域的校际教学合作、优质师资互聘、学生互换、课程互选和学分互认、在区域内高校设立联合学位、建设教育学分银行、共建联合实验室、协同攻关科研项目及共建科研成果分享转化基地等。当然，这也需要更为广泛地鼓励并吸收社会多元主体参与其中，如进一步深化区域内基层高校和企业之间的"校企合作""产教融合"深度。

除此之外，还要积极构建跨省域的一体化协调推进和激励保障机制，确保长三角区域高等教育一体化进程得以顺利推进。

（四）进一步开发实施一体化相关项目

长三角区域高等教育一体化发展还应通过相关协作项目来推进。该地区长期以来的实践探索历程已经说明了若干"一体化"项目实施的必要性和重要性。为此，应在现有项目实施的基础上，遵循"先易后难"的推进原则，有限度、有计划地围绕高校部分基础设施资源共享、课程互选、学分互认、学生互换、教师互聘、高端人才联合培养以及重大科研项目协同攻关等，进一步开发实施一体化相关项目，既要包括同层次、同类别高等教育机构之间的横向一体化项目，也要逐步探索增加不同层级、不同属地或属性高等教育机构（如研究型本科高校、应用型本科高校及高职高专院校）之间的纵向一体化项目。

另外，考虑到某些地区高校空间、硬件和信息化资源紧张等问题，可以引入大数据思维，通过建设区域化现代信息技术网络平台助推优质高等教育资源的联通、融合。如，2020 年 12 月，长三角一市三省教育技术学术团体成立"长三角高校教育信息化创新发展联盟"，与高校合作推进智慧教育教学环境建设，用虚拟空间弥补实体空间资源不足，提升长三角信息化课程、教学及研究水平;① 再如，华东师范大学国家教育宏观政策研究院正在积极筹建长三角

---

① 江苏省高等学校教育技术研究会 ."长三角高等教育信息化创新发展联盟"成立［EB/OL］.（2020-12-08）［2021-01-21］. http：//www. jset. org. cn/103/1/1/news. html.

教育发展数据库，以便监测长三角高等教育发展质量，研究高等教育发展动态，为国家提供长三角区域高等教育一体化发展的相关决策依据①等。这些都是很好的尝试，可进一步推进。

同时，也必须看到尽管已经开展了各种各样的项目，但是在相当大程度上仍存在形式大于内容、主体参与度不均以及责任和义务分担不均等现实问题，其主要原因在于缺乏科学合理的制度安排。由此可见，问题解决的关键必然离不开前三个层面的行动举措，这就要求促进"自上而下"与"自下而上"双向路径的全面对接。

（五）重视发挥监测评价的积极导向和改进作用

评价具有鉴定、激励、诊断、调节及改进的功能，科学评价事关建设导向。为了能从更深层次探明长三角区域高等教育一体化发展进程中存在的问题，明晰下一步路径选择，有必要对其一体化水平进行监测评价。然而囿于技术手段和数据获得等，目前该项工作进展不利。从长远来看，需要构建一套科学合理的一体化水平评价指标体系，充分发挥"以评促发展"的积极导向作用，从而为持续推进区域高等教育一体化发展提供指引和保障。对此，下文将另起一章，专门用于构建长三角区域高等教育一体化水平评价指标体系（见本书第七章）。

三、正确处理好一体化进程中的若干关系

本书开篇即已提出，推动长三角区域高等教育一体化发展其实是对我国区域高等教育改革发展新模式的重要探索。在这样一项重大的教育改革行动过程中，不可避免地要化解一些"旧关系"，同时应对一些"新关系"。究竟存在哪些重要关系以及如何处理是另一个需要面对的现实问题，也统一于整个区域高

---

① 资料来源于一位被访者的介绍。

等教育一体化发展进程中。为此，在参考相关研究文献，① 同时综合被访者的一些建议，我们于本次调查问卷中共列举了以下7组主要关系（图6-8），在此基础上让参与调研者进行多项选择。

从图6-8中可以看出，除了"政府与市场"和"中央政府与省（市）级政府"这两组选择的人数相对较少以外，另外5组选择的人数均达到了一半以上，特别是"政府主导与高校自主""有序竞争与分工合作"以及"一体化与多元化"三组选择的人数明显更多。由此可见，为了推动长三角区域高等教育一体化发展，在需要妥善处理的若干关系当中，当前高等教育改革决策者与相关实践主体更应关心的是政府主导与高校自主的关系、有序竞争与分工合作的关系、一体化与多元化的关系。

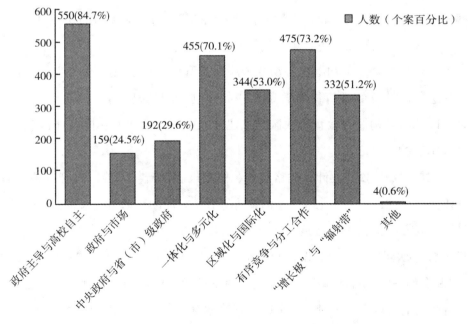

图6-8　推动区域高等教育一体化发展需要处理的关系

---

① 丁晓昌. 长三角高等教育联动发展的实践与思考[J]. 中国高教研究，2010（8）：13-17.

本 章 小 结

基于本书形成的结论性认识，并在他人研究成果的基础上，本章对长三角区域高等教育一体化发展的推进策略进行了探索性研究。同时，通过调研分析，结果表明本书提出的"一极三区一高地"战略目标以及多措并举、"上下"配合的推进策略，大体上为高等教育改革决策者与相关实践主体所认可。

首先，结合相关政策和发展需求，本书提出了长三角高等教育"一极三区一高地"的战略目标，即努力把长三角地区打造成为全国高等教育（包括国际高等教育服务贸易）的增长极，区域高等教育一体化发展的样板区和示范区、率先实现高等教育现代化的引领区，新时代高等教育改革创新的新高地。

其次，研究提出以下具体推进策略：

一是从综合改革和微观行动两个层面来看，调研发现，相关主体更认可率先进行高站位的教育综合改革层，如共创长三角高等教育综合改革试验区，改革与重构高等教育行政区划来建立长三角高等教育功能主体区成为综合改革层的重中之重。

二是主要从顶层设计和战略规划、体制机制创新与完善、政府主导推动、一体化项目推进、一体化水平监测评价等五个方面的行动路径来看，调研结果显示，五方面均在不同程度上得到相关主体的认可，且"体制机制创新与完善"被认为最重要，"顶层设计和战略规划"紧跟其后。因此我们提出采取"上下"配合的一体化行动和举措，即进行科学的顶层设计和战略规划，加强一市三省政府的协调主导力量，健全区域高等教育一体化发展机制（包括长三角区域高等教育领导统筹机制、高校合作与竞争机制、高等教育资源共建共享机制、协调推进与激励保障机制），进一步开发实施一体化相关项目，重视发挥监测评价的积极导向和改进作用等。

　　除此之外，调研结果还显示，为了推进区域高等教育一体化进程，在需要正确处理的若干关系中，有三组关系特别为相关主体所关心，分别是：政府主导与高校自主的关系、有序竞争与分工合作的关系、一体化与多元化的关系。

第七章　进一步探索：以长三角区域高等教育一体化水平评价指标体系构建为例

我仅知道社会的最高决策权不在别处，就在人民手中。如果我们认为人民不够开化，难以行使理智的决定权，那么，补救的方法不是将此决策权从他们手中收回，而是给他们指明方向。

托马斯·杰斐逊(T. Jefferson)①

评价之所以如此重要，是因为它事关建设导向，其结果既是对当期建设行为的评定，也是后期建设行为的起点，② 具有促进建设与发展的重要作用。在前面所作的调研中，结果亦"验证"监测评价是长三角区域高等教育一体化发展不容忽视的推进策略之一。同时从国际经验来看，欧洲高等教育一体化改革成功实践经验已表明，相应的定期监测与检查评估制度显著促进了一体化发展进程，③ 如由博洛尼亚进程后续工作组负责开展的一体化"水平评估"以及将部分任务承包给专门的研究中心去做独立评估报告等，都是评价推进策略发挥积极导向作用的有力证明。

---

① ［美］埃贡·G. 古贝，冯伊娜·S. 林肯. 第四代评估［M］. 秦霖，蒋燕玲，等，译. 北京：中国人民大学出版社，2008：4.
② 李学良，冉华，王晴. 区域教育现代化监测评价指标体系的构建与实施研究——以苏南地区为例［J］. 教育发展研究，2020（2）：27-33.
③ 王超，王秀彦. 动力机制与阻力因素：欧洲高等教育一体化改革的启示［J］. 教育研究，2012（1）：148-151.

简言之，综合调研结果和国际经验来看，推进长三角区域高等教育一体化进程，需要重视实施"以评促发展"的推进策略。评价的前提是要研制一套科学的评价指标体系，只有科学合理的评价指标体系才有可能实现以评促发展的目的，因而构建综合评价指标体系是一项基础而又非常重要的任务。

鉴于此，本章尝试将一体化发展目标层层分解，以此构建一套综合评价指标体系的初步框架；然后采用 Delphi 法对评价指标进行修订和完善；最后利用层次分析法确定指标权重，并建立纵向时间序列水平可比的区域高等教育一体化水平评价标准，进一步探讨评价指标体系的应用性。其目的在于今后纵向监测评价长三角区域高等教育一体化水平，及时诊断一体化发展推进过程中存在的问题，更有针对性地实现高等教育区域一体化发展目标。

第一节 "以评促发展"策略选择的缘起

如前文所述，长三角地区高等教育区域化发展已经经历了较长时间的"一体化"探索和实践，但当前人们对其主观评价打分悬殊，其实质进程及成效似乎"不得而知"，主要是囿于发展时间有限和数据获取难度大。已有研究文献多聚焦长三角区域高等教育一体化发展的基本动因、本质内涵、问题剖析及具体对策建议方面，有关长三角区域高等教育一体化发展的评价研究至今寥寥无几。实际上，针对长三角区域高等教育一体化水平的科学评价无疑是将一体化发展从理念层面带入操作层面的重要环节，这其实离不开科学有效的评价指标体系。毋庸置疑，科学评价指标体系既是发展目标的真实表达，也是具体的任务书和路线图，更是持续优化相关长效发展机制的有力保障。因此从长远看，亟须重视并加强对长三角区域高等教育一体化发展的监测评价，发挥好"以评促发展"的积极导向作用，形成相关激励问责机制，进而为持续推动一体化发展进程保驾护航。

正是基于这样的现实需要，本书试图建立一套能够反映长三角区域高等教育一体化发展行动目标及基本特征的综合评价指标体系，这对全面掌握区域高等教育一体化发展进程及成效、及时诊断其中可能存在的问题、科学制定决策方案等具有重要的理论价值和实践意义。对此，首要问题就是如何构建有较高效度的评价指标体系。

一、区域一体化发展评价研究及其启示

从逻辑上讲，区域一体化和区域（高等）教育一体化在某种程度上具有相对上下位之关系。相应地，有关区域一体化发展综合评价的研究文献将能够为下文构建长三角区域高等教育一体化发展评价指标体系提供一定的理论支持和方法借鉴。

（一）国际上区域一体化发展评价研究及其启示

在区域一体化发展评价研究中，学界主要通过构建科学可比的多维指标体系进行综合性评价。如 Lombaerde 以理论逻辑和相关文献分析为基础，在《区域一体化评估与测量》（*Assessment and Measurement of Regional Integration*）中系统地探讨了设计区域一体化监测工具所涉及的方法问题，针对如何研制区域一体化监测指标体系提出了具体建议，并专门以独立的一章构建了包括"政治一体化、经济一体化、社会一体化、军事一体化"四个一级指标构成的"四位一体"区域一体化监测指标体系，虽然未明确将教育作为区域一体化的一个重要维度或其中子维度之一，但把"邻国学生占学生总数的比例""区域科学网络密度""专题研究"等子观测指标归为社会一体化的若干子维度，[1] 这间接地将教育一体化放在区域一体化发展全局的视角进行评估，也能够为后续进一步分解区域高等教育一体化发展指标提供参考依据，比如可以考察高校学生跨地区跨校流动情况、区域内高校各类学生数占全国的比例、区域合作开展科学研究情

---

[1] Lombaerde P D. *Assessment and Measurement of Regional Integration* [M]. London: Routledge, 2006: 232-251.

况等。类似的文献还有，Estrada 基于全球视角，构建了涵盖"政治、社会、经济、技术"四个层面的区域一体化全球维度模型，其中在社会层面中就包括公共教育指标这一子要素，并包括"区域内的公立教育培训学校数、大学数"等子观测要素。① König 和 Ohr 利用主成分分析法构建了涵盖"市场统一性、要素同质性、成员国发展对称性、制度环境一致性"四维度的欧洲经济一体化评价指标体系，进而通过合成"欧盟指数"(the EU index)来综合评估欧盟一体化进程，并用以研究发现欧盟各成员国之间的异质性。②

上述置于国际背景下构建的区域一体化评价指标体系，相通之处在于将区域一体化发展视为一个复杂的系统，尽可能从多层面、多维度、多指标对涉及区域发展的方方面面进行综合考量，重点凸显区域经济社会发展的区域一体化属性。聚焦国内长三角区域，尽管不会像上述国与国一体化发展那样，需要面临诸如文化、种族、宗教、语言以及国家政权等多方面的冲突或鸿沟，但同样会形成一个基本涵盖经济、社会、体制机制等领域的指标框架，同时又赋予长三角区域一体化发展自身的内涵以及中国特色和区域特点。国内学界越来越认识到对长三角区域一体化发展进行科学评价尤为必要且迫切，并提出要以构建综合指标体系为基础。③

(二) 长三角区域一体化发展评价研究及其启示

近年来，有关长三角区域一体化发展评价的研究开始陆续出现。从评价对象来看，相关文献大体可分为以下两大类。

一类是长三角区域一体化发展综合评价研究。例如，李世奇和朱平芳借鉴

---

① Estrada M A R. The Global Dimension of Regional Integration Model (GDRI-Model)[J]. *Modern Economy*, 2013(4)：346-369.

② König J, Ohr R. Different Efforts in European Economic Integration：Implications of the EU Index[J]. *Journal of Common Market Studies*, 2013, 51(6)：1074-1090.

③ 刘志彪, 等. 长三角区域经济一体化[M]. 北京：中国人民大学出版社, 2010：103.

欧盟一体化发展指数的多维评价思路，构建了包括"市场统一性、要素同质性、发展协同性、制度一致性"四个一级指标的长三角区域一体化发展评价指标体系，用以实证分析长三角整体及各省份的一体化程度。① 刘志彪和孔令池基于区域一体化发展实践的逻辑主线和有关文献资料，构建了一套包括"空间一体化、市场一体化、产业一体化、创新一体化、交通一体化、信息一体化、贸易一体化、公共服务一体化、生态环境一体化、制度一体化"十个一级指标的综合评价体系，其中教育均出现在创新一体化和公共服务一体化的子指标层中。② 顾海兵和张敏在分解一体化发展内、外在动力的基础上，构建了涵盖"市场一体化、产业一体化、基础设施一体化、公共服务一体化、政策体制一体化"五向度的区域一体化发展评价指标体系，其中教育一体化作为公共服务一体化的一个重要维度出现在三级指标层。③ 曾刚和王丰龙借鉴全球城市竞争力、城市流计算模型及其指标，构建了包括"经济发展、科技创新、交流服务、生态保护"四维度的长三角区域一体化发展能力评价指标体系，其中明确把高等教育系统中的"双一流大学数量"作为科技创新的一个子观测要素。④ 总体而言，此方面的研究在指标体系构建上偏向对关键领域一体化发展现状的整体性考察，相对忽视对区域一体化发展效果的评价。对此，有研究者以相关政策规划为依据，构建了包含"地区均衡发展、全面开放发展、城乡协调发展、社会协调发展、资源环境协调发展"五个一级指标的长三角区域一体化程度评价指标体系，并囊括教育协调发展子目标。⑤

① 李世奇，朱平芳. 长三角一体化评价的指标探索及其新发现[J]. 南京社会科学，2017(7)：33-40.

② 刘志彪，孔令池. 长三角区域一体化发展特征、问题及基本策略[J]. 安徽大学学报(哲学社会科学版)，2019(3)：137-147.

③ 顾海兵，张敏. 基于内力和外力的区域经济一体化指数分析：以长三角城市群为例[J]. 中国人民大学学报，2017(3)：71-79.

④ 曾刚，王丰龙. 长三角区域城市一体化发展能力评价及其提升策略[J]. 改革，2018(12)：103-111.

⑤ 姚鹏，王民，鞠晓颖. 长江三角洲区域一体化评价及高质量发展路径[J]. 宏观经济研究，2020(4)：117-125.

另一类是某一领域或其中某一重要方面区域一体化发展评价研究。例如,有研究者运用定量方法分别对长三角区域市场一体化水平、① 区域产业一体化进程、② 区域基本公共服务一体化水平、③ 区域旅游一体化进程④以及区域空间结构及其一体化进程⑤等进行了测度和分析。有研究者定性评估了长三角区域交通一体化水平。⑥ 再有,如周立群和夏良科把大量定量和定性指标相结合,基于市场一体化和政策一体化两个层面,利用层次分析法和标准差值法,构建了包含"城市间联系度、产品市场同一度、政府效能同一度、市场化同一度、经济发展趋同、政府规划、政策认同度、一体化效率、协作发展程度"十个二级指标的区域经济一体化程度评价指标体系。⑦ 尽管这两类文献的评价思路并不适用于教育领域的区域一体化发展评价,但相关研究在评价时所使用的综合化、指数化方法值得参考,也就是按照总体评价目标设置多层次、多维度的评价指标,并通过确定指标权重来计算相应的一体化发展指数。另外,如果说前一类文献是基于宏观层面的研究,那么后一类则是细化和深入该主题研究的产物,而教育同样作为其中一个相对独立的领域,这启示研究者开展区域高等教育一体化发展评价研究必要且可行,尤其在评价方法方面具有较强的借鉴意义。

---

① 杨凤华,王国华. 长江三角洲区域市场一体化水平测度与进程分析[J]. 管理评论,2012(1):32-38.

② 张学良,李丽霞. 长三角区域产业一体化发展的困境摆脱[J]. 改革,2018(12):72-82.

③ 武义青,赵建强. 区域基本公共服务一体化水平——以京津冀和长三角地区为例[J]. 经济与管理,2017,31(4):11-16.

④ 周晋名. 区域旅游高质量一体化发展评价研究——以长三角为例[D]. 上海:上海师范大学硕士学位论文,2020:24.

⑤ 李培鑫,张学良. 长三角空间结构特征及空间一体化发展研究[J]. 安徽大学学报(哲学社会科学版),2019(2):148-156.

⑥ 熊娜,郑军,汪发元. 长三角区域交通高质量一体化发展水平评估[J]. 改革,2019(7):141-149.

⑦ 周立群,夏良科. 区域经济一体化的测度与比较——来自京津冀、长三角和珠三角的证据[J]. 江海学刊,2010(4):81-87.

借鉴上述研究文献，本书从定量和定性两个层面构建一套相对全面、适用可行的长三角区域高等教育一体化水平综合评价指标体系。同时，考虑到目前相关统计数据极为匮乏的现实情况，在借鉴上述区域一体化发展综合评价方法的基础上，引入层次分析法来确定各评价指标的权重值，既是对现有文献的有益补充，也为后续深入研究提供理论参考。

二、对长三角区域高等教育一体化发展评价的初步讨论

目前专门针对（长三角）区域教育一体化发展评价的研究较少见到，更不用说区域高等教育一体化发展的评价研究了。从严格意义上说，只有一些具有对策建议性质的讨论，例如，张大良曾在中国高等教育博览会上针对区域高等教育改革与发展的紧迫性问题指出，要"在区域内组建大学合作发展共同体"，要"实施校际教师互聘、学生互换、学分互认，区域内高校建设联合学位、合作开设课程、共建联合实验室和转化基地等"，① 这可以从区域联动发展、高等教育系统内部协调度、资源共享度等层面为长三角区域高等教育一体化发展提供一定目标指引和行动方向，可以尝试将其部分内容纳入评价范畴。熊思东借鉴区域教育现代化多维指标体系的评价思路，提出在兼顾教育公平、教育质量、教育开放的基础上，应重点从高校课程开放、高校教学合作、大学生学分转化与认定、高校师生流动以及其他优质高等教育资源共享、科研合作与攻关等具体指标来研制长三角区域高等教育一体化发展指标体系。② 二者讨论的相同之处在于都十分关注区域高等教育的开放性与共享度。袁晶和张珏认为应当根据党中央对长三角区域一体化发展的总体战略部署、国务院的相关指导意见、《长三角地区教育更高质量一体化发展战略协作框架协议》、《长三角地区教育一体化发展三年行动计划》以及未来高等教育一体化发展可能面临的新挑

---

① 张大良. 中国高等教育博览会：促区域高教资源更自由流动［EB/OL］.（2019-10-21）. http：//district. ce. cn/newarea/roll/201910/21/t20191021_33391687. shtml.

② 陈彬，温才妃，袁一雪，等. 高等教育与区域发展如何同频共振［N］. 中国科学报，2019-03-13（5）.

战和新需求等来研制长三角区域高等教育一体化发展监测评价指标体系，其中应当包括领导管理层级协作水平、高质量的高等教育资源共享度、区域内高校协作项目推进及保障水平、区域内高等教育共建共享平台建设水平、一市三省人才交流与合作水平、一体化的人才培养创新度等多指标维度，① 此观点相对更加全面，在强调区域高等教育开放与共享的同时，关注到高等教育区域统筹规划、深层次合作(协作)、联动发展等方面的必要性和重要性。

上述理论探讨对下文构建长三角区域高等教育一体化水平综合评价指标体系具有重要的参考和指引价值。

第二节　长三角区域高等教育一体化水平
评价指标体系的构建

一、评价指标体系构建的原则

经济合作与发展组织(OECD)在《复合指标构建手册》中指出，决定复合指标的选择是否合适至少应包括主体相关性、合理性、可观测性三个基本标准。② 其中，主体相关性是指所有指标均与评价对象具有不同程度的相关关系，且整体上能够表征评价主题；合理性主要用于考查评价指标选择、数据获取及技术方法等是否合适、精准、可靠；可观测性则要求最终所构建的评价指标体系是科学、可操作的。有学者指出综合评价指标体系的设计应重点遵循目的性、完备性、可操作性、独立性、显著性与动态性等六项原则。③ 综合这些

---

① 袁晶，张珏. 长三角区域高等教育一体化发展：动因、内涵与机制创新[J]. 中国高教研究，2019(7)：33-38.

② OECD. *Handbook on Construction Constructing Composite Indicators：Me*[M]. France：OECD Publications，2008：18-45.

③ 彭张林，张爱萍，王素凤，等. 综合评价指标体系的设计原则与构建流程[J]. 科研管理，2017，38(4)：209-215.

观点，结合长三角地区高等教育事业改革与发展的实际情况，本书在构建长三角区域高等教育一体化水平评价指标体系过程中，将遵循以下基本原则。

（一）目的性与导向性原则

目的性本是研制综合指标体系的首要原则。就本书而言，构建的综合评价指标体系既是对长三角区域高等教育一体化发展目标的真实表达，也是行动框架和路径的具体化描述。因此，该评价指标体系的设计需要真实反映综合评价意图，能够准确描述区域高等教育一体化发展的基本内容及特征，同时基于"以评促发展"的评价目的，也要为提升长三角区域高等教育一体化发展水平提供努力方向及行动路径，充分发挥积极导向作用。

（二）系统性与针对性原则

长三角区域高等教育一体化发展本身是一项复杂性、系统性工程，其评价体系应当具有系统性。在构建指标体系时应从多维度、多层面、多指标综合考量评价对象属性，尽可能做到评价指标选取全面而不冗余、综合而不繁杂，形成一个具有整体性的评价指标体系。同时各指标之间要具有一定逻辑关系，能够反映区域高等教育一体化发展的内涵与外延、行动目标的基本特征及主体间相互关系。另外，也要正确处理好普遍与特殊的关系，结合长三角区域一体化发展的总体战略部署和高等教育事业发展的特殊情况，以增强评价指标体系的针对性。

（三）科学性与可操作性原则

科学的评价指标体系直接影响着评价结果的精准性与可靠性。这就要求制定的长三角区域高等教育一体化水平评价指标体系要有一定的理论基础，要与实践发展相吻合，同时引入的评价方法必须适用可行。或者说，指标体系的构建应尽可能简化、可观测，要注意各项指标的数据信息是否可获取、可操作以及观测成本如何，尽可能摒弃那些只停留在理论层面而无实践意义，或观测成本过高的指标，使整个评价体系具有较好的实用性和可行性。

(四) 相对独立性与代表性原则

评价指标体系中的不同指标间要尽可能相互独立，同一层次的指标间也应尽可能不重叠、不交叉。评价指标体系设计如果不能保持良好的独立性，不仅会造成巨大的指标冗余，加大数据观测和处理成本，而且交叉重合指标也会"分享"总体权重，限制关键指标与整体评价的科学性。因此，各指标的相对独立性与代表性是构建该评价指标体系必须遵循的又一原则。在具体操作过程中，要尽量优化筛选具有代表性的关键指标，提高评价指标体系的清晰度和可读性。

(五) 客观性与主观性相结合原则

在综合评价过程中，将定性和定量评价相结合无疑能增强评价的实际效果。对长三角区域高等教育一体化水平评价是一个兼具主、客观判断的综合评价过程，在设计指标时要充分考虑数据的可得性。可观测指标的选取应以客观且相对容易获得的数量型指标为主，部分主观性指标为辅。由于目前并未形成基于区域高等教育一体化发展评价的相关原始统计数据库，可直接获得的数据资源十分有限，可以尝试加工部分常用客观数据或选取替代指标，增强评价的可靠性。对于部分定性指标(如完成度、知晓度、认可度/满意度等)，可以通过专家打分或者补充大型问卷调研等方式获取数据信息，再使用统一的标准进行量化赋值。

(六) 相对稳定性与动态性相结合原则

长三角区域高等教育一体化水平综合评价指标必须要符合当前现实要求，在一定时空内具有相对稳定性。但对于更高质量一体化发展的进程与成效评价又是一个动态过程，随着相关因素的变化发展及评价目标的变动，既有的评价指标并非一成不变，需要进行动态调整。当区域高等教育一体化发展的所有评价目标及标准全部实现时，需要剔除或增加某些指标，甚至要考虑重新设计评价指标体系。

二、评价指标体系的设计

如何在众多相关指标中筛选出能够反映区域高等教育一体化水平，且便于操作的代表性、关键性指标作为评价指标，从国际教育指标选择及其应用来看，其中一个重要特点就是进行指标的综合化、指数化处理,① 这就需要将多个指标分层、聚类，通过建立一个综合评价指标体系来描述这一目标系统的发展状况。对此，对长三角区域高等教育一体化水平评价可以基于一体化发展目标来构建综合评价指标体系，各个行动目标及其方案将体现一体化发展的基本内涵、本质特征和内在逻辑机理。

(一) 一级指标选取

区域高等教育一体化发展作为一种介于高度行政集权("有形的手")和无限市场配置("无形的手")之间的新型高等教育空间组织形式，是一种新型的区域高等教育改革发展模式。基于前文概念界定，结合我国高等教育事业改革发展兼具从属性与独立性的"双重属性"，推动区域高等教育一体化发展必须遵循"自上而下"和"自下而上"的双向行动路径，以内、外部动力原理作为总体机理和逻辑机制(外部压力驱动+内生动力驱动)，因此重点确立和实施以下行动目标。

1. 统一与统筹

"统一与统筹"(A1)既是推动区域高等教育一体化发展的基本前提，也是

---

① 曾天山，吴景松，崔洁芳，等. 国际教育指标的选择、应用与借鉴[J]. 教育发展研究，2015(1)：21-26.

其行动实施的第一步，主要是指在特定经济社会发展背景(如长三角区域一体化发展)下，通过某种强大力量对集中于特定区域内的不同层级、类别、特点的高等教育机构进行调整组合，形成一个具有相互关联性的空间集聚体，并由教育行政部门统一规划、统一布局、统筹治理。从动力驱动看，"统一与统筹"则是实现区域高等教育一体化发展总目标最为直接的外部压力驱动。

首先，鉴于区域空间结构(空间一体化)是一个集聚区域最基本的属性,① 也是促进区域一体化发展的重要载体,② 因而讨论区域高等教育一体化发展同样需要建立在自身空间一体化发展的基础之上。其次，长期以来，政策是我国高等教育改革发展的主要驱动力，离开必要的外部政策环境支持谈创新改革，难免会出现"孤岛现象"。况且"大一统"自古以来就是中国的制度传统，此种制度下必然要求高等教育改革应遵循"政令出于中央"的一贯逻辑。③ 基于此，国家可根据区域经济社会发展需要来统一研制并出台相关政策、法律法规，为区域高等教育改革发展新模式提供顶层方案和制度保障。另外，为响应国家战略要求，该区域也要在相应的一体化体制机制建设方面保持一致性。

毋庸置疑，仅仅依靠外部动力强制形成一个区域统一体，并非真正意义上的一体化发展，这就需要进一步从内部动力层面对长三角高等教育改革发展行动提出更高层次的要求。结合长三角一市三省的高等教育发展现状和既有合作基础，本书认为长三角区域高等教育一体化发展至少还应体现出高等教育系统及其各行动主体的联动与协同、协调与平衡、开放与共享等。

2. 联动与协同

区域高等教育联动与协同(A2)是指跨越行政边界的高等教育机构及其相

---

① 李培鑫，张学良. 长三角空间结构特征及空间一体化发展研究[J]. 安徽大学学报(哲学社会科学版)，2019(2)：148-156.

② 刘志彪，孔令池. 长三角区域一体化发展特征、问题及基本策略[J]. 安徽大学学报(哲学社会科学版)，2019(3)：137-147.

③ 王建华. 政策驱动高等教育改革的背后[J]. 清华大学教育研究，2019，40(1)：56-64.

关行动主体为推动区域高等教育一体化发展而主动进行的联动改革与协同发展等一系列的行动。它受内生动力驱动。

我国短期内不可能完全打破现有的行政区划，这必将给高等教育灵活应对区域一体化发展趋势带来巨大挑战。因此，有必要在长三角区域一体化发展进程中针对高等教育行政区划的改革与重构①作进一步探索，关键还在于联合共建长三角高等教育综合改革试验区，将整个长三角地区视为一个教育功能区，联合组建高等教育功能主体区，为区域高等教育联合共建和协同共治提供自主发展空间，同时必须以搭建相关平台和实施若干合作项目作为促进一体化发展的重要载体，进而持续推动高等教育走向高质量区域一体化发展阶段。

3. 协调与平衡

区域高等教育协调与平衡（A3）是指在区域内省域高等教育系统或高等教育空间单元自身及其与外部经济社会系统间的协调度，以及高等教育各子系统之间资源与结构的平衡性。

如果说"联动与协同"是重在强调整个长三角区域内部所有高等教育机构及其利益相关者之间为实现一定共同目标而联合采取同方向的行动，使得区域高等教育一体化得以进行，总体上是与"各自为政"相对而言的，那么，"协调与平衡"则侧重于进一步缩小省域之间的差距状况，诊断整体中可能存在的部分问题，总体上是与失调、失衡相对而言的。

4. 开放与共享

区域高等教育开放与共享（A4）是指区域优质教育资源及其要素的共用共享，以及整体高等教育品牌的共建共享，这是对推动区域高等教育一体化发展最为直接而显性的要求，同样受内生动力驱动。

鉴于高等教育国际化早已成为世界高等教育发展的重要趋势，其主要特征

---

① 崔玉平，陈克江. 区域一体化进程中高等教育行政区划改革与重构——基于长三角高等教育协作现状的分析[J]. 现代大学教育，2013（3）：63-69.

是开放性,① 可以预见随着经济全球化的不断发展，高等教育国际化必然是世界各国和地区高等教育改革发展无法回避的问题，世界各国和地区高等教育要在开放中求生存和发展。根据耗散结构理论（Dissipative Structure Theory），要使一个系统从杂乱无章的无序状态转变为井然有序状态，第一个要求就是开放。这意味着区域高等教育一体化发展必须做到相互开放、互利共享。这里的区域高等教育系统开放不仅包括针对区域内部的相互开放，还包括面向国际的对外开放，即人力资源和物质资源的跨国、跨地区流动。②

　　基于上述区域高等教育一体化发展的行动目标导向，遵循评价指标体系构建的各项原则，结合长三角教育一体化发展五年战略协作框架、三年行动计划等主要政策要求以及区域一体化发展评价研究成果，我们初步选取"统一与统筹、联动与协同、协调与平衡、开放与共享"4 个一级评价指标。

　　另外，为了确定区域高等教育一体化水平评价指标体系框架，本研究展开了问卷调查。调查问卷中共列出以下 8 个选项："统一与统筹""一致与趋同""同一与均衡""联动与协同""协调与平衡""开放与共享""合作与交流"和"其他（请注明）"，允许参与调研者选择他们认为最适合的选项（最多可选 4 项）用于评价长三角区域高等教育一体化水平。

　　调查结果显示（图 7-1），除极个别者勾选了"其他"选项但其原因或意见不得而知以外，"一致与趋同"（12.3%）和"同一与均衡"（12.8%）两个选项被勾选比例甚低，而"统一与统筹"（72.0%）、"联动与协同"（85.2%）、"协调与平衡"（75.8%）和"开放与共享"（88.4%）等四个选项是被勾选比例非常高的指标。

　　但要引起注意的是，"合作与交流"看似也是参与调研者所关心的指标，而实际上对该指标选择的比例（52.5%）又明显低于上述四个指标，特别是"开

---

　　① 顾明远．世界高等教育发展的基本趋势和经验［J］．北京师范大学学报（社会科学版），2006（5）：26-34.

　　② 钟秉林．大学的走向［M］．北京：商务印书馆，2015：43.

放与共享"指标，这是因为二者之间存在一定的交叉重合。严格来说，"开放与共享"尤其"共享"这一概念，顾名思义即共同拥有和分享，其活动过程将不可避免地涵盖"合作与交流"的各个方面和环节；反过来，若仅是一般性的交流或表层意义的合作就未必等同于"开放与共享"。同时也要兼顾到指标所表征的内容既不遗漏也不交叉重复，因此先考虑将"合作与交流"予以删除，保留上述被选比例排在前四的指标。

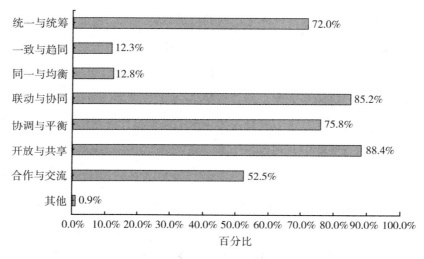

图 7-1　长三角区域高等教育一体化水平评价指标的选择情况

(二)二、三级指标选取

二级指标是依据长三角区域高等教育一体化发展的基本内涵及本质特征对上述一级指标的进一步解构，三级指标则是对二级指标的具体性解释或操作化定义，一般均为可观测或可测量的行为结果或特征。在上述一级指标确定的基础上，我们进一步构建出长三角区域高等教育一体化水平评价体系的二、三级指标库，如表 7-1 所示。

表 7-1 长三角区域高等教育一体化水平评价指标

一级指标	二级指标	三 级 指 标
统一与统筹(A1)	高等教育空间一体化(B1)	区域高等教育集群度：区位商(C1)
		区域高等教育投入或产出空间关联性：全局莫兰指数(C2)
	教育政策一体化(B2)	是否有国家层面的政策支持(C3)
		区域教育一体化发展规划、法律法规及协议数量(C4)
		区域内是否跨省开展教育政策对接(C5)
	体制机制一体化(B3)	是否成立长三角教育一体化发展决策领导机构(C6)
		是否形成长三角高等教育联合共管机制(C7)
联动与协同(A2)	联动发展与综合改革(B4)	是否联合共建长三角高等教育功能主体区(C8)
		是否共同设立高等教育综合改革试验区(C9)
	一体化平台与项目协同共建(B5)	区域内高校网络数据库交换互用平台覆盖率(C10)
		区域内各类特色高校联盟成立的数量(C11)
		区域内高校联合实验室建立的数量(C12)
		区域内高校科研成果分享转化基地建立的数量(C13)
		区域内高等教育一体化发展项目覆盖率(C14)
协调与平衡(A3)	高等教育系统协调度(B6)	一市三省高等教育内部协调度：内部协调指数均值(C15)
		一市三省高等教育外部协调度：外部协调指数均值(C16)
		一市三省高等教育综合协调度：内外部协调指数的加权平均值(C17)
	高等教育资源及结构平衡性(B7)	一市三省"双一流"建设高校数量差异性(C18)
		一市三省不同类型高校数量占比的离散程度(C19)
		一市三省高等教育资源互补性(C20)
		一市三省高校国家特色专业布点数占比的差异性(C21)
		一市三省高校课程设置合理性(C22)

续表

一级指标	二级指标	三 级 指 标
开放与 共享（A4）	优质高等教育资源 共享度（B8）	区域内高校"飞地"（异地）办学的数量（C23）
		区域内高校课程跨地跨校开设覆盖率（C24）
		区域内高校教师跨地跨校互聘人数占比（C25）
		区域内高校学生跨地跨校交换人数占比（C26）
		区域内高校学分转换与认定完成率（C27）
		区域内高校联合学位授予率（C28）
	高等教育整体外向 度（B9）	区域内与国际知名高校合作办学高校数（C29）
		区域内在校外国留学生数（C30）
	高等教育品牌共建 度（B10）	区域高等教育品牌形象的特色化塑造程度（C31）
		区域高等教育共建品牌的国内外知晓度（C32）
		区域高等教育共建品牌的国内外认可度/满意度（C33）

需指出的是，这里所呈现的评价指标体系仅是一个初步框架讨论稿，后续还将进一步咨询专家意见并以此为依据进行修订。

1."统一与统筹"维度下的二、三级指标

在"统一与统筹"准则层，初步设置高等教育空间一体化、教育政策一体化、体制机制一体化3个二级指标和若干个三级指标，并作如下说明和操作。

第一，高等教育空间一体化（B1）。主要考察高等教育在长三角地区间的空间分布情况，促使高等教育按照一定比例合理布局；检验高等教育某一属性特征在长三角全域范围内或各个地域单元与其邻居地域单元的同类属性特征是否存在空间自相关。在具体操作上，一是借鉴区域经济学中的区位商（Location quotient，LQ）①指标测算方法来分析长三角区域高等教育集群度（C1）。"高等

---

① 区位商又称专门化率，是由哈盖特（P. Haggett）首先提出并运用于区位分析中，可用于识别与检验某一区域要素的空间分布情况，反映某一产业部门的专业化程度，以及某一区域在高层次区域的地位和作用等。

教育产业"概念已在我国学术界和政策领域形成普遍共识，即承认高等教育是产业，具有生产性、产业性，①② 但针对"高等教育产业化"的激烈争论，③④⑤这里不予讨论。二是借助全局莫兰指数来检验整个长三角区域高等教育投入或产出空间关联性（C2）。

第二，教育政策一体化（B2）。主要考察国家层面有关推进长三角教育（包括高等教育，下同）一体化发展的政策支持力度；长三角区域内一市三省针对教育一体化发展出台专项政策、制定相关规划或签署合作协议等情况；各地高等教育改革发展政策的对接情况。已有研究表明政策一体化对促进整体一体化发展的影响作用最大，⑥ 从这个层面来看，我们有理由认为政策的力量在教育尤其高等教育领域同样能够起到至关重要的作用。当然，针对此方面很难选取量化指标，但可以将是否有国家层面的政策支持（C3），统计汇总长三角区域教育一体化发展规划、法律法规及各项协议的总数量（C4），以及区域内是否跨省开展教育政策对接（C5）作为观测指标。

第三，体制机制一体化（B3）。主要考察长三角区域教育一体化发展决策领导机构（如长三角教育一体化发展领导小组和长三角教育一体化发展研究院）的成立情况，以及高等教育更高质量一体化发展机制的建立与运作状况，分别以是否成立长三角区域教育一体化发展决策领导机构（C6）、是否形成长三角高等教育联合共管机制（C7）作为可观测指标。

2. "联动与协同"维度下的二、三级指标

① 邬大光，柯佑祥. 关于高等教育产业属性的理论思考[J]. 教育研究，2000（6）：35-39.

② 史秋衡. 高等教育产业理念比较及匡正[J]. 高等教育研究，2001，22（3）：35-38.

③ 王善迈. 关于教育产业化的讨论[J]. 北京师范大学学报（人文社会科学版），2000（1）：12-16.

④ 冒荣. 高等教育产业化的争论与启迪[J]. 中国统计，2001（9）：27-29.

⑤ 史秋衡. 论高等教育产业化趋势[J]. 厦门大学学报（哲学社会科学版），2002（5）：84-92.

⑥ 汤放华，吴平，周亮. 长株潭城市群一体化程度测度与评价[J]. 经济地理，2018，38（2）：59-65.

在"联动与协同"准则层，分别设置了联动发展与综合改革、一体化平台与项目协同共建 2 个二级指标和若干个三级指标，相关说明及其操作如下。

第一，联动发展与综合改革（B4）。主要考察长三角区域高等教育联动发展与综合改革的总体情况，分别以是否联合共建长三角高等教育功能主体区（C8）、是否共同设立高等教育综合改革试验区（C9）作为可观测指标。

第二，一体化平台与项目协同共建（B5）。主要考察长三角区域高等教育协作共享平台建设水平与一体化发展项目推进保障水平。推动区域高等教育一体化发展从务虚到务实、从宏观到微观，都必须依托一系列相关项目的实施，而良好协作平台的搭建又能够为各类项目从推出到实施助力。因此，有理由认为一体化平台与项目协同共建是高等教育一体化发展得以进行的特殊重要载体。主要观测指标包括：区域内高校网络数据库交换互用平台覆盖率（C10），覆盖率在此处定义为长三角一市三省交换互用网络数据库的高校数占区域高校总数的百分比；区域内各类特色高校联盟成立的数量（C11）；区域内高校联合实验室建立的数量（C12）；区域内高校科研成果分享转化基地建立的数量（C13）；区域内高等教育一体化发展项目覆盖率（C14），覆盖率在此处定义为长三角一市三省在开展教学/科研合作交流方面的高校数占区域高校总数的百分比。

3. "协调与平衡"维度下的二、三级指标

在"协调与平衡"准则层，设置高等教育系统协调度、高等教育资源及结构平衡性 2 个二级指标和若干个三级指标，相关说明及其操作如下。

第一，高等教育系统协调度（B6）。主要考察长三角一市三省高等教育系统之间及其与经济社会总系统之间的协调程度。在评价区域高等教育协调发展水平时，需要综合考虑内部协调度和外部协调度两个方面，并通过加权平均得到协调发展总指数。[①] 借鉴这一评价思路和方法，设置以下三个观测指标：

---

① 此处参考崔玉平等学者的处理方法，"由于内部协调水平较高，区分度不大，且外部经济社会发展对高等教育内部协调发展影响较大，故设定内部协调指数与外部协调指数的权重分别为 0.3 和 0.7"。参见论文正文：崔玉平，张弘. 我国省域高等教育协调发展水平的量化评价[J]. 现代大学教育，2015(5)：84-91.

一市三省高等教育内部协调度(C15),以一市三省高等教育内部投入与产出的协调指数的算术平均值来表示。具体测算方法及程序如下:首先,估算一市三省各自高等教育投入与产出水平得分在全国的排名位置并由高至低排序,得到对应的排序名次分别为 SI_i 和 SO_i(i 取值为 1,2,3,4),数值越小代表排序名次越靠前;然后,计算一市三省各自对应的等级差 $D_{1i} = |SI_i - SO_i|$,进而可转换为一市三省各自的高等教育内部协调指数 $C_{1i} = 1 - \dfrac{D_{1i}}{n-1}$($n$ 为参与排序的省域数,$0 \leqslant C_{1i} \leqslant 1$);最后,对这四个协调指数进行算术平均即可得到该区域高等教育内部协调指数 C_1。如果某区域高等教育投入的排序名次远高于其产出的排序名次,表明该区域高等教育系统的投入相对过剩而产出相对不足,这属于内部资源配置不协调;但是,如果投入的排序名次远低于产出的排序名次,表明投入相对不足而产出相对过高,反而很可能存在资源过度消耗和持续发展困难的问题,这也属于内部资源配置不协调。

一市三省高等教育外部协调度(C16),以一市三省高等教育系统与外部经济社会系统之间的协调指数的算术平均值来表示。采用与上述相同的测算方法,具体程序为:首先,估算一市三省各自高等教育发展水平(投入与产出之和)、经济社会发展水平综合得分在全国的排序名次并由高到低排序,对应的排序名次分别为 SE_i 和 SS_i(i 取值为 1,2,3,4),数值越小亦代表排序名次越靠前;然后,计算一市三省各自对应的等级差 $D_{2i} = |SE_i - SS_i|$,进而可转换为一市三省各自的高等教育外部协调指数 $C_{2i} = 1 - \dfrac{D_{2i}}{(n-1)}$,且 $0 \leqslant C_{2i} \leqslant 1$;最后,对这四个协调指数进行算术平均即可得到该区域高等教育外部协调指数 C_2。如果某区域高等教育发展水平的排序名次远低于其经济社会发展水平的排序名次,说明该区域的高等教育发展水平相对滞后于经济社会发展水平,显然存在不协调的状况;但是,如果高等教育发展水平的排序名次远高于经济社会发展水平的排序名次,则说明该区域高等教育呈现出"超前发展"态势,其实也存在不协调的状况。

一市三省高等教育综合协调度（C17），可通过计算上述内部协调指数和外部协调指数的加权平均值来表示，其计算公式为 $C = C_1 \times 0.3 + C_2 \times 0.7$。

第二，高等教育资源及结构平衡性（B7）。综合使用量化指标和质性指标、正向指标和负向指标设定以下可观测指标：

一市三省"双一流"建设高校数量差异性（C18），差异性为负指标，通过计算变异系数 CV（Coefficient of Variation）来度量。$CV = (SD \div Mean) \times 100\%$，其中：SD 为标准差，Mean 为平均值，下同。

一市三省不同类型高校数量占比的离散程度（C19），如此设置是出于两方面的考虑：一是根据区域一体化发展要求，原本相互独立的一市三省应该在各自优势的基础上进行分工，离散程度能在一定程度上反映高校类型的异质性，整体中的各个部分只有存在较大的异质性才有条件进行有序竞争和分工协作。二是为了方便操作。首先将高校分为研究型、应用型、技术型三种类型，然后分别计算各个省份三种类型高校分别占区域内高校总数的比例，最后计算同一省份三种类型高校数量占比的标准差并加总后得到总体的离散程度，此处设为正指标。

一市三省高等教育资源互补性（C20），为质性指标，通过专家打分后进行无量纲化处理，使其值处于 0~1 之间。

一市三省高校国家特色专业布点数占比的差异性（C21），用差异系数度量，设为负指标，先分别计算一市三省各自拥有国家特色专业布点数占长三角地区专业总数的百分比，然后计算总体变异系数 CV 值，再作反向赋分（CV 值越大，其赋值越小）。

一市三省高校课程设置合理性（C22），为质性指标，亦通过专家打分后进行无量纲化处理，使其值处于 0~1 之间。

4. "开放与共享"维度下的二、三级指标

在"开放与共享"准则层下，设置优质高等教育资源共享度、高等教育整体外向度、高等教育品牌共建度 3 个二级指标，以及由量化和质性相结合的若干个三级指标，具体说明及操作如下。

第一，优质高等教育资源共享度（B8）。主要考察长三角区域内高质量的

高等教育资源共享程度及人才交流与合作情况。共享度是一项十分重要的考察内容，具体包括：区域内高校"飞地"（异地）办学的数量（C23）；区域内高校课程（包括"线上"和"线下"课程）跨地跨校开设覆盖率（C24），覆盖率在此处定义为一市三省大学生获得跨地跨校课程学习的人数占区域高校在校生总人数的百分比；区域内高校教师跨地跨校互聘人数占比（C25）；区域内高校学生跨地跨校交换人数占比（C26）；区域内高校学分转换与认定完成率（C27），此处的完成率是指在长三角区域成功获得学分转换与认定的大学生数占总体申请学生人数的百分比；区域内高校联合学位授予率（C28），是指在长三角区域获得联合学位的本地大学生数占总体学位获得人数的百分比。

第二，高等教育整体外向度（B9）。主要考察长三角区域高等教育系统整体面向国际的开放程度，以区域内与国际知名高校合作办学高校数（C29）、区域内在校外国留学生数（C30）作为代表性指标。

第三，高等教育品牌共建度（B10）。该指标以整体、发展的眼光来审视整个长三角地区高等教育产业的品牌资产，期望通过特色化形象塑造和优质人才与科研产出合力打造一个共同拥有的高等教育品牌。主要观测指标包括：区域高等教育品牌形象的特色化塑造程度（C30）、区域高等教育共建品牌的国内外知晓度（C31）、区域高等教育共建品牌的国内外认可度/满意度（C32）。

三、评价指标体系的修订

（一）咨询专家基本情况描述

为检验上述初始评价指标体系的科学性与合理性，本书采用 Delphi 法针对指标项目做出评议。课题组最初邀请了 26 位来自一市三省教育行政部门、高校、教育科学研究院等有关单位的领导和专家学者，在第一轮专家咨询中共有 19 人反馈了评价结果。专家组基本情况的描述性统计详见表 7-2。

表 7-2　咨询专家基本情况的描述性统计

项　　目		人数	占比（%）	项　　目		人数	占比（%）
性别	男	16	84.2	职称或职务	正高或处级及以上	12	63.2
	女	3	15.8		副高或副处级	5	26.3
年龄	30 岁以下	0	0.0		中级或科级	1	5.3
	30~39 岁	3	15.8		其他（请注明）	1	5.3
	40~49 岁	7	36.8	目前从事的主要专业领域	高等教育学	12	63.2
	50~59 岁	8	42.1		其他各类教育学	4	21.1
	60 岁及以上	1	5.3		管理学或经济学	1	5.3
受教育程度	大专或本科	0	0.0		其他（请注明）	2	10.5
	硕士	2	10.5	从事该专业领域研究的时间	5 年以下	2	10.5
	博士	17	89.5		5~10 年	2	10.5
目前所从事的职业	政府或非高校事业单位行政管理人员	2	10.5		11~20 年	4	21.1
	高校专职行政管理人员	2	10.5		21~30 年	8	42.1
	高校专职教师	5	26.3		30 年以上	3	15.8
	科研院所专职研究人员	4	21.1				
	其他（请注明）	6	31.6				

注：目前所从事的职业中，选择"其他"选项者多为"双肩挑"，即同时兼任管理岗位和专业技术岗位。

这 19 位专家的年龄介于 30~64 岁，他们绝大多数受教育程度为博士，具有高级职称或职务，主要从事高等教育及相关专业工作，且目前所从事的专业研究达到 10 年以上者占本次专家组总人数的 79.0%，20 年以上者占 57.9%，30 年以上者占 15.8%。由此说明，本次专家咨询具有较好的权威性和代表性。

（二）专家咨询结果统计分析

1. 专家积极系数、权威系数及意见协调系数

其一，专家积极系数反映的是专家对所咨询主题的关心程度和实际参与

情况，一般用专家咨询问卷的有效回收率来表示。由表 7-3 可知，两轮专家积极系数分别为 73.08%、85.71%，可认为专家对本书研究项目的参与情况良好。

表 7-3　两轮专家咨询的积极系数

项 目 次 数	第一轮	第二轮
专家咨询问卷发放数	26	14[a]
专家咨询问卷回收数	19	12
问卷回收率(%)	73.08	85.71

注：a. 对于第一轮咨询中明确表示对评价指标不熟悉或应答情况不佳的专家，没有再发放第二轮咨询问卷；第二轮咨询中有一部分问卷是通过打电话或发微信等方式仅就修改后的指标重新与专家解释沟通。

其二，专家权威系数(C_r)反映的是咨询结果的可靠性，一般由专家判断系数(C_a)和专家熟悉程度(C_s)的算术平均值表示，其计算公式为：$C_r = (C_a + C_s)/2$，其值大于 0.7 即可认为专家权威程度较高。① 其中，C_a 是专家对问题进行判断的依据，包括理论依据、实践经验、同行了解、个人直觉四个方面。当判断系数总和等于 1，表示判断依据对专家做出判断的影响程度很大；等于 0.8，表示影响程度中等；等于 0.6，表示影响程度较小。C_s 是专家对问题的熟悉程度，可分为"很不熟悉""不熟悉""一般熟悉""熟悉"和"很熟悉"等多个等级。这里，参考吴建新等②的做法将具体量化值呈现在表 7-4 和表 7-5 中。

① 王春枝，斯琴. 德尔菲法中的数据统计处理方法及其应用研究[J]. 内蒙古财经学院学报(综合版)，2011，9(4)：92-96.
② 吴建新，欧阳河，黄韬，等. 专家视野中的职业教育校企合作长效机制设计——运用德尔菲专家咨询法进行的调查分析[J]. 现代大学教育，2014(5)：74-84.

表 7-4 专家（自评）判断依据及其影响程度赋值表

判断依据	对专家的判断影响程度（C_a）		
	大	中	小
理论依据	0.50	0.40	0.30
实践经验	0.30	0.20	0.10
同行了解	0.10	0.10	0.10
个人直觉	0.10	0.10	0.10

表 7-5 专家（自评）对指标熟悉程度赋值表

熟悉程度	很不熟悉	不熟悉	一般熟悉	熟悉	很熟悉
系数（C_s）	0.00	0.25	0.50	0.75	1.00

计算结果显示：在第一轮专家咨询中，C_a、C_s 和 C_r 均值分别为 0.95、0.67、0.81，表明判断依据对专家的影响程度较大，专家对问题的熟悉程度介于一般熟悉与熟悉之间，专家权威程度较高；且第二轮专家咨询的权威程度比第一轮高，C_a、C_s 和 C_r 均值分别为 0.96、0.77、0.87。由此说明，专家咨询结果具有较高可靠性。

其三，专家意见协调系数反映的是多个专家对各项指标判断的一致性，可采用变异系数（CV）或肯德尔协调系数等来衡量。这里采用后者，其取值范围为 0~1，值越大表示专家意见协调程度越高，反之则表示协调程度越低，且一般认为肯德尔协调系数大于 0.5 即可认为专家协调程度较高。

使用 SPSS 20.0 统计软件分别计算各级指标和总体指标综合得分的专家咨询意见肯德尔协调系数，结果显示（表 7-6）：在第一轮咨询中，专家意见协调系数值虽较小，但其检验统计量均达到了 0.05 的显著性水平，并且在第二轮咨询中系数值明显变大，基本达到"＞0.5"的判别标准。由此说明，专家对修订后的指标体系评议意见趋于一致，也即意见协调性较好。

表 7-6　专家意见协调系数及其检验

指标	第一轮(综合得分)		第二轮(综合得分)	
	协调系数	卡方	协调系数	卡方
一级指标	0.173 *	12.097	0.557 * *	32.850
二级指标	0.337 * *	57.649	0.474 * *	66.280
三级指标	0.444 * *	270.148	0.557 * *	155.608
总体指标	0.391 * *	341.337	0.515 * *	191.150

注：＊表示 $P<0.05$；＊＊表示 $P<0.01$

2. 专家咨询的评分结果

在征得专家同意之前，课题组首先向其说明本课题研究的主要目的及所要咨询的内容，解释长三角区域高等教育一体化发展的基本内涵，并对已建立的初始评价指标体系作简要介绍。然后，请他们从"重要性"(反映指标在评价指标体系中的重要程度及代表性)和"可操作性"(反映对指标进行操作并获取相应数据的可行性及难易程度，指标越容易操作、数据越容易获取，其可操作性越好)两个方面对调查表中的每一项指标做出评价，评语分为"很差""较差""一般""较好""很好"五个等级，并依次赋值1、2、3、4、5分。在此基础上进行统计计算，检验初始指标选取是否恰当。

在数据处理时，首先分别计算各项指标"重要性""可操作性"所得分数以及综合得分的均值和标准差。其中，均值可反映专家意见的集中程度，值越大说明相对应的指标在重要性、可操作性方面越好；标准差可反映专家对某项指标重要性、可操作性评分的离散程度，值越小说明专家对该指标的评分越具有一致性。然后，采用百分位数法确定指标筛选标准，并对临界值作如下设定：将均值的临界值设定为所有指标综合得分均值的第25百分位数，当大于等于该临界值即可认为所设计的指标较为重要；将标准差的临界值设定为所有指标综合得分均值标准差的第 75 百分位数，当小于等于该临界值即可表示指标专家协调程度较高。综合这两点，初步考虑删除"综合得分均值小于均值的第 25 百分位数且综合得分标准差大于标准差的第 75 百分位数"的指标。当然，这并非指标筛选的绝对依据，针对部分未达到筛选标准但对促成区域高等教育一体化发展目标又确实比较重要的指标，此时还应综合考虑咨询专家所提出的意见或建议。

（1）第一轮专家咨询与指标修订

第一轮专家咨询的评分统计结果如表 7-7a～7-7f 所示。另外，为充分获取专家意见和建议，在咨询问卷中进一步询问"您对此有何其他看法或者有更好的建议吗"？通过问卷整理发现，共有 11 位专家针对评价指标提出新问题或给出较为详细的修改意见和建议，总结归纳如下：

表 7-7a　一级指标专家评分的统计结果（第一轮）

指　　标	重要性		可操作性		综合得分		备注
	均值	标准差	均值	标准差	均值	标准差	
A1 统一与统筹	4.32	1.108	4.63	0.597	4.47	0.676[#]	保留
A2 联动与协同	4.84	0.501	4.47	0.612	4.66	0.473	保留
A3 协调与平衡	4.74	0.562	4.21	0.631	4.47	0.485	保留
A4 开放与共享	4.74	0.562	4.47	0.513	4.61	0.357	保留

注：指标综合得分为指标重要性评分与可操作性评分的算术平均值。下同。

表 7-7b　二级指标专家评分的统计结果（第一轮）

指　　标	重要性		可操作性		综合得分		备注
	均值	标准差	均值	标准差	均值	标准差	
B1 高等教育空间一体化	3.74	0.806	3.95	0.848	**3.84[#]**	**0.708[#]**	删除

指　　标	重要性		可操作性		综合得分		备注
	均值	标准差	均值	标准差	均值	标准差	
B2 教育政策一体化	4.68	0.820	4.58	0.769	4.63	0.723#	保留
B3 体制机制一体化	4.58	0.838	4.37	0.761	4.47	0.697#	保留
B4 联动发展与综合改革	4.79	0.535	4.16	0.501	4.47	0.390	保留
B5 一体化平台与项目协同共建	4.89	0.315	4.68	0.478	4.79	0.346	保留
B6 高等教育系统协调度	4.84	0.375	4.47	0.513	4.66	0.335	保留
B7 高等教育资源及结构平衡性	4.64	0.831	3.95	0.780	4.30	0.751#	保留
B8 优质高等教育资源共享度	4.89	0.315	4.42	0.769	4.66	0.473	保留
B9 高等教育整体外向度	4.47	0.772	4.05	0.705	4.26#	0.419	保留
B10 高等教育品牌共建度	4.74	0.452	4.21	0.787	4.47	0.565	保留

注：#表示未达到指标筛选标准。下同。

表 7-7c　"统一与统筹"维度下三级指标专家评分的统计结果（第一轮）

指　　标	重要性		可操作性		综合得分		备注
	均值	标准差	均值	标准差	均值	标准差	
C1 区域高等教育集群度	4.42	0.838	3.68	0.749	**4.05#**	**0.664#**	删除
C2 区域高等教育投入或产出空间关联性	4.26	0.872	4.11	0.658	**4.05#**	**0.896#**	删除

续表

指 标	重要性		可操作性		综合得分		备注
	均值	标准差	均值	标准差	均值	标准差	
C3 是否有国家层面的政策支持	4.32	0.820	4.68	0.582	4.50	0.527	保留
C4 区域教育一体化发展规划、法律法规及协议数量	4.84	0.375	4.68	0.478	4.76	0.348	保留
C5 区域内是否跨省开展教育政策对接	4.95	0.229	4.11	0.809	4.53	0.456	保留
C6 是否成立长三角教育一体化发展决策领导机构	5.00	0.000	5.00	0.000	5.00	0.000	保留
C7 是否形成长三角高等教育联合共管机制	4.89	0.315	4.53	0.697	4.71	0.419	保留

表 7-7d "联动与协同"维度下三级指标专家评分的统计结果（第一轮）

指 标	重要性		可操作性		综合得分		备注
	均值	标准差	均值	标准差	均值	标准差	
C8 是否联合共建长三角高等教育功能主体区	4.53	0.772	4.53	0.772	4.53	0.513	保留
C9 是否共同设立高等教育综合改革试验区	4.53	0.772	4.68	0.582	4.61	0.488	保留
C10 区域内高校网络数据库交换互用平台覆盖率	4.79	0.419	4.63	0.597	4.71	0.481	保留

续表

指 标	重要性		可操作性		综合得分		备注
	均值	标准差	均值	标准差	均值	标准差	
C11 区域内各类特色高校联盟成立的数量	4.95	0.229	4.89	0.315	4.92	0.251	保留
C12 区域内高校联合实验室建立的数量	5.00	0.000	4.95	0.229	4.97	0.115	保留
C13 区域内高校科研成果分享转化基地建立的数量	4.95	0.229	4.95	0.229	4.95	0.230	保留
C14 区域内高等教育一体化发展项目覆盖率	4.89	0.315	4.63	0.597	4.76	0.421	保留

表 7-7e "协调与平衡"维度下三级指标专家评分的统计结果(第一轮)

指 标	重要性		可操作性		综合得分		备注
	均值	标准差	均值	标准差	均值	标准差	
C15 一市三省高等教育内部协调度	4.74	0.653	4.47	0.697	4.61	0.459	保留
C16 一市三省高等教育外部协调度	4.68	0.671	4.47	0.697	4.58	0.449	保留
C17 一市三省高等教育综合协调度	4.42	0.838	3.79	0.976	**4.11[#]**	**0.718[#]**	**删除**
C18 一市三省"双一流"建设高校数量差异性	3.42	0.692	4.16	0.501	**3.79[#]**	**0.674[#]**	**删除**
C19 一市三省不同类型高校数量占比的离散程度	4.47	0.697	4.47	0.513	4.47	0.565	保留

续表

指　标	重要性		可操作性		综合得分		备注
	均值	标准差	均值	标准差	均值	标准差	
C20 一市三省高等教育资源互补性	4.84	0.501	3.37	0.684	**4.11#**	**0.642#**	**删除**
C21 一市三省高校国家特色专业布点数占比的差异性	4.32	0.582	4.16	0.602	4.24#	0.537	保留
C22 一市三省高校课程设置合理性	2.47	1.124	1.79	0.976	**2.13#**	**0.984#**	**删除**

表 7-7f "开放与共享"维度下三级指标专家评分的统计结果（第一轮）

指　标	重要性		可操作性		综合得分		备注
	均值	标准差	均值	标准差	均值	标准差	
C23 区域内高校"飞地"（异地）办学的数量	3.53	1.219	4.05	1.079	**3.79#**	**1.071#**	**删除**
C24 区域内高校课程跨地跨校开设覆盖率	4.95	0.229	4.53	0.513	4.74	0.306	保留
C25 区域内高校教师跨地跨校互聘人数占比	5.00	0.000	4.84	0.375	4.92	0.187	保留
C26 区域内高校学生跨地跨校交换人数占比	4.89	0.459	4.84	0.375	4.87	0.367	保留
C27 区域内高校学分转换与认定完成率	4.89	0.459	4.84	0.375	4.87	0.367	保留
C28 区域内高校联合学位授予率	4.79	0.535	4.74	0.452	4.76	0.452	保留
C29 区域内与国际知名高校合作办学高校数	4.53	0.841	4.74	0.452	4.63	0.549	保留

续表

指　　标	重要性		可操作性		综合得分		备注
	均值	标准差	均值	标准差	均值	标准差	
C30 区域内在校外国留学生数	4.11	0.809	4.95	0.229	4.53	0.424	保留
C31 区域高等教育品牌形象特色化塑造程度	4.47	0.612	3.74	0.733	4.11#	0.459	保留
C32 区域高等教育共建品牌的国内外知晓度	4.68	0.582	3.89	0.875	4.29	0.585	保留
C33 区域高等教育共建品牌的国内外认可度/满意度	4.68	0.582	3.89	0.875	4.29	0.585	保留

①一级指标"统一与统筹（A1）"固然重要，但"统一"这一表述不好，容易造成误解，如误以为"一体化"就是强化原本相对集中的高等教育行政管理体制，存在高等教育过度行政化、政治化倾向；或者误以为"一体化"就等于无差别、无特色的"一样化"。因此建议修改表述。

②二级指标"高等教育空间一体化（B1）"看似比较重要，但概念过于模糊和泛化，辨识性不强，而且可操作性较差。首先，从上级指标来看，"统一与统筹"应该指的是有关一体化政策、制度、机制以及组织等方面的建设，而空间一体化则指向区域发展的协调问题，不属于该一级指标，应该删除，或者考虑是否可将其归于"协调与平衡"一级指标下。其次，从下属的两个三级指标来看，即便给出了"区位商"和"全局莫兰指数"的计算公式，但其实它们当中的任何一项都足以构成相对独立的学术研究，今后若用于一体化发展水平监测评价时将比较难操作，对此建议删除该指标。

③二级指标"体制机制一体化（B3）"下可增加一项三级指标，如"是否有长三角教育一体化常设或临时协调机构"。

④二级指标"联动发展与综合改革（B4）"特别是"综合改革"这一概念涉及的内容太多太泛，操作难度较大，反而弱化了与其上级指标"联动与协同"的关系。对此建议改为：联动改革。

⑤二级指标"高等教育系统协调度（B6）"的下属指标不应该直接使用"协调度"原概念，需要对其作具体定义和操作，如将内部协调度定义为一市三省高等教育投入与产出的内部协调指数均值，将外部协调度定义为一市三省高等教育发展水平与经济社会发展水平的外部协调指数均值。另外，所给的三级指标"一市三省高等教育综合协调度（C17）"权重大小有待商榷，导致操作性较差。对此建议只保留前两个三级指标并作修改。

⑥发展规划、法律法规及协议不属于同一类问题，建议将"区域教育一体化发展规划、法律法规及协议数量（C4）"分解成两个三级指标：相关规划与法律法规归为一类；共同签署和执行的相关协议归为一类。

⑦在一体化平台与项目协同共建方面，今后不能只强调建成的数量，以免误导提高一体化发展平台建设水平就在于一直盲目成立或建设更多的高校联盟、实验室等。

⑧不能过分强调缩小省域之间的"双一流"大学数量差异，因为"双一流"大学的产生与每个省份的经济社会发展以及高等教育发展历史与布局等多种因素密切相关，在较长一个时期里存在差异性应是必然的，而进行区域高等教育一体化发展旨在解决的问题应该是促进区域高等教育分类、布局及结构合理、特色发展、互助互补、共同提高，所以实现一定的平衡性固然重要，但不能将其简化为均衡性地建设高水平研究型大学。因此建议删除"一市三省'双一流'建设高校数量差异性（C18）"这一指标。

⑨资源互补性太过于模糊和主观，在今后应用时即便采取专家打分方式也很难操作，因而实际意义不大。建议慎重定义"一市三省高等教育资源互补性（C20）"这一指标，或者将其删除。部分专家指出与之相类似的还有"高等教育品牌共建度"下属的各项三级指标。

⑩具体到高校课程设置情况，因其太过于微观而且太复杂，对其合理性进行测量几乎是不可能的事情。建议删除"一市三省高校课程设置合理性（C22）"指标。

⑪高校异地办学涉及高校办学重要事项变更和高等教育布局重大调整，目前教育部对此已经出台相关政策文件，旨在规范或限制异地办学，当然长三角也可能是想突破这一政策限制，但首先要解决好一系列问题，如"为什么""办成什么样"以及"如何办"等，而在争议较大的情况下，就没有必要设置"区域内高校'飞地'（异地）办学的数量（C23）"，尤其数量性指标更容易产生盲目扩大规模和重复建设的倾向。

⑫把长三角区域视为一个整体，因而考察其高等教育整体外向度时不能只看绝对数量，应该考虑与全国相比所处的状况，如建议将"区域内与国际知名高校合作办学的高校数（C29）"和"区域内在校外国留学生数（C30）"两项指标分别修改为：区域内与国际知名高校合作办学高校占全国的比例、区域内在校外国留学生占全国的比例。

⑬一些语言表述需要再斟酌，如在区域高等教育协调与平衡方面，可以说结构平衡，但一般不说资源平衡；又如"区域内高校科研成果分享转化基地建立的数量（C13）"这项指标没有很好地体现"一体化"，应强调共建；再如"优质高等教育资源共享度"下属的各项三级指标，所要表达的意思应该是长三角区域内跨省高校之间的多种资源共享，如果仅是同一省（市）高校资源共享，显然并没有突破行政区划界限。

⑭指标体系的制定应考虑可比性，比如将其扩展至其他区域时，省域数则会发生变化，建议将"一市三省"改为"省域"。

表 7-8 显示的是根据第一轮专家咨询评分结果计算得到的指标筛选临界值。其中，所有指标综合得分均值的第 25 百分位数为 4.29，标准差的第 75 百分位数为 0.642。为了更清楚地呈现指标筛选情况，在表 7-7a ～ 表 7-7f 中已将未能达到筛选标准的各项指标标识出来了（见"综合得分"栏的数值处）。同时

结合专家意见和建议，通过反复讨论后，决定将以上"综合得分均值<4.29且标准差>0.642"的指标给予删除(见表7-7a～表7-7f"备注"栏)。

表 7-8　评价指标初步筛选临界值表(第一轮)

项目标准	均值的第25百分位数	标准差的第75百分位数
指标综合得分	4.29	0.642

综上所述，根据第一轮专家咨询的反馈结果，现将评价指标的详细修订情况统整于表7-9中。

表 7-9　评价指标修订结果摘要(第一轮)

修订类型	指标层级	具体修订内容
删除的指标	二级指标	"(B1)高等教育空间一体化"
	三级指标	"(C1)区域高等教育集群度"；"(C2)区域高等教育投入或产出空间关联性"；"(C17)一市三省高等教育综合协调度"；"(C18)一市三省'双一流'建设高校数量差异性"；"(C20)一市三省高等教育资源互补性"；"(C22)一市三省高校课程设置合理性"；"(C23)区域内高校'飞地'(异地)办学的数量"
增加的指标	三级指标	"是否有长三角教育一体化常设或临时协调机构"
修改的指标	一级指标	"(A1)统一与统筹"改为"规划与统筹"
	二级指标	"(B4)联动发展与综合改革"改为"联动改革"；"(B6)高等教育系统协调度"改为"高等教育系统协调性"；"(B7)高等教育资源及结构平衡性"改为"高等教育结构平衡性"

修订类型	指标层级	具体修订内容
修改的指标	三级指标	"（C4）区域教育一体化发展规划、法律法规及协议数量"拆分成两个指标，并分别改为"区域教育一体化发展规划、法律法规出台情况""区域教育一体化发展协议签署及落实情况"；"（C11）区域内各类特色高校联盟成立的数量"改为"区域内各类特色高校联盟成立及运行情况"；"（C12）区域内高校联合实验室建立的数量"改为"区域内高校联合实验室建设情况"；"（C13）区域内高校科研成果分享转化基地建立的数量"改为"区域内高校科研成果分享转化基地共建情况"；"（C15）一市三省高等教育内部协调度"改为"省域高等教育投入水平与产出水平的内部协调指数均值"；"（C16）一市三省高等教育外部协调度"改为"省域高等教育发展水平与经济社会发展水平的外部协调指数均值"；C17-C22中的"一市三省"改为"省域"；"（C24）区域内高校课程跨地跨校开设覆盖率"改为"区域内高校课程跨省开设覆盖率"；"（C25）区域内高校教师跨地跨校互聘人数占比"改为"区域内高校教师跨省互聘人数占比"；"（C26）区域内高校学生跨地跨校交换人数占比"改为"区域内高校学生跨省交换人数占比"；"（C27）区域内高校学
修改的指标	三级指标	分转换与认定完成率"改为"区域内跨省高校学分转换与认定完成率"；"（C28）区域内高校联合学位授予率"改为"区域内跨省高校联合学位授予率"；"（C29）区域内与国际知名高校合作办学高校数"改为"区域内与国际知名高校合作办学高校占全国的比例"；"（C30）区域内在校外国留学生数"改为"区域内在校外国留学生占全国的比例"

（2）第二轮专家咨询与指标确定

在上述评议结果的基础上进一步开展第二轮专家咨询。与第一轮操作方法相同，依次计算各项指标"重要性""可操作性"以及综合得分的平均值和标准差，评分统计结果见表7-10a～7-10f。

表 7-10a 一级指标专家评分的统计结果(第二轮)

指 标	重要性		可操作性		综合得分	
	均值	标准差	均值	标准差	均值	标准差
A1 规划与统筹	4.75	0.452	4.75	0.452	4.75	0.399
A2 联动与协同	4.92	0.289	4.67	0.492	4.79	0.257
A3 协调与平衡	4.58	0.515	4.42	0.515	**4.50[#]**	**0.477[#]**
A4 开放与共享	5.00	0.000	5.00	0.000	5.00	0.000

表 7-10b 二级指标专家评分的统计结果(第二轮)

指 标	重要性		可操作性		综合得分	
	均值	标准差	均值	标准差	均值	标准差
B1 教育政策一体化	4.75	0.622	4.17	0.577	**4.46[#]**	**0.542[#]**
B2 体制机制一体化	4.67	0.492	4.42	0.515	**4.54[#]**	**0.450[#]**
B3 联动改革	4.83	0.389	4.42	0.515	4.63	0.377
B4 一体化平台与项目协同共建	4.92	0.289	4.92	0.289	4.92	0.289
B5 高等教育系统协调性	4.92	0.289	4.42	0.515	4.67	0.326
B6 高等教育结构平衡性	4.92	0.289	4.33	0.492	4.63	0.311
B7 优质高等教育资源共享度	5.00	0.000	4.92	0.289	4.96	0.144
B8 高等教育整体外向度	4.83	0.389	4.75	0.452	4.79	0.334
B9 高等教育品牌共建度	4.92	0.289	4.75	0.452	4.83	0.326

表 7-10c "规划与统筹"维度下三级指标专家评分的统计结果(第二轮)

指 标	重要性		可操作性		综合得分	
	均值	标准差	均值	标准差	均值	标准差
C1 是否有国家层面的政策支持	4.92	0.289	4.67	0.492	4.79	0.257
C2 区域教育一体化发展规划、法律法规出台情况	5.00	0.000	4.92	0.289	4.96	0.144

指 标	重要性		可操作性		综合得分	
	均值	标准差	均值	标准差	均值	标准差
C3 区域教育一体化发展协议签署及落实情况	5.00	0.000	4.92	0.289	4.96	0.144
C4 区域内是否跨省开展教育政策对接	4.92	0.289	4.42	0.669	4.67	0.389
C5 是否成立长三角教育一体化发展决策领导机构	5.00	0.000	5.00	0.000	5.00	0.000
C6 是否有长三角教育一体化常设或临时协调机构	5.00	0.000	5.00	0.000	5.00	0.000
C7 是否形成长三角高等教育联合共管机制	4.83	0.389	4.50	0.522	4.67	0.326

表 7-10d "联动与协同"维度下三级指标专家评分的统计结果(第二轮)

指 标	重要性		可操作性		综合得分	
	均值	标准差	均值	标准差	均值	标准差
(C8)是否联合共建长三角高等教育功能主体区	4.25	0.622	4.75	0.622	4.50	0.302
(C9)是否共同设立高等教育综合改革试验区	4.75	0.622	4.83	0.389	4.79	0.334
(C10)区域内高校网络数据库交换互用平台覆盖率	4.92	0.289	4.67	0.492	4.79	0.257
(C11)区域内各类特色高校联盟成立及运行情况	5.00	0.000	4.92	0.289	4.96	0.144
(C12)区域内高校联合实验室建设情况	5.00	0.000	4.92	0.289	4.96	0.144

续表

指　　标	重要性		可操作性		综合得分	
	均值	标准差	均值	标准差	均值	标准差
（C13）区域内高校科研成果分享转化基地共建情况	4.92	0.289	4.83	0.389	4.88	0.311
（C14）区域内高等教育一体化发展项目覆盖率	4.92	0.289	4.75	0.452	4.83	0.326

表7-10e　"协调与平衡"维度下三级指标专家评分的统计结果（第二轮）

指　　标	重要性		可操作性		综合得分	
	均值	标准差	均值	标准差	均值	标准差
（C15）省域高等教育投入水平与产出水平的内部协调指数均值	4.75	0.452	4.25	0.452	4.50	0.369
（C16）省域高等教育发展水平与经济社会发展水平的外部协调指数均值	4.75	0.452	4.08	0.289	4.42	0.289
（C17）省域不同类型高校数量占比的离散程度	4.67	0.492	4.58	0.515	4.63	0.433
（C18）省域高校国家特色专业布点数占比的差异性	4.67	0.492	4.58	0.515	4.63	0.433

表7-10f　"开放与共享"维度下三级指标专家评分的统计结果（第二轮）

指　　标	重要性		可操作性		综合得分	
	均值	标准差	均值	标准差	均值	标准差
（C19）区域内高校课程跨省开设覆盖率	4.92	0.289	4.67	0.492	4.79	0.334

续表

指标	重要性		可操作性		综合得分	
	均值	标准差	均值	标准差	均值	标准差
（C20）区域内高校教师跨省互聘人数占比	5.00	0.000	5.00	0.000	5.00	0.000
（C21）区域内高校学生跨省交换人数占比	5.00	0.000	5.00	0.000	5.00	0.000
（C22）区域内跨省高校学分转换与认定完成率	5.00	0.000	5.00	0.000	5.00	0.000
（C23）区域内跨省高校联合学位授予率	4.67	0.492	4.83	0.389	4.75	0.399
（C24）区域内与国际知名高校合作办学高校占全国的比例	4.75	0.622	4.92	0.289	4.83	0.326
（C25）区域内在校外国留学生占全国的比例	4.75	0.622	4.92	0.289	4.83	0.326
（C26）区域高等教育品牌形象的特色化塑造程度	4.83	0.389	4.58	0.515	4.71	0.396
（C27）区域高等教育共建品牌的国内外知晓度	4.83	0.577	4.42	0.669	4.63	0.569
（C28）区域高等教育共建品牌的国内外认可度/满意度	4.83	0.577	4.42	0.669	4.63	0.569

表7-11为第二轮专家咨询指标筛选临界值（与第一轮专家咨询指标筛选标准相同）。共有"（A3）协调与平衡""（B1）教育政策一体化"和"（B2）体制机制一体化"3项指标未达到筛选标准，即综合得分均值<4.63且标准差>0.396（见表7-10a～表7-10f"综合得分"栏标注"#"），但本轮咨询中各项指标的得分均值都比较高且标准差非常小，表明专家评议结果整体良好。同时，综合考虑到它

们各自下属的指标评议结果均令人满意，为了保证评价指标体系的完整性，决定不再进行增删修改。

另外，与第一轮相比，第二轮中各位专家基本没有针对具体指标修订问题再提出意见或建议，主要关心的是如何设置指标的赋分标准，以及该指标体系的应用性和可行性问题。为此，后文将进一步确定指标权重和建立相应测度计算公式。

表 7-11 评价指标筛选临界值表（第二轮）

项目标准	均值的第 25 百分位数	标准差的第 75 百分位数
指标综合得分	4.63	0.396

至此可以作一个总结：经两轮专家咨询评议并对初始指标进行修订，最终确定了由 4 个一级指标、9 个二级指标和 28 个三级指标构成的长三角区域高等教育一体化水平评价指标体系（表 7-12）。

表 7-12 长三角区域高等教育一体化水平评价指标体系

一级指标	二级指标	三级指标	指标性质	指标方向
（A1）规划与统筹	（B1）教育政策一体化	（C1）是否有国家层面的政策支持	量	正
		（C2）区域教育一体化发展规划、法律法规出台情况	量	正
		（C3）区域教育一体化发展协议签署及落实情况	量	正
		（C4）区域内是否跨省开展教育政策对接	量	正

续表

一级指标	二级指标	三 级 指 标	指标性质	指标方向
（A1）规划与统筹	（B2）体制机制一体化	（C5）是否成立长三角教育一体化发展决策领导机构	量	正
		（C6）是否有长三角教育一体化常设或临时协调机构	量	正
		（C7）是否形成长三角高等教育联合共管机制	量	正
（A2）联动与协同	（B3）联动改革	（C8）是否联合共建长三角高等教育功能主体区	量	正
		（C9）是否共同设立高等教育综合改革试验区	量	正
	（B4）一体化平台与项目协同共建	（C10）区域内高校网络数据库交换互用平台覆盖率	量	正
		（C11）区域内各类特色高校联盟成立及运行情况	质	正
		（C12）区域内高校联合实验室建设情况	质	正
		（C13）区域内高校科研成果分享转化基地共建情况	质	正
		（C14）区域内高等教育一体化发展项目覆盖率	量	正
（A3）协调与平衡	（B5）高等教育系统协调性	（C15）省域高等教育投入水平与产出水平的内部协调指数均值	量	正
		（C16）省域高等教育发展水平与经济社会发展水平的外部协调指数均值	量	正
	（B6）高等教育结构平衡性	（C17）省域不同类型高校数量占比的离散程度	量	正
		（C18）省域高校国家特色专业布点数占比的差异性	量	负

续表

一级指标	二级指标	三级指标	指标性质	指标方向
（A4）开放与共享	（B7）优质高等教育资源共享度	（C19）区域内高校课程跨省开设覆盖率	量	正
		（C20）区域内高校教师跨省互聘人数占比	量	正
		（C21）区域内高校学生跨省交换人数占比	量	正
		（C22）区域内跨省高校学分转换与认定完成率	量	正
		（C23）区域内跨省高校联合学位授予率	量	正
	（B8）高等教育整体外向度	（C24）区域内与国际知名高校合作办学高校占全国的比例	量	正
		（C25）区域内在校外国留学生占全国的比例	量	正
	（B9）高等教育品牌共建度	（C26）区域高等教育品牌形象的特色化塑造程度	质	正
		（C27）区域高等教育共建品牌的国内外知晓度	质	正
		（C28）区域高等教育共建品牌的国内外认可度/满意度	质	正

注："是否……"三级指标均为二分类，取值为：是＝1，否＝0；指标性质中，"量"代表量化指标，"质"代表质性指标。

第三节　长三角区域高等教育一体化水平评价指标权重的确立

一、层次分析法的基本原理及操作步骤

（一）层次分析法的基本原理

层次分析法（AHP）是美国运筹学家、匹兹堡大学萨蒂（T. L. Saaty）教授于

20世纪70年代初提出的一种基于层次权重的系统决策分析方法，能够很好地将定性与定量评价相结合进行综合分析。该方法将模糊复杂的问题（或总目标）分解为若干层次分明的组成因素，然后按照各因素之间的相互影响和隶属关系将其分层聚类组合成一个多层次的结构分析模型，从而使整体决策转化为最低层（可供决策的解决方案和措施）相对于最高层（总目标）的相对重要性权值的确定或相对优劣次序的排序问题。① 具体来说，就是按照具体、可控的原则，将一个复杂的多目标决策问题依次分解为"最高"——目标层、"中间"——准则层（也称策略层、约束层、制约层等）、"最低"——方案层（也称对象层）三个层次，在此基础上使用求解判断矩阵特征向量的办法来算出每一层次各因素相对于上一层次某一因素的相对重要性权值，再通过上一层次因素本身的权值加权来计算得出某一层次因素相对于上一层整个层次的相对重要性权值，最后根据权重值大小排序得到最终合适方案。

AHP的核心思想在于将复杂的决策问题条理化、层次化、模型化和数学化，通过分析影响决策的诸因素及其相互关系来完成决策过程。这一系统性分析方法具有适用性、简洁性、实用性、灵活性以及系统性等明显优点，② 既能处理定量属性，也能处理定性属性，可以使模糊复杂的目标/问题清晰化，不仅简化了系统分析，而且有助于检查和保持决策者判断思维的一致性，在一定程度上保证了多目标决策的可靠性、精准性。其已被普遍认为是一种有用的综合评价工具，尤其适用于无结构特性的系统分析以及具有分层交错指标的目标评价，已被广泛应用于社会、经济、政治、军事指挥、行为科学、教育规划、环境管理等领域。

一言以蔽之，系统的思想贯穿层次分析法及其应用的全过程，强调各层次因素都会直接或间接对整体目标产生影响。从这一角度来说，运用层次分析法

---

① 赵焕臣，许树柏，和金生. 层次分析法——种简易的新决策方法[M]. 北京：科学出版社，1986：1.

② 许树柏. 实用决策方法——层次分析法原理[M]. 天津：天津大学出版社，1988：2-3.

的研究对象必须是一个由相互关联、相互影响的众多因素所构成的复杂系统。在本书研究中，长三角区域高等教育一体化发展是一项复杂的系统工程，相关评价属于模糊复杂问题评价，需要从多目标、多层次、多要素来优化一体化发展系统或对它进行综合决策分析、科学预测和评价。

（二）层次分析法的基本步骤

图 7-2 为层次分析法的操作流程，包括建立递阶层次结构模型、构造判断矩阵、层次单排序及其一致性检验、层次总排序、总层次一致性检验等五个步骤。

1. 建立递阶层次结构模型

在确定并深入分析问题的基础上，根据总问题的性质及其目标将问题所包含的诸因素划分为三个不同层次，并以框图形式表达层次的递阶结构以及各因素的隶属关系。其中，最高层为目标层，即所要解决的问题或达到的总目标，通常只有一个因素；中间层为准则层，是指为实现总目标而采取各种方案措施所必须遵循的准则，可以只有一个或同时有若干个层次，这通常与所需要分析问题的复杂程度及详尽程度有关；① 最低层为方案层，是指用于解决问题所采取的具体方案和举措。

2. 构造判断矩阵

当建立了递阶层次结构模型后，即可把复杂问题转化为层次中的排序计算问题，对每一层次中的排序又可简化为成对因素间的两两比较，并使用相对权重值 $a_{ij}(a_{ij} > 0；a_{ij} = 1/a_{ji}；$ 当且仅当 $i = j，a_{ij} = 1)$ 作数量化描述，即比较第 i 个因素与第 j 个因素相对上一层次某因素的重要性。设参与比较的因素共有 n 个，则把两两比较结果构成的判断矩阵称为成对比较矩阵，其表达式为 $A = (a_{ij})_{n \times n}$。

---

① 朱建军. 层次分析法的若干问题研究及应用[D]. 沈阳：东北大学，2005：4.

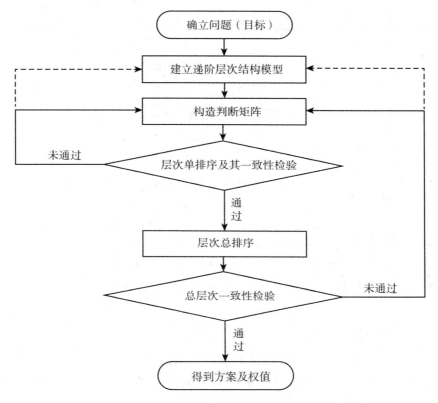

图 7-2　层次分析法的操作流程图

　　注：根据赵焕臣等的著作《层次分析法———一种简易的新决策方法》正文内容自行绘制；考虑到整体图示简洁问题，此处以虚线表示备选路径。

　　上述成对比较矩阵中的 a_{ij} 取值一般采用经典的 1~9 标度方法（表 7-13），即在 1~9 及其倒数中间取值。

表 7-13　判断矩阵的基本标度及其含义

标度（a_{ij}）	含　　义
1	因素 i 与因素 j 同等重要
3	因素 i 比因素 j 稍微重要

续表

标度（a_{ij}）	含　义
5	因素 i 比因素 j 明显重要
7	因素 i 比因素 j 强烈重要
9	因素 i 比因素 j 极端重要
2，4，6，8	因素 i 与因素 j 的重要性介于 $1\sim3$，$3\sim5$，$5\sim7$，$7\sim9$ 之间
标度的倒数	因素 i 与因素 j 比较得 a_{ij}，则因素 j 与因素 i 比较得 $a_{ji} = 1/a_{ij}$
比率形式	由上述标度构成比率

注：原始内容由 Saaty 提出，这里参考了赵焕臣等的著作《层次分析法———一种简易的新决策方法》（第 14 页）后整理而来。

3. 层次单排序及其一致性检验

在形成判断矩阵后，紧接着需要对每一层次进行单排序计算。设 $W = (W_1, W_2, \cdots, W_n)^{\mathrm{T}}$，为 n 阶判断矩阵的相对重要性权值向量，当 A 为一致性判断矩阵时，则有：

$$A = \begin{bmatrix} 1 & \dfrac{w_1}{w_2} & \cdots & \dfrac{w_1}{w_n} \\ \dfrac{w_2}{w_1} & 1 & \cdots & \dfrac{w_2}{w_n} \\ \cdots & \cdots & \cdots & \cdots \\ \dfrac{w_n}{w_1} & \dfrac{w_n}{w_2} & \cdots & 1 \end{bmatrix} = \begin{bmatrix} w_1 \\ w_2 \\ \cdots \\ w_n \end{bmatrix} \begin{bmatrix} \dfrac{1}{w_1} & \dfrac{1}{w_2} & \cdots & \dfrac{1}{w_n} \end{bmatrix}$$

将上式两边乘以 $W = (W_1, W_2, \cdots, W_n)^{\mathrm{T}}$，得到 $AW = nW$，其中 W 为 A 的特征向量且特征根为 n。通过计算最大特征根值 $\lambda_{\max}$ 和特征向量 W 可计算出某一层次因素相对于上一层次中某一因素的相对重要性权值，经归一化（$\sum\limits_{j=1}^{n} w_i =$

1）后计作 W，即可得到权重向量，其表达式为 $AW = \lambda_{max} W$。

为了保证基于层次分析法得到的分析结论基本合理，还要对构造的判断矩阵进行一致性检验，即检查决策者对矩阵 A 判断思维是否具有一致性（Consistency index，CI），其计算公式为 $CI = \dfrac{\lambda_{max} - n}{n - 1}$。CI 值越小表示一致性越好，反之则表示不一致性越严重，$CI = 0$ 表示具有完全一致性。此外，为了更好地检验不同阶判断矩阵是否具有满意的一致性，萨蒂建议引入随机一致性指标（Random consistency index，RI），也即基于多次重复计算随机判断矩阵特征根之后取算术平均数，其计算公式为 $RI = \dfrac{CI_1 + CI_2 + \cdots + CI_n}{n}$。

一般认为，一阶与二阶判断矩阵总是完全一致；当阶数越大，一致性随机偏离的可能性越大（表 7-14）。由于一致性偏离可能是随机原因造成的，因此在检验判断矩阵是否具有满意的一致性时，还需将一致性指标和随机一致性比率进行比较，以得出检验系数 CR，其计算公式为 $CR = \dfrac{CI}{RI}$。如果 CR<0.10，则认为该判断矩阵层次单排序的结果通过一致性检验，或不一致性程度处在容许范围内；否则就需要对判断矩阵进行修正或考虑重新构建模型，直到达到满意的一致性为止。

表 7-14　判断矩阵的随机一致性指标 RI 值

n	1	2	3	4	5	6	7	8	9	10	…
RI	0.00	0.00	0.58	0.89	1.12	1.26	1.36	1.41	1.46	1.49	…

注：RI 为平均随机一致性指标，只与判断矩阵阶数 n 有关。

4. 层次总排序

这一步骤中需要沿着整个递阶层次结构模型由最高层次到最低层次逐层进行排序权值计算，依次计算某一层次因素对上一层次各因素相对重要性的排序权重值，最终把最低层次总排序作为整个决策方案的总排序。如果上一层 B 包

含 m 个因素（B_1，B_2，$\cdots$，B_m），层次总排序权值分别为 b_1，b_2，$\cdots$，b_m，下一层 C 包含 n 个因素（C_1，C_2，$\cdots$，C_n），则它们对于因素 B_j 的层次单排序权值分别为 c_{1j}，c_{2j}，$\cdots$，c_{nj}，此时相对应的总排序权值分别为 $\sum_{j=1}^{m} b_j c_{1j}$，$\sum_{j=1}^{m} b_j c_{2j}$，$\cdots$，$\sum_{j=1}^{m} b_j c_{nj}$（表 7-15）。

表 7-15 多层判断矩阵及其总排序权值

层次 B 层次 C	B_1 b_1	B_2 b_2	$\cdots$ $\cdots$	B_m b_m	C 层次总排序权值
C_1	c_{11}	c_{12}	$\cdots$	c_{1m}	$\sum_{j=1}^{m} b_j c_{1j}$
C_2	c_{21}	c_{22}	$\cdots$	c_{2m}	$\sum_{j=1}^{m} b_j c_{2j}$
$\cdots$	$\cdots$	$\cdots$	$\cdots$	$\cdots$	$\cdots$
C_n	c_{n1}	C_{n2}	$\cdots$	c_{nm}	$\sum_{j=1}^{m} b_j c_{nj}$

注：参见赵焕臣等的著作《层次分析法——一种简易的新决策方法》第 29 页，层次的表示符号有改动。

5. 总层次一致性检验

为进一步检验层次总排序的计算结果是否具有一致性，最后还需要计算与层次单排序类似的检验量，同样需要从最高层次到最低层次逐层进行。

如果 C 层次某些因素对于 B_j 单排序的一致性指标为 CI_j，平均随机一致性指标为 RI_j，则 C 层次总排序的随机一致性比率系数为 $\mathrm{CR} = \dfrac{\sum_{j}^{m} b_j \mathrm{CI}_j}{\sum_{j}^{m} b_j \mathrm{RI}_j}$。若 CR 小于 0.10，则认为层次总排序的结果具有满意的一致性，或其不一致性程度处在尚可接受的范围内；否则仍然应重新调整与修正判断矩阵，直到层次总排序具有满意的一致性为止。

二、基于层次分析法的评价指标权重系数测算

(一)建立递阶层次结构模型

根据前文确定的评价指标体系建立的"长三角区域高等教育一体化发展水平评价递阶层次结构模型"如图 7-3 所示。其中,目标层为综合评价长三角区域高等教育一体化发展水平,准则层、子准则层以及方案层依次对应整个指标体系框架的 4 个一级指标、9 个二级指标和 28 个三级指标。

(二)构造判断矩阵及其一致性检验

在这一步骤中,课题组从此前参与两轮专家咨询且应答情况较好的专家组中选取,同时这些专家所属地(当前所在工作单位)覆盖沪、苏、浙、皖一市三省,最终确定了 5 位来自教育行政部门、高校以及有关研究院所的专家学者。通过问卷调查的方式收集了他们对长三角区域高等教育一体化发展水平评价体系各指标重要程度两两比较的评分,并采用 1~9 标度方法为其重要程度赋值。在此基础上使用 yaahp 10.3 软件建立层次结构模型并依次录入专家评分数据,用以构建两两比较的判断矩阵(图 7-4)。

构建完所有专家判断矩阵之后,需要通过计算矩阵特征向量来得出各指标所对应的权重。这里使用的是算术平均法,也称"和法",即先对矩阵元素值按每一列进行归一化处理,然后对形成的新矩阵按同一行求和,再将相加后的向量除以 n 可得到权重。在此基础上对判断矩阵的一致性进行检验,即要求一致性比率 C_r 值小于 0.1 或者重新对矩阵元素值做出调整与修正以使其小于 0.1。

以图 7-4 中第四位专家在评价目标层下属一级指标两两比较的判断矩阵、"开放与共享"准则下的判断矩阵及"优质高等教育资源共享度"子准则下的判断矩阵为例,它们各自对应的权重计算及其一致性检验结果如表 7-16a~表 7-

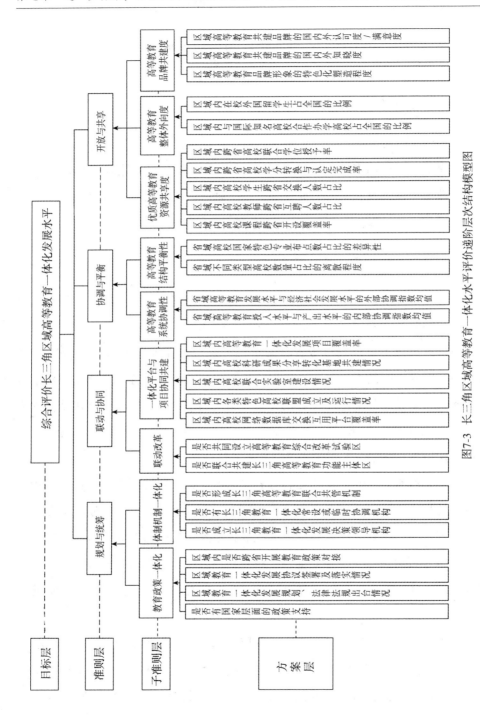

图7-3 长三角区域高等教育一体化水平评价递阶层次结构模型图

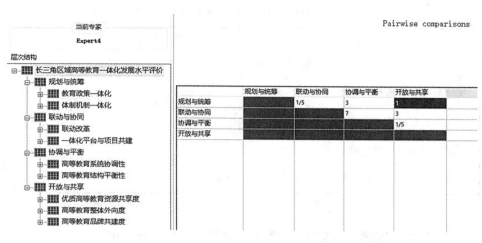

图 7-4　长三角区域高等教育一体化水平评价指标判断矩阵

16c 所示。使用相同方法可依次求出每一位专家分别在目标层下一级指标、准则层下二级指标以及子准则层下三级指标比较的判断矩阵相应的权重和一致性检验值。① 结果表明，经过调整后的所有专家判断矩阵不一致程度均在容许范围内，因而可以进行下一步计算。

表 7-16a　评价目标层下属一级指标比较的判断矩阵的权重和一致性检验

	规划与统筹	联动与协同	协调与平衡	开放与共享	特征向量(w_i)
规划与统筹	1	1/5	3	1	0.1589
联动与协同	5	1	7	3	0.5732
协调与平衡	1/3	1/7	1	1/5	0.0579
开放与共享	1	1/3	5	1	0.2100
λ_{max} = 4.1070，CI = 0.0357，RI = 0.89，CR = 0.0401					

① 限于篇幅，未列出所有专家的判断矩阵及其一致性检验结果（共 14×5 = 70 张摘要表），感兴趣的读者可向作者索要。

表 7-16b　"开放与共享"准则下判断矩阵的权重和一致性检验

	优质高等教育资源共享度	高等教育整体外向度	高等教育品牌共建度	特征向量（w_i）
优质高等教育资源共享度	1	7	1	0.4667
高等教育整体外向度	1/7	1	1/7	0.0667
高等教育品牌共建度	1	7	1	0.4667
$\lambda_{max} = 3.0000$，CI = 0.0000，RI = 0.58，CR = 0.0000				

表 7-16c　"优质高等教育资源共享度"子准则下判断矩阵的权重和一致性检验

	区域内高校课程跨省开设覆盖率	区域内高校教师跨省互聘人数占比	区域内高校学生跨省交换人数占比	区域内跨省高校学分转换与认定完成率	区域内跨省高校联合学位授予率	特征向量（w_i）
区域内高校课程跨省开设覆盖率	1	1/3	1/3	1/3	1	0.0909
区域内高校教师跨省互聘人数占比	3	1	1	1	3	0.2727
区域内高校学生跨省交换人数占比	3	1	1	1	3	0.2727
区域内跨省高校学分转换与认定完成率	3	1	1	1	3	0.2727
区域内跨省高校联合学位授予率	1	1/3	1/3	1/3	1	0.0909
$\lambda_{max} = 5.0000$，CI = 0.0000，RI = 1.12，CR = 0.0000						

（三）各级指标权重的计算结果

在此步骤中，采用各位专家评分结果加权算术平均的数据集结方法进行群决策计算，得到的评价指标体系各级指标的权重分布结果如图7-5所示。图中数值分别为准则层各要素、子准则层各要素以及方案层各要素相对于目标层（决策目标）的排序权重。

与此同时，我们依次计算出某一层次要素对其所属的上一层次某要素的排序权重值，最终对影响长三角区域高等教育一体化水平的所有指标层要素进行层次总排序，并得到所有指标的总排序权重（表7-17），再进一步对层次总排序结果进行一致性检验，结果显示不一致性程度同样在容许范围内（CR < 0.1）。因此可以认为，基于层次分析法构建的长三角区域高等教育一体化水平评价指标体系整体上比较合理，由此获得的指标综合权重对今后评价实施应当具有一定的参考意义。

从表7-17的结果来看，至少可以得到以下主要信息：

第一，按照一级指标相对于决策目标（长三角区域高等教育一体化水平评价指标体系）的权重值由大到小排序依次是："开放与共享"（0.44）、"联动与协同"（0.31）、"规划与统筹"（0.19）、"协调与平衡"（0.06）。这一结果表明，目前在专家学者看来，"开放与共享"是用来衡量长三角区域高等教育一体化水平高低最重要的一项指标，也从一定程度上佐证了我们前面所提出的四项一体化行动目标中，"开放与共享"是推进区域高等教育一体化进程最为直接且显性的要求。次重要的指标分别是"联动与协同""规划与统筹"。由此可见，多方相关行动主体间自觉自主、有意识的联动改革与协同发展行动目标的实现对一体化水平的影响至关重要；同时"规划与统筹"也是目前专家学者比较关注的一项指标，主要是因为再大的一体化内部驱动力也离不开来自国家及政府层面的科学规划、有力领导，尤其是在一体化发展尚未走向成熟的阶段，对此方面的行动应当给予一定的重视，避免因缺乏相应的制度保障而影响一体化的

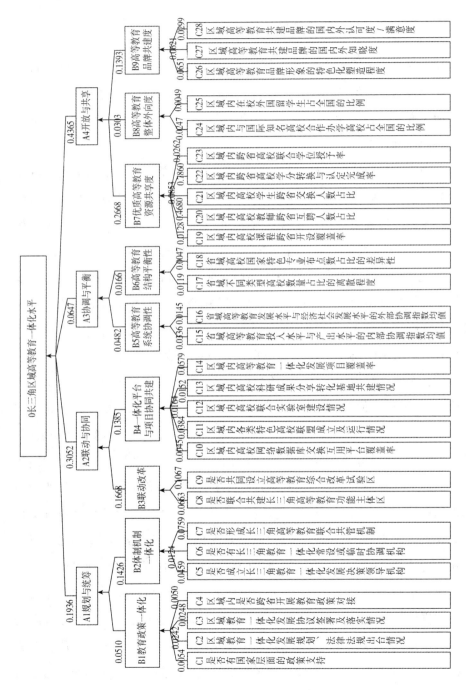

图7-5　长三角区域高等教育一体化水平评价指标的权重分布图

表 7-17 长三角区域高等教育一体化水平评价指标体系的各级指标权重

目标层	准则层	子准则层	方 案 层	综合权重	排序
长三角区域高等教育一体化水平评价指标体系	（A1）规划与统筹（0.19）	（B1）教育政策一体化（0.26）	（C1）是否有国家层面的政策支持（0.09）	0.004	25
			（C2）区域教育一体化发展规划、法律法规出台情况（0.41）	0.020	17
			（C3）区域教育一体化发展协议签署及落实情况（0.42）	0.021	16
			（C4）区域内是否跨省开展教育政策对接（0.08）	0.004	28
		（B2）体制机制一体化（0.74）	（C5）是否成立长三角教育一体化发展决策领导机构（0.34）	0.048	10
			（C6）是否有长三角教育一体化常设或临时协调机构（0.09）	0.013	22
			（C7）是否形成长三角高等教育联合共管机制（0.57）	0.080	4
	（A2）联动与协同（0.31）	（B3）联动改革（0.55）	（C8）是否联合共建长三角高等教育功能主体区（0.38）	0.065	5
			（C9）是否共同设立高等教育综合改革试验区（0.62）	0.106	1
		（B4）一体化平台与项目协同共建（0.45）	（C10）区域内高校网络数据库交换互用平台覆盖率（0.03）	0.004	27
			（C11）区域内各类特色高校联盟成立及运行情况（0.29）	0.040	11
			（C12）区域内高校联合实验室建设情况（0.12）	0.017	18
			（C13）区域内高校科研成果分享转化基地共建情况（0.11）	0.015	19

目标层	准则层	子准则层	方　案　层	综合权重	排序
长三角区域高等教育一体化水平评价指标体系	（A3）协调与平衡（0.06）	（B5）高等教育系统协调性（0.74）	（C14）区域内高等教育一体化发展项目覆盖率（0.44）	0.061	6
			（C15）省域高等教育投入水平与产出水平的内部协调指数均值（0.70）	0.031	12
			（C16）省域高等教育发展水平与经济社会发展水平的外部协调指数均值（0.30）	0.013	21
		（B6）高等教育结构平衡性（0.26）	（C17）省域不同类型高校数量占比的离散程度（0.72）	0.011	23
			（C18）省域高校国家特色专业布点数占比的差异性（0.28）	0.004	26
	（A4）开放与共享（0.44）	（B7）优质高等教育资源共享度（0.61）	（C19）区域内高校课程跨省开设覆盖率（0.05）	0.013	20
			（C20）区域内高校教师跨省互聘人数占比（0.19）	0.051	9
			（C21）区域内高校学生跨省交换人数占比（0.34）	0.091	2
			（C22）区域内跨省高校学分转换与认定完成率（0.31）	0.083	3
			（C23）区域内跨省高校联合学位授予率（0.10）	0.027	13
		（B8）高等教育整体外向度（0.07）	（C24）区域内与国际知名高校合作办学高校占全国的比例（0.83）	0.026	15
			（C25）区域内在校外国留学生占全国的比例（0.17）	0.005	24

目标层	准则层	子准则层	方　案　层	综合权重	排序
长三角区域高等教育一体化水平评价指标体系	(A4)开放与共享(0.44)	(B9)高等教育品牌共建度(0.32)	(C26)区域高等教育品牌形象的特色化塑造程度(0.41)	0.058	7
			(C27)区域高等教育共建品牌的国内外知晓度(0.40)	0.056	8
			(C28)区域高等教育共建品牌的国内外认可度/满意度(0.19)	0.027	14

注：①括号中数值为各层次要素相对于它们所属上一层次某一要素的权重。②"排序"是对指标综合权重值保留更多位小数点之后进行的排序。

未来可持续发展。最后要引起注意的是，"协调与平衡"理论上应是长三角区域高等教育一体化发展行动目标的重要构成部分，但相比而言，在当前阶段其对一体化水平提升的重要性影响过小。这说明，眼下在推动一体化发展中，如何促成"一体"方是当务之急，而对于"一体"的内部差距问题则相对不那么重要，但并不能就此预测其未来的重要程度。

第二，在各项三级指标中，综合权重排序比较靠前的指标包括"是否共同设立高等教育综合改革试验区"(0.106)、"区域内高校学生跨省交换人数占比"(0.091)、"区域内跨省高校学分转换与认定完成率"(0.083)、"是否形成长三角高等教育联合共管机制"(0.080)、"是否联合共建长三角高等教育功能主体区"(0.065)以及"区域内高等教育一体化发展项目覆盖率"(0.061)等。在专家学者看来，这些是影响长三角区域高等教育一体化发展水平的关键指标。

三、评价指标体系的应用性讨论

(一)数据获得

前文已说明三级指标所需要的数据类型，既有量化的，也有质性的。考虑到目前缺乏直接可用的统计数据和质性数据，对此，建议采取以下措施：其一，尽快进一步丰富和完善国家及省级教育数据统计体系，通过充实后的统计数据库获得基础性数据；其二，可借鉴欧洲高等教育一体化"水平评估"做法，探索成立专项工作组或者委托第三方机构进行专门专项实地调研以获得第一手数据，同时定期进行大型问卷调查及专家打分，尽可能将难以量化的质性指标合理量化，在此基础上建立健全长三角区域高等教育一体化发展"日常"网络大数据库，只需相关方定期填报和更新数据信息即可。

(二) 指标赋值

由于所构建的评价指标体系包含不同性质的指标，如"是否成立长三角教育一体化发展决策领导机构"为分类指标，"区域内高校学生跨省交换人数占比"为比例指标，"省域高校国家特色专业布点数占比的差异性"为负向指标以及"区域高等教育共建品牌的国内外认可度/满意度"为质性指标，这些指标具有不同的量纲和数量级，一般不宜直接使用原始指标值进行统计计算。因此，为了保证各项指标数据的可比性和可加性，首先把质性指标评分标准统一设为[0，1]的区间，然后再对所有原始指标数据进行标准化处理。

在实施评价过程中，需要根据三级指标的数据性质，对各项指标进行量化赋值。具体操作为：对于二分类指标，"是"或"有"的赋值均为1，"否"或"无"的赋值均为0；对于比例(%)指标，将原始指标值转化为0~1闭区间上的数值；对于负向指标，取1减去这个指标值之后的数值；对于质性指标，可组建专家组进行量化打分，其分值取0~1闭区间上的数值，或者如有必要，也可专门委托第三方机构通过实地调研获得量化数据，再将指标值转化为0~1闭区间上的数值，最终使转化后的每项三级指标值均落到[0，1]区间上，赋予各项指标可比性、可加性。

(三) 评价结果获得与运用

为了将整个指标体系合成一个综合指数，可采用线性综合加权法，以此评价长三角区域高等教育一体化水平，计算公式为：

$$S_i = \sum^n X_i \times W_i$$

式中，S_i 为长三角区域高等教育一体化发展综合指数，可作为评价该区域高等教育是否处于一体化发展进程中和一体化水平的评价标准，X_i、W_i 分别为第 i 个三级指标的标准化值和综合权重值。

一体化发展水平 S_i 为 [0，1] 的数值，若其值越大，则表示长三角区域高等教育一体化水平越高，反之则说明其一体化水平越低。当 $S_i = 0$ 时，说明整个长三角区域的高等教育还处在完全"各自为政"的"非一体化"阶段；$S_i = 1$ 时则说明已经完全达到一体化的最佳状态。在此基础上初步建立评定等级标准，即采用区间划分法将区域高等教育一体化水平分为七个等级（表 7-18）。

表 7-18　区域高等教育一体化水平等级划分

评估分值区间	[0, 0.4)	[0.4, 0.5)	[0.5, 0.6)	[0.6, 0.7)	[0.7, 0.8)	[0.8, 0.9)	[0.9, 1.0]
一体化水平评估等级	极低	较低	低	中等	较高	高	极高

必须明确的是，开展一体化水平监测评价本身不是目的，其初衷是坚持目标导向，根据年度监测结果及时了解和诊断长三角区域高等教育一体化的进展、总体趋势以及存在的问题，从而为政府、高校、科研院所及相关利益主体等提出下一步工作方向和重点。这其实就体现了评价结果应用的建设性价值。

本书构建的指标体系立足于区域一体化发展的战略布局要求以及坚持长三角区域高等教育一体化高质量发展的目标导向，具有较强的针对性，并经专家"背靠背"两轮修订，具有一定的科学性、先进性和实用性，对于持续推进长三角区域高等教育一体化进程具有积极指导意义，但是仍有必要对上述评估指标体系构建做出反思与展望。

第一，评估指标体系的核心指向问题。开展区域高等教育一体化水平监测评估本身不是目的，其初衷是秉持目标导向，为政府、高校、科研院所、社会和更广泛的利益相关者在共同推进高等教育区域一体化过程中提供相对清晰的任务目标和行动指南。从"以评促发展"的角度看，这有助于实现以高质量评估促进高质量发展的建设性价值，对照高质量发展目标提升长三角区域一体化高等教育治理能力，更是增强中国高等教育监测评估话语权、提升综合竞争力和影响力的重要举措。

第二，评估指标体系的适用性与有效性问题。由于眼下数据获取的限制，所构建的指标体系尚未通过实践检验，仍需进一步加强长三角区域高等教育一体化水平评估指标体系的后续研究与实际运用。在此基础上，一方面能进一步验证、完善和提高评估指标体系的有效性和科学性；另一方面可评估长三角区域高等教育一体化实践成效，探索发现更高质量一体化发展的深层次问题和瓶颈，寻找提升区域高等教育一体化水平的针对性策略，从而为实践行动提供参考和指导。

第三，评估指标体系的测量方法及操作问题。该评估指标体系框架与测量方法并非一成不变，而是柔性、有弹性的。因此，在日后施评过程中，可参照而又不囿于这些指标。也就是说，要根据区域高等教育一体化发展实践的动态变化进程，适时对评估指标体系进行一定的调整和优化完善，避免一体化发展实践被指标"牵着走"，甚至陷入"机械化""功利化"评估误区，最终反而会为区域高等教育的改革与发展套上新的"枷锁"。譬如，现阶段在长三角区域尚未正式设立高等教育综合改革试验区，之所以为该指标设置二分类赋分标准，其主要目的在于重视和支持在此方面从无到有的重大尝试，其实是侧重"量"的增加。但随着时间推移，如果已经设立，就可以考虑替换为新指标或重新设置赋分标准，可以从对综合改革试验区的运行成效方面进行定性打分。另外，在构建评估指标体系时，必须立足于长三角地区进行纵向动态监测，同时应进一步考虑指标体系的横向可比性，以方便未来不同区域之间的比较分析和相互借鉴。

本 章 小 结

综合调研结果和国际经验来看，推进长三角区域高等教育一体化发展，需要重视"以评促发展"这一推进策略。构建科学合理的长三角区域高等教育一体化水平评价指标体系，尤为重要。因此，本章结合实际以及相关文献和政策文件，对一体化发展行动目标进行分解，借鉴已有评价工具，构建由"规划与统筹、联动与协同、协调与平衡、开放与共享"四维度构成的长三角区域高等教育一体化水平评价指标体系，并对该指标体系的实际应用性进行探讨。

首先，梳理了区域一体化发展评价和区域高等教育一体化发展评价研究成果，阐述了对本书研究的启示。

其次，基于目标导向，初步建立了长三角区域高等教育一体化发展水平评价指标体系框架，通过 Delphi 法对评价指标进行筛选修订，最终形成了包含 4 个一级指标、9 个二级指标和 28 个三级指标的综合评价指标体系。在指标确定中，共进行了两轮专家咨询，通过 SPSS 20.0 软件对专家评价资料进行相关统计学分析，结果显示：(1) 两轮专家积极系数分别为 73.08% 和 85.71%，说明专家参与情况尚可；(2) 两轮专家权威系数分别为 0.81 和 0.87，表明专家咨询结果可靠性较高；(3) 在专家意见协调系数方面，第一轮中各级指标和总体指标的综合得分(即每项指标在"重要性"和"可操作性"两方面所得分数的算术平均值)专家咨询意见肯德尔协调系数值虽较小，但其检验统计量均达到了 0.05 的显著性水平，并且第二轮中的意见协调系数值明显变大，基本处于 0.5 左右，表明第二轮专家咨询的评议意见已趋于一致，因而专家意见协调性较好。同时，综合考虑设定的指标筛选界值和专家所提意见(或建议)两个方面，对有异议的指标进行增删、修改，使评价指标体系得以改进。

最后，使用层次分析法确定了指标权重，并通过建立测评公式、拟定评价标准，进一步探讨了该评价指标体系的应用性及可行性。

　　总结来讲：（1）借鉴层次分析法的基本原理建立长三角区域高等教育一体化水平评价递阶层次结构模型；然后从参与过两轮专家咨询且应答情况较好的专家组中遴选出 5 位(涵盖长三角一市三省教育行政部门、高校及有关研究院所)，通过问卷调查的方式收集他们对各项指标重要程度两两比较的评分情况，采用 1~9 标度方法为其重要程度赋值；（2）通过 yaahp 10.3 软件利用专家评分数据构建两两比较的判断矩阵，并对矩阵元素的一致性进行检验或做出调整后使其通过检验；（3）采用各专家评分结果加权算术平均的数据集结方法进行群决策计算，最终得到了所有指标的权重值，并通过了总层次一致性检验。结果发现，第一，四个一级指标的相对权重值由大到小排序依次为"开放与共享"（0.44）、"联动与协同"（0.31）、"规划与统筹"（0.19）、"协调与平衡"（0.06），比较清晰地反映了目前专家学者对长三角区域高等教育一体化发展的关注侧重点；第二，从三级指标来看，"是否共同设立高等教育综合改革试验区"（0.106）、"区域内高校学生跨省交换人数占比"（0.091）、"区域内跨省高校学分转换与认定完成率"（0.083）、"是否形成长三角高等教育联合共管机制"（0.080）、"是否联合共建长三角高等教育功能主体区"（0.065）、"区域内高等教育一体化发展项目覆盖率"（0.061）等是影响长三角区域高等教育一体化发展水平的主要构成因素，理应将这些方面作为当前重点工作。

　　在此基础上，对评价指标体系的应用性及可行性作一总结性探讨，初步建立了包括"极低水平"（[0，0.4)）、"较低水平"（[0.4，0.5)）、"低水平"（[0.5，0.6)）、"中等水平"（[0.6，0.7)）、"较高水平"（[0.7，0.8)）、"高水平"（[0.8，0.9)）和"极高水平"（[0.9，1.0)）七等级的区域高等教育一体化水平评定等级标准。

第八章 结论与展望

本章将对本书前面几章进行回顾，总结概括主要结论，以便对全书著述目的和当前推进区域高等教育一体化发展问题进一步予以明确和重视，并就研究本身进行反思，指出其中存在的一些问题和不足之处，展望后续研究的可能方向。

第一节 研究结论

推进长三角区域高等教育一体化发展，可谓是我国区域高等教育改革发展新模式的重大探索。它既是区域一体化发展战略的重要组成部分，也是高等教育自身更高质量发展的内生诉求。本书回答了区域高等教育一体化发展是什么、为什么要推进一体化发展（"何以必要""何以可能"）等基本问题，并对如何推进进行了探索性研究，以期为有效弥合"一体化"远景与近为之鸿沟提供思想和行动上的助益。这不仅深化了对一个主权国家内部区域高等教育一体化发展问题的理论认识，而且对指导长三角地区高等教育区域化发展实践具有参考价值。

概括地讲，研究和分析长三角区域高等教育一体化发展"是什么""为什么"以及"怎么做"串成了整本书的问题链，在对这些问题研究和解答过程中，得到以下主要结论：

结论一：区域高等教育一体化发展是区域一体化发展进程在高等教育领域

251

的体现，但有其相对独立的追求目标。

从国际相关实践经验来看，区域一体化似乎已成为现代高等教育发展的重要趋势之一，并且业已形成了两种不同的形式：一是基于国家或地区之间的区域高等教育一体化发展，其典型代表是欧洲的博洛尼亚进程；二是基于同一个主权国家内部某些地区之间的区域高等教育一体化发展，如美国州际高等教育委员会。但实质上，区域高等教育一体化发展是区域（经济）一体化发展进程在高等教育领域的体现，两个概念之间具有上下位之关系。所谓"区域一体化发展"这一上位概念，它至少包括三方面含义：一是资源要素的自由流动，二是各地区之间开放合作，三是实现区域整体发展。

因此，本书基于上位概念，在考虑高等教育有其相对独立发展目标的基础上，对所指"区域高等教育一体化发展"做出以下定义：在一定区域范围内的高等教育为满足区域整体发展需要和自身高质量发展诉求，通过突破区域内各种阻碍高等教育资源及要素跨时空流动、优化配置和功能互补的观念、政策、体制、机制等人为障碍，进而提升区域高等教育综合竞争力和影响力，实现高等教育系统及其利益相关主体之间共生共长、共强共荣，形成一个有机生态系统的过程及状态。

结论二：推进长三角区域高等教育一体化发展不仅必要，而且可能。

1. 理论基础

结合生态学、经济学、管理学等学科及相关研究领域中的一些理论，如共生理论、增长极理论、合作博弈与战略联盟理论、融合创新理论、制度创新理论，本书进行了相关分析和探讨，说明长三角区域高等教育一体化发展有其理论依据。

基于共生理论，构建区域高等教育共生系统一体化共生和互惠共生的理想模式能够降低资源及要素流动成本和管理控制成本，从而带来整体竞争力和影响力的提升。增长极理论对于通过率先推进长三角区域高等教育一体化发展进程打造一个高等教育的"增长极"具有重要指导意义。合作博弈与战略联盟理论认为，推进长三角区域高等教育一体化发展进程有助于从根本上改变区域内高校个体的行为模式，即由非合作博弈、非理性竞争转向联合博弈和协调博弈（如高校主体之间结成大学联盟、实施高校品牌竞争战略等），有助于消除"非一体化"的分割倾向，进而达到有效增进区域整体收益的目的。融合创新理论强调通过对各种创新要素进行创造性融合以形成一个互通有无、优势互补、相互匹配的创新系统，进而形成新的创新能力和核心竞争力，而打破相对单一化的高等教育资源配置方式、促进不同地区之间高等教育资源及要素的"新组合"有助于形成一个具有协同创新能力和整体竞争力的高质量高等教育系统。推动区域高等教育一体化发展本身从某种意义上说是针对"制度不确定性"的制度创新过程，当前长三角高校合作仍然以自发式、协议式、项目式为主，尚未触及更深层次的高等教育领导与管理体制问题，而推进长三角区域高等教育一体化发展恰恰需要进行制度创新，也即制度创新应成为一体化得以顺利推进的重要途径。

正是以上相关理论，为长三角区域高等教育一体化发展提供了一定理论基础，同时可为相关实践举措给出一般性分析。

2. 政策依据

第一，长三角地区相关政策文件在很大程度上为该地区经济社会发展中各个领域包括高等教育领域在内的"一体化"问题奠定了合法性基础，特别是自2008年开始进入国家区域发展战略实施层面至今，多项政策文件均从整体上对统筹区域高等教育合作发展的若干方面提出明确、具体要求。这些既是一部分重要政策依据，也构成重要的外部制度环境。

第二，相关的教育专项政策文件从无到有，其标志性文件是2014年教育部印发的《教育部关于进一步推进长江三角洲地区教育改革与合作发展的指导意见》，该文件首次出现了"区域教育一体化"这一官方表述，并要求长三角在此方面率先探索。在此基础上，相关政策逐步从支持长三角教育区域合作发展上升至区域一体化发展。虽然国家层面目前尚未出台专门的长三角区域高等教育一体化发展规划，但已在跨省域层面形成了教育一体化发展总体战略规划和纲领性文件，即 2018 年长三角一市三省共同签署的《长三角地区教育更高质量一体化发展战略协作框架协议》和《长三角地区教育一体化发展三年行动计划》。

因此，所谓的"长三角区域高等教育一体化发展"显然并不是由研究者单方面构想出来的或自说自话的假命题，而是有其政策依据的现实命题。也就是说，推进长三角区域高等教育一体化发展从政策上来看，有其必要性。

3. 实践历程

长三角区域高等教育一体化发展进程总体上经历了四个历史阶段：一是"一体化"萌芽阶段（20 世纪 90 年代初至 2002 年），伴随着长三角区域经济一体化的启动，高等教育虽然开始了异地扩张，但由于体制改革的滞后，区域高等教育一体化发展明显滞后于区域经济一体化进程；二是全面推进和逐步展开阶段（2003—2008 年），随着各类教育联动改革政策框架与项目平台的搭建，长三角区域高等教育一体化发展体现出由政府、高校、企业及社会机构等多元主体共同发力的协商联合发展特征，并逐渐开始自觉跟进区域经济一体化进程；三是快速发展阶段（2009—2017 年），长三角地区跨省域层面的教育"制度合作"联动模式开始形成，协作范围不断扩大，区域高等教育一体化发展呈现出由协同联动向协作联盟演进的基本特征，也由此基本适应了区域经济一体化发展趋势；四是迈向高质量一体化发展阶段（2018 年以来），由于国家战略部署和区域高等教育自身变革的双轮驱动，长三角区域高等教育一体化发展日益凸显融合"联姻"式发展的新趋势，并开始与区域经济一体化进程走向适度协同。

可以说，长三角区域高等教育一体化发展是在破界融合发展过程中逐步提升而来的，总体表现出"协商联合（自发自觉式合作与交流）——协同联动——协作联盟——融合'联姻'（更高质量一体化发展）"的演进特征，且与区域经济一体化发展进程相比，经历了从早期相对滞后逐步走向适度协同的演进路径。

这一实践历程，从现实层面说明推动长三角区域高等教育一体化发展不仅十分必要，而且现实可行。

4. 动力机制

在推进长三角区域高等教育一体化发展的动力结构中，既包括外部动力因素也包括内部动力因素。外部动力因素主要包括：国家政治领导力、区域经济一体化驱动力、区域社会网络及文化聚合力、国际成功实践带动力。就政治动力机制而言，长三角区域高等教育一体化发展是作为实施区域一体化发展战略的一种"工具"被启动，并使之逐步获得了政策性基础和合法性依据，也即贯彻国家意志和政府行为；就经济动力机制而言，长三角区域经济一体化发展与高等教育一体化发展之间存在互动耦合关系，从很大程度上呈现出"同频共振"的发展格局；就社会网络及文化动力机制而言，长三角一市三省间内在紧密的社会网络和文化认同以及教育强省共识诸因素对长三角区域高等教育一体化发展起到重要的促进作用；就国际实践动力机制而言，国际区域高等教育一体化发展实践经验不仅为推动长三角区域高等教育一体化发展提供了现实案例与佐证，而且对长三角区域高等教育界具有较强的吸引和带动作用。

所谓内部动力即高等教育系统内生变革动力，其内在的作用机制体现为：一是将主动适应外部剧烈变化的能动性转化为高等教育改革与发展的内在需求；二是合作博弈及外部利益内部化日益成为高校的自觉选择；三是通过一些高校领导人及有志之士的教育改革新思维与新探索而得以推动。

正是这些动力机制的相互交织、共同作用，推进了长三角区域高等教育一体化发展。但是，当前仍然存在内、外部动力相对失衡的问题。因此，新时期持续推进区域一体化发展进程乃至更高质量的发展，亟须促进外部动力由外而内的有效转化并与内部动力有机融合，使之真正内生于一体化发展进程中。

5. 调研结果

综合访谈和问卷调查结果，当前高等教育改革决策者与相关实践主体总体上认为有必要推进长三角区域高等教育一体化发展。

　　总体上看，绝大多数利益攸关者认为有必要推进长三角区域高等教育一体化发展，且对一体化发展前景表示看好，但对一体化发展现状评价不高，表明当前尚存在较大的推进困难。

　　从现实状况来看，利益攸关者对长三角区域高等教育一体化发展困境、区域高校发展雷同与恶性竞争、区域高等教育系统失调与失衡等三方面的困境表示认同，整体上认为长三角地区高等教育发展问题与困境比较突出，且对长三角地区高等教育发展的问题与困境认同度越高，越认为有必要推进一体化发展。

　　从现实困境来看，当前长三角区域高等教育一体化发展面临的困境主要表现在四个层面，(1)制度困境：行政区划壁垒仍然存在；(2)条件困境：省域高等教育发展差距依然悬殊；(3)组织困境：顶层设计和统筹规划缺乏；(4)动力困境：区域高等教育一体化发展内生动力不足。

　　结论三：明确战略目标，多措并举、"上下"配合应是较长一段时间内长三角区域高等教育一体化发展的重要推进策略。

　　首先，明确了长三角地区高等教育"一极三区一高地"的战略目标，即努力把长三角地区打造成为全国高等教育(包括国际高等教育服务贸易)的增长极，区域高等教育一体化发展的样板区和示范区、率先实现高等教育现代化的引领区，新时代高等教育改革创新的新高地。

　　其次，提出以下推进策略：

　　第一，深入推进区域高等教育改革进程，树立并强化高等教育功能主体区理念，所谓高等教育功能主体区就是将整个区域视为高等教育功能区或大学区。

　　第二，采取"上下"配合的一体化行动和举措，分为五个方面：一是进行科学的顶层设计和战略规划；二是加强一市三省政府的协同主导力量；三是健全区域高等教育一体化发展机制(包括长三角高等教育领导统筹机制、高校合作与竞争机制、资源共建共享机制、协调推进与激励保障机制)；四是进一步开发实施一体化相关项目；五是重视发挥监测评价的积极导向和改进作用；

第三，正确处理好一体化进程中的若干关系，主要包括政府主导与高校自主的关系、有序竞争与分工合作的关系、一体化与多元化的关系等。

结论四：基于"以评促发展"的目的导向，构建了由"规划与统筹、联动与协同、协调与平衡、开放与共享"四维度构成的长三角区域高等教育一体化水平评价指标体系。

监测评价是长三角区域高等教育一体化发展不容忽视的推进策略之一，而构建综合评价指标体系是一项基础性且十分重要的工作，具有重要的理论价值和现实意义。在落实"以评促发展"的策略中，本书在对区域高等教育一体化发展目标层层分解的基础上，构建了综合评价指标体系的初步框架，采用Delphi法对评价指标进行修订和完善，利用层次分析法确定指标权重，并建立了纵向可比的区域高等教育一体化水平评价等级标准。

第二节 研究展望

长三角区域高等教育一体化发展这一论题当是一项"新"题、"大"题和"难"题，本身包含着丰富的、可深挖的研究空间。然而，本书研究结论仍然属于一项探索性研究成果。受研究者个人能力、知识以及视野的限制，留下了许多未能深入挖掘和分析的遗憾之处，有的论断也需要进一步斟酌与检验。对于书稿存在的不足，将在今后的研究工作中予以补充、完善。

第一，本书重点分析了长三角区域高等教育一体化发展之"应然"，而对其"实然"仍缺乏批判性反思与分析。事实上，这要求研究者具有极强的批判性思维和抽象的理论思维，因此后续研究还需要在这一方面继续积累专业知识，以便在理论部分进行更深入的思考和辨析，进一步提升该选题的理论价值。

第二，长三角区域高等教育一体化发展是个大概念，至少包含宏观、中观、微观三个层面的"一体化"内容，而本书更多只体现在宏、中观层面（省域空间单元），缺乏对微观层面的深入分析。比如，不同属地、不同层级、不同类型的具体基层高校之间进行"一体化"的限度（包括范围和程度）是什么？又如，针对更微观层面的学科、专业、课程、学分等，哪些可以进行"一体化"？哪些在现有条件下是不可以的？这些仍然有待进一步探讨和研究。此外，本书仅从已经发生的事件整体上梳理出长三角区域高等教育一体化发展进程，缺乏对发展现状的实地考察。未来还应努力搜集长三角区域内部不同高校之间相互合作、共享优质高等教育资源、和而不同、互相支援、扬长补短等方面的鲜活实例，进行更深入的案例分析。当然，如果必要，还可以考虑作比较分析，以更准确地总结相关实践经验，了解现状与困境，从而持续推进区域高等教育一体化高质量发展。

第三，本书在调研分析部分尚存在较大的改进空间。一方面，由于调研是在新冠肺炎疫情来袭时进行的，访谈的范围和深度都远远不够，且难以对访谈内容进行深入分析。另一方面，调查问卷主要问询的是相关人员对长三角区域高等教育一体化发展的一些认识和看法，存在较大的主观性，对现实发展现状的解释力仍然很有限。为此，后续深入研究会考虑再斟酌完善调查问卷设计的题项。

第四，囿于数据获取困难，本书构建的长三角区域高等教育一体化水平评价指标体系仍有待验证，值得深入探讨和完善。鉴于此，对长三角区域高等教育一体化水平评价指标体系的后续研究与实际运用仍需进一步加强，未来将继续开展该评价指标体系的实证研究，以将其运用于实际监测评价之中。基于评价实践运用的结果，一方面能进一步验证和提高评价指标体系的有效性和科学性；另一方面可对长三角区域高等教育一体化实践发展成效做出评价性反馈与改进，厘清更高质量一体化发展的深层次问题和瓶颈所在，探索提升区域高等教育一体化水平的针对性策略，从而为相关实践提供有效的参考和指导。

参 考 文 献

一、中文文献

(一)学术著作

[1] [德]马克斯·韦伯. 社会科学方法论[M]. 韩水法,莫茜,译. 北京:中央编译出版社,1998.

[2] [加]迈克·富兰. 变革的力量——透视教育改革[M]. 中央教育科学研究所,加拿大多伦多国际学院,译. 北京:教育科学出版社,2004.

[3] [美]克拉克·克尔. 大学的功用[M]. 陈学飞,等,译. 南昌:江西教育出版社,1993.

[4] [美]埃贡·G. 古贝,冯伊娜·S. 林肯. 第四代评估[M]. 秦霖,蒋燕玲,等,译. 北京:中国人民大学出版社,2008.

[5] [美]道格拉斯·C. 诺斯. 经济史中的结构与变迁[M]. 陈郁,罗华平,等,译. 上海:上海三联书店,上海人民出版社,1994.

[6] [美]道格拉斯·C. 诺斯. 制度、制度变迁与经济绩效[M]. 刘守英,译. 上海:上海三联书店,上海人民出版社,1994.

[7] [美]德里克·博克. 走出象牙塔——现代大学的社会责任[M]. 徐小洲,陈军,译. 杭州:浙江教育出版社,2001.

[8] [美]兰斯·E. 戴维斯,道格拉斯·C. 诺思. 制度变迁与美国经济增长

[M]. 张志华, 译. 上海: 上海三联书店, 2019.

[9] [美]约翰·S. 布鲁贝克. 高等教育哲学[M]. 王承绪, 等, 译. 杭州: 浙江教育出版社, 2002.

[10] [美]约瑟夫·熊彼特. 经济发展理论[M]. 何畏, 易家祥, 译. 北京: 商务印书馆, 1990.

[11] 陈雯, 孙伟, 袁丰. 长江三角洲区域一体化空间: 合作、分工与差异[M]. 北京: 商务印书馆, 2018.

[12] 陈学飞. 高等教育国际化: 跨世纪的大趋势[M]. 福州: 福建教育出版社, 2002.

[13] 谌晓芹. 结构主义视角下的博洛尼亚进程[M]. 北京: 中国社会科学出版社, 2016.

[14] 崔玉平. 区域高等教育的经济学分析[M]. 哈尔滨: 黑龙江人民出版社, 2011.

[15] 黄孟源. 区域教育可持续发展研究(第三辑)[M]. 上海: 复旦大学出版社, 1999.

[16] 建设高等教育强国发展战略研究课题组. 建设高等教育强国[M]. 北京: 高等教育出版社, 2016.

[17] 刘志彪, 等. 长三角区域经济一体化[M]. 北京: 中国人民大学出版社, 2010.

[18] 上海市人民政府发展研究中心. 长三角更高质量一体化发展路径研究[M]. 上海: 格致出版社, 上海人民出版社, 2020.

[19] 吴岩, 等. 高等教育强国梦——中国高等教育区域发展新论[M]. 北京: 高等教育出版社, 2013.

[20] 许树柏. 实用决策方法——层次分析法原理[M]. 天津: 天津大学出版社, 1988.

[21] 杨东平, 刘胡权. 激流勇进: 地方教育制度变革的理论和实践——中国地

方教育制度（2008—2012）[M]．北京：北京理工大学出版社，2014．

[22]袁纯清．共生理论——兼论小型经济[M]．北京：经济科学出版社，1998．

[23]袁羽钧．走进长江三角洲——探析区域一体化发展路径[M]．北京：社会科学文献出版社，2020．

[24]长江三角洲城市经济协调会办公室．共建世界级城市群——长江三角洲城市经济协调会二十年发展历程（1997—2017）[M]．上海：东方出版中心，2017．

[25]赵焕臣，许树柏，和金生．层次分析法——一种简易的新决策方法[M]．北京：科学出版社，1986．

[26]中国大百科全书出版社编辑部，中国大百科全书总编辑委员会《中国地理》编辑委员会．中国大百科全书·中国地理[M]．北京：中国大百科全书出版社，2006．

[27]钟秉林．大学的走向[M]．北京：商务印书馆，2015．

[28]周川．简明高等教育学[M]．南京：河海大学出版社，2002．

（二）期刊论文

[29][德]芭芭拉·M.科姆．博士生教育去向何方——全球变化背景下欧洲的新举措[J]．朱知翔，译．北京大学教育评论，2009，5（4）．

[30][德]彼得·梅尔，汉斯·R.弗里德里希．德国实施"博洛尼亚进程"的进展及其存在的争议[J]．孙琪，译．比较教育研究，2013（8）．

[31][德]于尔根·施瑞尔．"博洛尼亚进程"：新欧洲的神话？[J]．赵雅晶，译．北京大学教育评论，2007，5（2）．

[32][德]约翰内斯·威尔特．高等教育全球化的挑战——学术研究者视野中的德国博洛尼亚进程[J]．李子江，罗惠芳，译．高等教育研究，2007，28（12）．

[33]"共建长三角教育综合改革试验区"研究总课题组．推进长三角教育综合改

革 实现区域教育联动发展[J]. 教育发展研究, 2012(5).

[34]"长三角地区教育联动发展战略研究"江苏课题组. 以项目为载体, 加快长三角地区教育联动发展[J]. 教育发展研究, 2009(Z1).

[35]"长三角地区教育联动发展战略研究"上海课题组. 以共同发展为导向, 推动长三角地区教育率先联动[J]. 教育发展研究, 2009(Z1).

[36]"长三角地区教育联动发展战略研究"浙江课题组. 以改革为动力, 构建长三角教育一体化发展平台[J]. 教育发展研究, 2009(Z1).

[37]"长三角地区教育联动发展战略研究"总课题组. 长三角地区教育联动发展战略研究[J]. 教育发展研究, 2009(Z1).

[38]安虎森. 增长极理论评述[J]. 南开经济研究, 1997(1).

[39]白玫. 非欧洲国家应对博洛尼亚进程的策略与启示[J]. 高教探索, 2014(1).

[40]蔡宗模. 十年博洛尼亚进程的经验与启示: 张力视角[J]. 外国教育研究, 2011, 38(2).

[41]曾刚, 王丰龙. 长三角区域城市一体化发展能力评价及其提升策略[J]. 改革, 2018(12).

[42]曾天山, 吴景松, 崔洁芳, 等. 国际教育指标的选择、应用与借鉴[J]. 教育发展研究, 2015(1).

[43]常桐善. 美国旧金山湾区高等教育共同体的发展特征: 兼谈对成渝地区双城经济圈高等教育发展的启示[J]. 重庆高教研究, 2020, 8(5).

[44]陈·巴特尔, 许伊娜. 京津冀区域高等教育反梯度推移发展策略[J]. 黑龙江高教研究, 2018(2).

[45]陈·巴特尔, 张琦. 高等教育协同发展: 京津冀一体化的重要推动力[J]. 中国高等教育, 2015(23).

[46]陈昌贵, 陈文汉. CEPA与粤港澳高等教育的制度化合作[J]. 高等教育研究, 2004, 25(1).

[47]陈国良.共建"长三角教育综合改革试验区"研究[J].科学发展，2012(3).

[48]陈建军.长江三角洲区域经济一体化的三次浪潮[J].中国经济史研究，2005(3).

[49]陈剩勇，马斌.区域间政府合作：区域经济一体化的路径选择[J].政治学研究，2004(1).

[50]陈涛，唐教成.高等教育如何推动成渝地区双城经济圈发展：高等教育集群建设的基础、目标与路径[J].重庆高教研究，2020，8(4).

[51]陈先哲，陈雪芹.多中心之下的融合创新：粤港澳大湾区高等教育集群的挑战与出路[J].苏州大学学报(教育科学版)，2019(2).

[52]崔玉平，陈克江.区域一体化进程中高等教育行政区划改革与重构——基于长三角高等教育协作现状的分析[J].现代大学教育，2013(3).

[53]崔玉平，夏焰.区域高等教育联动改革与协调发展的经济意义——基于长三角地区的分析[J].清华大学教育研究，2012，33(1).

[54]崔玉平，张弘.我国省域高等教育协调发展水平的量化评价[J].现代大学教育，2015(5).

[55]丁晓昌.长三角高等教育联动发展的实践与思考[J].中国高教研究，2010(8).

[56]董泽芳，柯佑祥.高等教育区域化研究[J].江苏高教，2000(5).

[57]杜育红.论教育组织及其变革低效的制度根源[J].北京师范大学学报(人文社会科学版)，2002(1).

[58]高桂彪，梁英.试论粤港澳高等教育的合作[J].高等教育学报，1988(Z1).

[59]龚放.整合与联动：打造长三角高等教育发展极[J].教育发展研究，2004(1).

[60]龚放.观念认同 政府主导 项目推动——再论打造"长三角高等教育发展极"[J].教育发展研究，2005(4).

[61]顾海兵，张敏．基于内力和外力的区域经济一体化指数分析：以长三角城市群为例[J]．中国人民大学学报，2017(3)．

[62]顾明远．世界高等教育发展的基本趋势和经验[J]．北京师范大学学报(社会科学版)，2006(5)．

[63]郭必裕．长三角高校联动发展的动因及其实现机制[J]．南通大学学报(社会科学版)，2010，26(6)．

[64]郭化林．高等院校规模经济的形成机理与实现[J]．河北科技师范学院学报(社会科学版)，2004，3(1)．

[65]郭强．美国高等教育区域合作与交流模式及其启示——解读《美国西部州际高等教育委员会2009年度报告》[J]．中国高教研究，2010(1)．

[66]郭秀晶，桑锦龙，高兵，等．京津冀区域高等教育合作的行动研究与战略构想[J]．北京教育(高教版)，2010(12)．

[67]洪成文，梁显平，韩少秀．成渝地区双城经济圈高等教育的超常规发展战略[J]．重庆高教研究，2020，8(4)．

[68]侯蔚．论产业转型升级与高校专业协调发展——基于长三角区域一体化的思考[J]．高等工程教育研究，2014(4)．

[69]侯蔚．长三角区域一体化下的高校协同发展战略选择与制度创新[J]．中国高教研究，2014(4)．

[70]胡昳昀，刘宝存．拉美高等教育一体化建设：目标、路径及困境——联合国教科文组织参与区域治理的视角[J]．比较教育研究，2018(4)．

[71]黄明东，陈越，姚宇华．教育政策效果评估指标体系构建研究——基于后实证主义方法论的视角[J]．教育发展研究，2016(1)．

[72]黄崴，孟卫青．泛珠三角区域教育发展合作的背景、现状与机制[J]．教育研究，2007(10)．

[73]贾秀险，戚务念．成渝地区双城经济圈高等教育系统构建：基础与路径[J]．重庆高教研究，2020，8(5)．

[74]蒋华林.推动成渝地区双城经济圈高等教育一体化发展的思考[J].重庆高教研究,2020,8(4).

[75]蒋雅文.论制度变迁理论的变迁[J].经济评论,2003(4).

[76]焦磊.粤港澳大湾区国际高等教育示范区:意涵、态势与建设方略[J].高校教育管理,2020,14(4).

[77]雷树祥,肖阳.长三角区域经济一体化下的高等教育合作[J].现代教育科学,2008(2).

[78]冷志明,易夫.基于共生理论的城市圈经济一体化机理[J].经济地理,2008,28(3).

[79]冷志明,张合平.基于共生理论的区域经济合作机理[J].经济纵横,2007(4).

[80]李汉邦,李少华,黄侃.论京津冀高等教育区域合作[J].北京教育(高教版),2012(6).

[81]李家新,谢爱磊,范冬清.区域化发展视角下的粤港澳大湾区高等教育合作:基础、困境与展望[J].复旦教育论坛,2020,18(1).

[82]李晶,刘晖.粤港澳大湾区高等教育整合的逻辑与进路[J].高等教育研究,2018,39(10).

[83]李军林,李岩.合作博弈理论及其发展[J].经济学动态,2004(9).

[84]李培鑫,张学良.长三角空间结构特征及空间一体化发展研究[J].安徽大学学报(哲学社会科学版),2019(2).

[85]李瑞林,骆华松.区域经济一体化:内涵、效应与实现途径[J].经济问题探索,2007(1).

[86]李世奇,朱平芳.长三角一体化评价的指标探索及其新发现[J].南京社会科学,2017(7).

[87]李廷洲,杨文杰,李婉颖.长江经济带高等教育资源优化配置研究[J].中国高教研究,2021(2).

[88] 李旭. 京津冀区域高校联盟建设的现状、困境与对策[J]. 高等教育研究, 2018(6).

[89] 李学良, 冉华, 王晴. 区域教育现代化监测评价指标体系的构建与实施研究——以苏南地区为例[J]. 教育发展研究, 2020(2).

[90] 李宜江. 长三角高等教育一体化高质量发展目标与行动路径研究[J]. 苏州大学学报(教育科学版), 2020(4).

[91] 李玉红, 麻卫华. 教育合作与"大北京经济圈"[J]. 经济论坛, 2003(8).

[92] 李长华. 推进欧洲高等教育一体化的博洛尼亚进程[J]. 外国教育研究, 2005, 32(4).

[93] 刘爱玲, 褚欣维. 博洛尼亚进程20年：欧盟高等教育一体化过程、经验与趋势[J]. 首都师范大学学报(社会科学版), 2019(3).

[94] 刘爱玲, 褚欣维. 博洛尼亚进程20年：欧盟高等教育一体化过程、经验与趋势[J]. 首都师范大学学报(社会科学版), 2019(3).

[95] 刘国瑞. 高等教育改革的"双重属性"与动力机制优化[J]. 中国高教研究, 2019(8).

[96] 刘国瑞. 我国高等教育空间布局的演进特征与发展趋势[J]. 高等教育研究, 2019, 40(9).

[97] 刘士林, 王晓静. 长三角区域政策发展进程研究[J]. 艺术百家, 2011(6).

[98] 刘新, 吕延杰. 融合创新的概念、背景和特点[J]. 通信企业管理, 2006(12).

[99] 刘雅媛, 张学良. "长江三角洲"概念的演化与泛化——基于近代以来区域经济格局的研究[J]. 财经研究, 2020, 46(4).

[100] 刘赞英, 刘兴国. 加强京津冀区域高等教育合作 促进高等教育内涵式发展[J]. 河北工业大学学报(社会科学版), 2013, 5(4).

[101] 刘志彪, 孔令池. 长三角区域一体化发展特征、问题及基本策略[J]. 安徽大学学报(哲学社会科学版), 2019(3).

[102]刘志彪.区域一体化发展的再思考——兼论促进长三角地区一体化发展的政策与手段[J].南京师大学报(社会科学版)，2014(6).

[103]刘志彪.协调竞争规则：长三角地区经济一体化的重要基石[J].南京政治学院学报，2002，18(4).

[104]柳友荣，张蕊.区域高等教育发展的合法性审思[J].大学教育科学，2019(3).

[105]冒荣.高等教育产业化的争论与启迪[J].中国统计，2001(9).

[106]欧小军."一国两制"背景下粤港澳大湾区高水平大学集群发展研究[J].现代教育管理，2018(9).

[107]潘懋元.高等教育地方化的可行性探讨[J].高等理科教育，2010(5).

[108]庞效民.区域一体化的理论概念及其发展[J].地理科学进展，1997，16(2).

[109]彭红玉，张应强.美国州际高等教育协调与合作机制及其启示[J].高等教育研究，2012，33(4).

[110]彭张林，张爱萍，王素凤，等.综合评价指标体系的设计原则与构建流程[J].科研管理，2017，38(4).

[111]齐艳杰，薛彦华.京津冀高等教育一体化进程对策研究[J].北京师范大学学报(社会科学版)，2017(2).

[112]钱乘旦.文科为什么要交叉——兼论知识发展的一般规律[J].文化纵横，2020(5).

[113]全毅.全球区域经济一体化发展趋势及中国的对策[J].经济学家，2015(1).

[114]佘之祥.长江三角洲的基本特点、发展问题和对策[J].现代城市研究，1999(1).

[115]申超.欧洲高等教育一体化的历史演进及其特征分析[J].全球教育展望，2009，38(7).

[116]史秋衡.高等教育产业理念比较及匡正[J].高等教育研究,2001,22 (3).

[117]史秋衡.论高等教育产业化趋势[J].厦门大学学报(哲学社会科学版), 2002(5).

[118]眭依凡.合作与引领发展:"长三角"高等教育行动[J].中国高教研究, 2010(6).

[119]孙志凤.交流与协调:建立长三角教师教育信息化基地[J].教育发展研究,2004(1).

[120]覃玉荣.东盟高等教育一体化的发展历程[J].东南亚纵横,2009(4).

[121]汤放华,吴平,周亮.长株潭城市群一体化程度测度与评价[J].经济地理,2018,38(2).

[122]陶俊浪,万秀兰.非洲高等教育一体化进程研究[J].比较教育研究, 2016(4).

[123]王超,王秀彦.动力机制与阻力因素:欧洲高等教育一体化改革的启示[J].教育研究,2012(1).

[124]王成端,谢华,孙山,等.川渝地区高等教育资源配置现状、问题及共享机制研究[J].现代大学教育,2012(6).

[125]王成端,叶怀凡,程碧英.高等教育资源共建共享——基于成渝经济区现状的考察及思考[J].中国高教研究,2017(2).

[126]王春枝,斯琴.德尔菲法中的数据统计处理方法及其应用研究[J].内蒙古财经学院学报(综合版),2011,9(4).

[127]王福建,孙继红.京津冀一体化背景下区域高等教育协同发展研究[J].当代教育科学,2017(8).

[128]王建华.政策驱动高等教育改革的背后[J].清华大学教育研究,2019, 40(1).

[129]王善迈.关于教育产业化的讨论[J].北京师范大学学报(人文社会科学

版），2000（1）.

［130］王善迈.马克思恩格斯的教育经济思想［J］.中国高等教育，2018（19）.

［131］王瑜.增长极理论与实践评析［J］.商业研究，2011（4）.

［132］魏后凯，年猛，李玏."十四五"时期中国区域发展战略与政策［J］.中国
工业经济，2020（5）.

［133］邬大光，柯佑祥.关于高等教育产业属性的理论思考［J］.教育研究，
2000（6）.

［134］巫丽君，王河江.长三角高等教育区域一体化模式探析——基于历史进
程的考察［J］.清华大学教育研究，2010，31（4）.

［135］吴泓，顾朝林.基于共生理论的区域旅游竞合研究［J］.经济地理，2004，
24（1）.

［136］吴建新，欧阳河，黄韬，等.专家视野中的职业教育校企合作长效机制
设计——运用德尔菲专家咨询法进行的调查分析［J］.现代大学教育，
2014（5）.

［137］吴岩，王晓燕，王新凤，等.探索京津冀区域高等教育发展新模式——
学习《国家中长期教育改革和发展规划纲要（2010—2020年）》的思
考［J］.中国高教研究，2010（8）.

［138］吴颖，崔玉平.长三角区域高等教育一体化的演进历程与动力机制［J］.
高等教育研究，2020，41（1）.

［139］武义青，赵建强.区域基本公共服务一体化水平——以京津冀和长三角
地区为例［J］.经济与管理，2017，31（4）.

［140］熊娜，郑军，汪发元.长三角区域交通高质量一体化发展水平评估［J］.
改革，2019（7）.

［141］徐芳燕，吴婕彤，蓝玉奇.粤港澳大湾区高等教育系统内外部协调发展
的测度分析［J］.浙江树人大学学报，2020，20（3）.

［142］徐辉."博洛尼亚进程"的背景、历程及发展趋势［J］.高等教育研究，

2009，30(7)．

［143］徐辉．欧洲"博洛尼亚进程"的目标、内容及其影响［J］．教育研究，2010
(4)．

［144］许长青，郭孔生．粤港澳大湾区高等教育集群发展：国际经验与政策创
新［J］．高教探索，2019(9)．

［145］许长青，黄玉梅．制度变迁视域中粤港澳大湾区高等教育融合发展研
究［J］．中国高教研究，2019(7)．

［146］许长青，卢晓中．粤港澳大湾区高等教育融合发展：理念、现实与制度
同构［J］．高等教育研究，2019，40(1)．

［147］许长青，周丽萍．跨境流动视域中粤港澳大湾区高等教育协同发展的政
策构建［J］．高教探索，2020(8)．

［148］薛二勇，刘爱玲．京津冀高等教育布局结构优化的政策研究［J］．高等教
育研究，2018，39(8)．

［149］薛二勇，刘爱玲．京津冀教育协同发展政策的构建［J］．教育研究，2016
(11)．

［150］杨凤华，王国华．长江三角洲区域市场一体化水平测度与进程分析［J］．
管理评论，2012(1)．

［151］杨天平，金如意．博洛尼亚进程论述［J］．华东师范大学学报(教育科学
版)，2009，27(1)．

［152］杨学新，李小刚．"首都地区"高等教育合作对策研究［J］．中国高教研
究，2009(10)．

［153］杨移贻．互补与对接——21 世纪粤港澳高等教育合作展望［J］．高教探
索，1996(3)．

［154］杨泽军．成渝经济区高等教育发展探讨［J］．四川教育学院学报，2010，
26(4)．

［155］杨振军．推动形成京津冀高等教育协同发展新格局［J］．中国高等教育，

2017（8）．

[156]姚计海．教育实证研究方法的范式问题与反思[J]．华东师范大学学报（教育科学版），2017，35（3）．

[157]姚鹏，王民，鞠晓颖．长江三角洲区域一体化评价及高质量发展路径[J]．宏观经济研究，2020（4）．

[158]于新娟．也论"长江三角洲"——兼从社会经济史的视角[J]．社会科学家，2006（1）．

[159]余秀兰．促进与区域经济的良好互动：长三角教育的应为与难为[J]．教育发展研究，2005（9）．

[160]余秀兰．分工与合作：促进长三角高等教育新发展[J]．教育发展研究，2004（1）．

[161]俞可．欧洲高等教育：蹒跚走向一体化[J]．上海教育，2003（18）．

[162]俞可．欧洲高等教育一体化进程初探[J]．复旦教育论坛，2004（1）．

[163]袁晶，张珏．长三角区域高等教育一体化发展：动因、内涵与机制创新[J]．中国高教研究，2019（7）．

[164]袁晶，张珏．长三角区域高等教育一体化发展：需求、障碍与机制突破[J]．教育发展研究，2019（5）．

[165]袁勤俭，宗乾进，沈洪洲．德尔菲法在我国的发展及应用研究——南京大学知识图谱研究组系列论文[J]．现代情报，2011，31（5）．

[166]张红霞，曲铭峰．长三角高等教育一体化：学科与课程层面[J]．教育发展研究，2005（9）．

[167]张继龙．区域高等教育合作：美国的经验与启示[J]．江苏高教，2014（6）．

[168]张琦．文化同源性与差异性影响下的京津冀高等教育研究[J]．河北师范大学学报（教育科学版），2016，18（4）．

[169]张学良，李丽霞．长三角区域产业一体化发展的困境摆脱[J]．改革，

2018(12).

[170]张学良,林永然,孟美侠.长三角区域一体化发展机制演进:经验总结与发展趋向[J].安徽大学学报(哲学社会科学版),2019(1).

[171]张应强.我国高等教育改革的反思和再出发[J].深圳大学学报(人文社会科学版),2016,33(1).

[172]赵渊.长三角高等教育协作:路径矫正及动力机制建构[J].中国高教研究,2013(2).

[173]郑震.社会学方法的综合——以问卷法和访谈法为例[J].社会科学,2016(11).

[174]中南大学高等教育研究所课题组.建立中国应对博洛尼亚进程机制的设想[J].现代大学教育,2009(6).

[175]钟秉林,王新凤.新发展格局下我国高等教育集群发展的态势与展望[J].高等教育研究,2021,42(3).

[176]周川.我国高等教育管理体制70年探索历程及其展望[J].高等教育研究,2019,40(7).

[177]周光礼.从同型竞争到错位竞争——高校品牌形成机制研究[J].中国高教研究,2017(10).

[178]周立群,夏良科.区域经济一体化的测度与比较——来自京津冀、长三角和珠三角的证据[J].江海学刊,2010(4).

[179]朱德全,吴虑.大数据时代教育评价专业化何以可能:第四范式视角[J].现代远程教育研究,2019,31(6).

[180]朱佳妮.搭乘欧洲高等教育一体化快车?——"博洛尼亚进程"对德国高等教育的影响[J].清华大学教育研究,2014,35(6).

[181]朱建成.粤港澳高等教育共同体建设的探讨[J].高教探索,2009(6).

[182]朱金海.论长江三角洲区域经济一体化[J].社会科学,1995(2).

[183]庄士英,张路平,赵冬云,等.京津冀高等教育一体化战略构想[J].产

业与科技论坛，2009，8(2).

[184]卓泽林，杨体荣.粤港澳大湾区高校集群建设的发展导向及其路径[J].
教育发展研究，2019(11).

[185]卓泽林.美国旧金山湾区高等教育整合动因及路径[J].苏州大学学报(教
育科学版)，2019(2).

[186]宗晓华，冒荣.合作博弈与集群发展:长三角地区高等教育协同发展研
究[J].教育发展研究，2010(9).

(三)学位论文

[187]曾明星.极化增长区域人力资源优化配置研究——以长三角大都市圈为
例[D].上海:华东师范大学，2005.

[188]谌晓芹.结构主义视角下的欧洲高等教育一体化改革研究——聚焦于博
洛尼亚进程(1999—2010年)[D].武汉:华中科技大学，2014.

[189]蒋华林.从"条块分割"到"块块分割"——我国高等教育发展转型中的地
方政府竞争研究[D].武汉:华中科技大学，2015.

[190]夏焰.中国高等教育投入产出的空间组织研究[D].苏州:苏州大
学，2015.

[191]张蕾蕾.长三角区域高等教育联动改革与协调发展的行动路线研究[D].
苏州:苏州大学，2013.

[192]赵庆年.区域高等教育发展差异问题研究——基于1998—2006年我国省
级行政区域的视角[D].厦门:厦门大学，2009.

[193]周晋名.区域旅游高质量一体化发展评价研究——以长三角为例[D].上
海:上海师范大学，2020.

[194]朱建军.层次分析法的若干问题研究及应用[D].沈阳:东北大学，2005.

(四)报纸和电子文献等其他类别

[195]粤港澳大湾区高等教育大数据研究中心，深新传播智库.粤港澳、京津

冀、长三角地区高等教育与经济发展报告［R］.深圳：南方科技大学，2020.

［196］国家发展改革委.国家发展改革委关于印发长江三角洲地区区域规划的通知［EB/OL］.（2010-06-22）.http://www.gov.cn/zwgk/2010-06/22/content_1633868.htm.

［197］新华社.国家中长期教育改革和发展规划纲要（2010—2020年）［EB/OL］.（2010-07-29）.http://www.gov.cn/jrzg/2010-07/29/content_1667143.htm.

［198］熊思东.长三角地区一体化，高教一体化要先行［EB/OL］.（2020-03-16）.http://www.jsrd.gov.cn/dbgz/dbyd_yzjy/202003/t20200316_521579.shtml.

［199］习近平主持召开扎实推进长三角一体化发展座谈会并发表重要讲话［EB/OL］.（2020-08-22）.http://www.xinhuanet.com/politics/leaders/2020-08/22/c_1126399990.htm.

［200］习近平.在教育文化卫生体育领域专家代表座谈会上的讲话［EB/OL］.（2020-09-22）.http://www.gov.cn/xinwen/2020-09/22/content_5546157.htm.

［201］中国教育新闻网.设立长三角教育一体化发展创新试验区［EB/OL］.（2021-03-07）.https://baijiahao.baidu.com/s？id=1693566266187386868&wfr=spider&for=pc.

［202］新华社.中共中央、国务院办公厅印发《加快推进教育现代化实施方案（2018—2022年）》［EB/OL］.（2019-02-23）.http://www.gov.cn/xinwen/2019-02/23/content_5367988.htm.

［203］新华网.沪苏浙皖达成战略协作 推进长三角地区2025年整体实现教育现代化［EB/OL］.（2018-12-13）.http://www.gov.cn/xinwen/2018-12/13/content_5348620.htm.

［204］教育部.教育部关于进一步推进长江三角洲地区教育改革与合作发展的指导意见［EB/OL］.（2014-06-12）.http://www.moe.gov.cn/srcsite/A03/moe_1892/moe_630/201406/t20140612_170722.html.

[205]中华人民共和国中央政府. 国务院关于依托黄金水道推动长江经济带发展的指导意见［EB/OL］.（2014-09-25）. http：//www. gov. cn/zhengce/content/2014-09/25/content_9092.htm.

[206]中华人民共和国中央人民政府. 关于印发长江三角洲城市群发展规划的通知［EB/OL］.（2016-06-01）. https：//www. ndrc. gov. cn/xxgk/zcfb/ghwb/201606/t20160603_962187.html.

[207]中华人民共和国教育部发展规划司. 2019 教育统计数据［EB/OL］.（2017-12-06）. http：//www.moe.gov.cn/s78/A03/moe_560/jytjsj_2019/.

[208]中华人民共和国教育部研究生司."双一流"建设高校名单［EB/OL］.（2017-12-06）. http：//www.moe.gov.cn/s78/A22/A22_ztzl/ztzl_tjsylpt/sylpt_jsgx/201712/t20171206_320667.html.

[209]人民网. 推动长三角一体化进程，长三角城市经济协调会成员单位扩充至 34 个［EB/OL］.（2018-04-13）. http：//sh. people. com. cn/n2/2018/0413/c176738-31458286.html.

[210]新华网. 长三角城市经济协调会新增 7 个城市［EB/OL］.（2019-10-15）. http：//www.xinhuanet.com/2019-10/15/c_1125107402.htm.

[211]刘士林. 以"城市群"概念取代"经济区"［N］. 光明日报，2011-03-23(2).

[212]刘志彪. 推进长三角更高质量一体化发展路径［N］. 浙江日报，2018-11-23(5).

[213]颜维琦. 长三角教育一体化发展进入新阶段［N］. 光明日报，2018-12-13(8).

[214]熊思东. 长三角地区一体化，高教一体化要先行［N］. 中国科学报，2019-03-13(5).

[215]陈彬，温才妃，袁一雪，等. 高等教育与区域发展如何同频共振［N］. 中国科学报，2019-03-13(5).

二、外文文献

[1] Ahola S, Mesikämmen J. Finnish Higher Education Policy and the Ongoing Bologna Process[J]. Higher Education, 2003, 28(2).

[2] Asderaki F. Researching the European Higher Education Area External Effectiveness: Regime Complexity and Interplay[J]. European Journal of Higher Education, 2019, 9(1).

[3] Balassa B. The Theory of Economic Integration [M]. Illinois: Richard D. Irwin, 1961.

[4] Capraro R M. Thompson B. The Educational Researcher Defined: What Will Future Researchers be trained to Do? [J]. The Journal of Educational Research, 2008, 101(4).

[5] Chen X M. The Evolution of Free Economic Zones and the Recent Development of Cross-national Growth Zones[J]. International Journal of Urban and Regional Research, 1995, 19(4).

[6] Estrada M A R. The Global Dimension of Regional Integration Model (GDRI-Model)[J]. Modern Economy, 2013(4).

[7] European Parliament. Realizing the European Higher Education Area: Berlin Conference of European Higher Education Ministers[J]. European Education, 2004, 36(3).

[8] Curaj A, Matei L, Pricopie R, et al. The European Higher Education Area Between Critical Reflections and Future Policies [M]. Cham: Springer International Publishing, 2015.

[9] Heinze T, Knill C. Analysis the Differential Impact of the Bologna Process: Theoretical Considerations on National Conditions for International Policy Convergence[J]. Higher Education, 2008, 56(4).

276

[10] Kaiser H F, Rice J. Little Jiffy, Mark IV [J]. Educational and Psychological Measurement, 1974, 34(1).

[11] Wiseman A W, Wolhuter C C. The Development of Higher Education in Africa: Prospects and Challenges [M]. UK: Emerald Group Publishing Limited, 2013.

[12] König J, Ohr R. Different Efforts in European Economic Integration: Implications of the EU Index [J]. Journal of Common Market Studies, 2013, 51(6).

[13] Lombaerde P D. Assessment and Measurement of Regional Integration [M]. London and New York: Routledge Taylor & Francis Group, 2006.

[14] Paasi A. The Institutionalization of Regions: A Theoretical Framework for Understanding the Emergence of Regions and the Constitution of Regional Identity [J]. Fennia-International Journal of Geography, 1986, 64(1).

[15] Palmer N D. The New Regionalism in Asia and the Pacific [M]. Lexington, Mass: Lexington, 1991.

[16] Saaty T L. Decision Making with the Analytic Hierarchy Process [J]. International Journal of Services Sciences, 2008, 1(1).

[17] Saaty T L. How to Make a Decision: the Analytic Hierarchy Process [J]. European Journal of Operational Research, 1980, 48(1).

[18] Saaty T L. The Analytic Hierarchy Process [M]. New York: McGraw Hill Inc, 1980.

[19] Sin C, Saunder M. Selective Acquiescence, Creative Commitment and Strategic Conformity: Situated National Policy Responses to Bologna [J]. European Journal of Education, 2014, 49(4).

[20] Teichler U. Internationalisation as a Challenge for Higher Education in Europe [J]. Tertiary Education and Management, 1999, 5(1).

[21]Kehm B M, Huisman J, Stensaker B. The European Higher Education Area: Perspectives on a Moving Target [M]. Rotterdam and Taipei: Sense Publisher, 2009.

[22]Ursin J, Huusko M, Aittola H, et al. Evaluation and Quality Assurance in Finnish and Italian Universities in the Bologna Process[J]. Quality in Higher Education, 2008, 14(2).

[23]Woldegiorgis E T. Conceptualizing Harmonization of Higher Education Systems: The Application of Regional Integration Theories on Higher Education Studies[J]. Higher Education Studies, 2013, 3(2).

[24]Woldegiorgis E T, Jonck P, Goujon A. Regional Higher Education Reform Initiatives in Africa: A Comparative Analysis with the Bologna Process [J]. International Journal of Higher Education, 2015, 4(1).

[25]Woldegiyorgis A A. Harmonization of Higher Education in Africa and Europe: Policy Convergence at Supranational Level [J]. Tuning Journal for Higher Education, 2018, 5(2).

[26]YaǦci Y. A Different View of the Bologna Process: the Case of Turkey[J]. European Journal Education, 2010, 45(4).

附录一 《长三角区域高等教育一体化发展》专家基本资料问卷

编号：_____ 填写日期：_____

尊敬的领导(老师)，您好！

十分感谢您在百忙之中接受我的不情之请。在开始访谈之前，请您填写这张基本信息表，方便我们排序编号。所有个人信息都是保密的，仅供研究之用。每位受访者都有一个编号，我们承诺：只有我知道您的身份，不管研究成果以何种形式面世，都不会透露您的任何身份识别信息。

谢谢您的支持与帮助！

【个人基本信息】

姓名：_____ 出生年月：_____ 性别：□男 □女

所在工作单位：_____ 当前职业/职务：_____

【一体化认知】

您认同"一体化促进高质量发展"吗？

①非常认同 ②比较认同 ③一般 ④不太认同 ⑤很不认同

以下六组词语中，哪几组比较符合您对区域一体化的认识和理解？请按重要程度排序：1_____2_____3_____

①非个体化 一盘棋 有机整体 你中有我 我中有你

②有序分工　错位竞争　优势互补　融合创新

③统一与统筹　联动与协同　协调与平衡　开放与共享

④一样化　同一化　趋同化　无差别

⑤空间集聚　抱团取暖　集群聚合

⑥说不清楚

您觉得我国区域高等教育一体化发展应当具备以下哪些先决条件？

①政府主导性　　　②地域相邻性或空间可达性

③资源互补性　　　④高校能动性

⑤经济耦合性　　　⑥文化相容性

⑦体制机制一致性和兼容性 ⑧其他＿＿＿＿＿＿

【长三角区域高等教育一体化发展】

如果请您对长三角区域高等教育一体化发展水平/进程进行一个总体性评价，您会打＿＿＿＿＿分？

（最低）0------1------2------3------4------5------6------7------8------9------10（最高）

您觉得推进长三角区域高等教育一体化发展的现实障碍是什么？请按重要程度排序：1＿＿＿＿＿2＿＿＿＿＿3＿＿＿＿＿

①行政区划壁垒

②缺乏区域高等教育一体化战略规划和宏观指导

③高等教育系统内生变革动力不足

④中央对地方政府及高校的放权与授权不够

⑤长三角区域一体化发展的体制机制尚不健全

⑥说不清楚

对标长三角区域一体化发展"一极三区一高地"（把长三角建设成为全国发展强劲活跃增长极、高质量发展样板区、率先基本实现现代化引领区、区域一体化发展示范区和新时代改革开放新高地）的战略目标，您认为长三角地区高等教育的发展定位或追求下述目标重要吗？

	非常重要	重要	不太重要	不重要
全国高等教育（包括国际教育服务贸易）的增长极	☐	☐	☐	☐
区域高等教育一体化发展的样板区和示范区	☐	☐	☐	☐
高等教育现代化的引领区	☐	☐	☐	☐
新时代高等教育改革创新的新高地	☐	☐	☐	☐

或者您觉得如何更好地定位长三角高等教育事业改革发展的新目标/愿景？（具体访谈时还请您谈一谈）

您觉得要实现长三角区域高等教育一体化（高质量）发展，以下方面有多重要？

	非常重要	重要	不太重要	不重要
战略规划、顶层设计	☐	☐	☐	☐
体制机制创新与完善	☐	☐	☐	☐
"软"平台"硬"支撑建设	☐	☐	☐	☐
一体化发展项目整体推进	☐	☐	☐	☐
一体化发展水平监测评价	☐	☐	☐	☐

或者您觉得要实现长三角区域高等教育高质量一体化发展的突破口和具体措施有哪些？（具体访谈时请您谈一谈）

您看好长三角区域高等教育一体化的未来实践发展吗？

①非常看好　②比较看好　③一般　④不太看好　⑤很不看好

十分期待接下来的精彩访谈，再次感谢！

附录二 《长三角区域高等教育一体化发展》 访谈提纲

访谈单位：_____职务名称：_____日期：_____编号：_____

尊敬的领导(老师)，您好！

在长三角区域一体化发展上升为国家战略的大背景下，实现长三角区域高等教育一体化发展，既是长三角高等教育系统自身变革的内生诉求，也是在更高起点上实现更高质量发展的一次重大机遇。为考察长三角区域高等教育一体化发展的相关问题，谢谢您接受我今天的访谈和请教。

为了保证信息完整性和后期资料整理分析，我请求您同意本次访谈予以录音。我承诺：我的访谈仅供学术研究使用，不会以任何方式暴露您的个人身份及隐私信息，不会对您的工作和生活产生任何影响。请您畅所欲言，如果没有疑问的话，我们就开始吧！

第一部分：区域高等教育一体化背景

(1)您是怎么理解或定义"一体化"这个概念的？您认为"一体化发展"与"一体化"是同一个意思吗？或者有什么区别吗？

(2)您是怎么理解或定义"区域高等教育一体化发展"的？根据您的理解，可以简单谈谈"区域高等教育一体化发展"与"区域(经济)一体化发展"之间的关系吗？

第二部分：长三角区域高等教育一体化发展现状扫描及问题解释

（1）可以说，"区域一体化发展"问题渐成新潮，比较典型的有长三角、京津冀、粤港澳大湾区、成渝地区双城经济圈等，那么您觉得对长三角来说，推动区域高等教育一体化发展的主要优质条件是什么？相比较其他区域，长三角能建成此方面的先行示范区吗，为什么？

（2）您认为当前长三角地区高等教育事业改革与发展所面临问题中最严重的是什么？您能举例说明一下吗？

（3）您认为当前推进长三角区域高等教育一体化发展进程的瓶颈或者现实障碍是什么呢？

第三部分：长三角区域高等教育一体化发展目标定位及行动路径

（1）（做任何事情第一步应该要有一个明确而清晰的目标定位。我们知道党中央对长三角区域实现更高质量一体化发展提出的重大目标就是"一极三区一高地"的战略定位。其中，"一极"是指全国发展强劲活跃增长极；"三区"是指全国高质量发展样板区、率先基本实现现代化引领区、区域一体化发展示范区；"一高地"是指新时代改革开放新高地。相应地，这些战略定位无疑会给长三角一市三省的经济社会发展包括高等教育事业发展带来新的要求和期望），对此，您认为长三角区域高等教育一体化发展的战略目标（或者说定位）应该是什么？比如说，我们提出下面的这些建议，您赞同吗？或者您有什么意见或建议？

①成为全国高等教育（包括国际教育服务贸易）的增长极；

②成为全国区域高等教育一体化发展的样板区和示范区；

③成为全国率先实现高等教育现代化的引领区；

④成为新时代高等教育改革创新的新高地。

（2）您认为如果由教育部和一市三省政府（或教育行政部门）来统筹研究并制定一份《长三角区域高等教育一体化发展战略规划》，以及相关法律法规、意见和协议等，有必要吗？对此您有哪些建议呢？

（3）您认为在高等教育一体化发展机制建设方面，应该包括哪些？这些机制创新有望实现吗，为什么？

（4）我们知道，长三角地区的教育合作不断拓展和深化。特别是自2009年第一届长三角教育联动发展研讨会召开以来，已经建立了长三角教育会商机制，针对高等教育领域，也逐步搭建了许多协作发展平台，实施了一系列合作项目，就您的实际经验和独到见解，您觉得总体实践成效如何？今后可以朝着什么方向、做出什么样的努力呢？

（5）我们常说"以评促建、以评促改、以评促管、以评促发展"，从这个层面来看，长三角区域高等教育一体化发展水平评价指标体系的构建就显得尤为必要且迫切，您觉得哪些维度或哪些具体指标是必须要有的？

比如说，长三角区域高等教育一体化政策制度保障水平、领导管理协作层级水平、优质高等教育资源共享度（"线上"和"线下"课程开放率、学分转化与认定率）、高等教育协作共享平台建设和合作项目发展水平（各类特色高校联盟成立与运行情况、教师互聘数量占比、学生互换数量占比、科研合作情况）……

（6）长三角区域要实现高等教育高质量一体化发展，您认为突破口或者切入点是什么？（不考虑现实的限制因素）又有哪些具体措施？

（7）深化高等教育改革与发展是一个常提新提的话题，有学者提出首先在长三角地区联合共建高等教育综合改革试验区，共同尝试改革完善党委领导下的大学校长负责制的实现方式，对此您怎么看？

（8）如果将整个长三角地区视为一个教育功能主体区，在此基础上建立一个"长三角高等教育功能主体区"，并组建一个权威性的管理协调机构（比如由教育部牵头和一市三省教育行政部门相关负责人联合成立一个"长三角高等教育功能主体区建设委员会"），统筹推进区域高等教育一体化发展，您觉得这种方式可行可试吗，为什么？

好的，以上就是我目前所想了解的主要问题。感谢您在百忙之中接受本次访谈，贡献您的宝贵思想和观点，这对我们的研究一定很有帮助。如果您还有其他想法或建议，我们真诚期待您随时联系，我们一定及时调整和完善。

再一次谢谢您！祝您工作顺利，生活愉快！

附录三 《长三角区域高等教育一体化发展》调查问卷

尊敬的领导(老师),您好!

在长三角区域一体化发展上升为国家战略的大背景下,实现长三角区域高等教育一体化发展,既是长三角高等教育系统自身变革的内生诉求,也是在更高起点上实现更高质量发展的一次重大机遇。诚邀您参与本次调研活动。

这里的"区域高等教育一体化"是:一定区域范围内,高等教育为同时满足区域整体一体化发展需要和自身更高质量发展诉求,通过突破区域内各种阻碍高等教育资源及要素跨时空流动、优化配置和功能互补的观念、政策、体制、机制等人为障碍,不断提升区域高等教育综合竞争力和影响力,实现高等教育系统及其利益相关主体之间共生、共长、共强、共荣,进而形成一个有机生态系统的过程及状态,不是要求高等教育同质化、一样化、平均化发展,更不是对高等教育进行高度集权式管理。

现耽误您一些时间填写本问卷(共21题),我们的调研仅用于学术研究,不会以任何方式暴露您的个人身份及隐私信息,不会对您的工作和生活产生任何影响。请您放心填答!

十分感谢您的支持和协助!

第一部分 个人基本信息

Q1 您的性别是: □男 □女

Q2 您的年龄是：

☐30 岁以下　☐30~39 岁　☐40~49 岁　☐50~59 岁　☐60 岁及以上

Q3 您当前的职业是：

☐政府或非高校事业单位行政人员　☐高校专职行政管理人员　☐高校专
职教师　☐科研院所专职研究人员　☐其他

Q4 您当前所在单位是：

☐政府机关　☐"双一流"建设高校　☐非"双一流"建设普通本科高校
☐科研院所　☐高职(高专)院校　☐其他

Q5 您当前工作单位所在省(市)是：

☐上海市　☐江苏省　☐浙江省　☐安徽省　☐其他

Q6 您当前的职称或职务是：

☐正高级或处级及以上　☐副高级或副处级　☐中级或科级　☐其他

Q7 您的主要研究方向或负责的工作是：

☐高等教育学　☐基他各类教育学　☐管理学　☐经济学　☐交叉学科
☐其他

第二部分　认识区域高等教育一体化

Q8 下列六组词语，哪几组最符合您对区域一体化的认识和理解。(最多选 3
项)

☐非个体化　有机整体　你中有我　我中有你　共生共荣

☐(资源及要素)自由流动　竞相开放　错位竞争　优势互补

☐统一与统筹　联动与协同　协调与平衡　开放与共享

☐一样化　同一化　趋同化　无差别

☐空间集聚　抱团取暖　集群聚合

☐说不清楚或不关心

Q9 您觉得我国区域高等教育一体化应当具备以下哪些先决条件？(多选题)

☐政府主导性　☐地域相邻性或空间可达性　☐高等教育资源互补性

□高校能动性 □区域经济驱动性 □文化包容性

□体制机制一致性和兼容性 □其他_____

Q10 您认为推进长三角区域高等教育一体化发展有必要吗？

□不可行且没必要 □没必要 □可有可无

□有必要 □非常必要但有难度

第三部分 长三角区域高等教育一体化发展

Q11 相对于京津冀地区、粤港澳大湾区、成渝地区双城经济圈等而言，您觉得长三角地区推动区域高等教育一体化发展的主要优势有哪些？（多选题）

□政府参与(如签署若干教育合作协议) □区域经济一体化强驱动

□地域相邻及空间可达 □优质高等教育资源储备

□良好高等教育合作基础 □区域文化相容

□体制机制一致性和兼容性

Q12 在当前长三角区域一体化战略背景下，以下有关该地区高等教育发展问题与困境的描述，您在多大程度上认同？

	非常认同	认同	一般	不认同	非常不认同
高等教育与区域经济社会发展关系不协调	□	□	□	□	□
高等教育规模与质量的关系不协调	□	□	□	□	□
一市三省高等教育发展的省域差异过大	□	□	□	□	□
区域内高校无序竞争、以邻为壑	□	□	□	□	□
一市三省高等教育系统改革缺乏动力与活力	□	□	□	□	□
区域内高校人才培养模式雷同，结构单一	□	□	□	□	□

	非常认同	认同	一般	不认同	非常不认同
区域内高校学科、专业建设同质与同构	☐	☐	☐	☐	☐
区域内高校彼此间联系协作不足	☐	☐	☐	☐	☐
"有形无形"的行政区划壁垒	☐	☐	☐	☐	☐
缺乏"自上而下"的高等教育一体化发展战略规划和宏观指导	☐	☐	☐	☐	☐
缺乏"自下而上"一体化发展的基层高校内部变革动力	☐	☐	☐	☐	☐
中央及地方政府对高校的放权与授权不够	☐	☐	☐	☐	☐
高等教育一体化发展体制机制、法律法规等有待健全	☐	☐	☐	☐	☐
社会力量参与不够	☐	☐	☐	☐	☐
缺乏一体化发展的保障措施(如评价、激励、监督、问责)	☐	☐	☐	☐	☐
一体化改革存在利益归属与分割障碍	☐	☐	☐	☐	☐
一体化改革存在改革风险与成本分担障碍	☐	☐	☐	☐	☐

Q13 对标长三角区域一体化发展"一极三区一高地"(全国发展强劲活跃增长极、高质量发展样板区、率先基本实现现代化引领区、区域一体化发展示范区和新时代改革开放新高地)的战略目标,您认为长三角地区高等教育的发展定位或追求下述目标重要吗?

	非常重要	重要	不太重要	不重要
全国高等教育(包括国际教育服务贸易)的增长极	☐	☐	☐	☐
区域高等教育一体化发展的样板区和示范区	☐	☐	☐	☐
高等教育现代化的引领区	☐	☐	☐	☐
新时代高等教育改革创新的新高地	☐	☐	☐	☐

Q14 您认为要推进长三角区域高等教育一体化发展,以下几个方面重要吗?

	非常重要	重要	不太重要	不重要
顶层设计和战略规划	☐	☐	☐	☐
体制机制创新与完善	☐	☐	☐	☐
政府主导推动	☐	☐	☐	☐
一体化项目推进	☐	☐	☐	☐
一体化水平监测评价	☐	☐	☐	☐

Q15 长三角地区要实现高等教育高质量一体化发展,您认为突破口是?(单选题)

☐打破行政区划壁垒 ☐完善组织和下放权力 ☐改革高等教育管理体制
☐统筹规划,共建长三角教育功能区 ☐其他(请注明)_____

Q16 下列有关进一步推进长三角区域高等教育一体化发展的若干决策方案中,您认为最重要且可行的是?(单选题)

☐1. 共创高等教育综合改革试验区:国家允许长三角地区先行先试,先破后立

☐2. 改革与重构高等教育行政区划:联合建立一个长三角高等教育功能主体区

□3. 加强一体化平台建设和项目实施：实现各类协同发展平台和合作项目落地

□4. 改革高等教育财政管理体制：尽快设立长三角地区高等教育拨款委员会

□5. 促进政府有限行政参与的转变：探索政教分离，避免行政参与过度或缺位

□6. 以评促发展：研制一套目标导向的区域高等教育一体化水平评价指标体系

□7. 以上均不是（请注明）_____

Q17 您认为在区域高等教育一体化发展机制建设方面，应有下列哪些内容？（多选题）

□区域高等教育统筹规划机制　　　□区域高等教育联合共管机制

□高校深层次合作发展机制　　　　□高校错位竞争机制

□利益协调与补偿机制　　　　　　□改革风险与成本分担机制

□优质高等教育资源共享机制　　　□区域高等教育品牌共建与提升机制

□其他（请注明）_____

Q18 下列几组关系，您认为实现区域高等教育更高质量一体化发展需要妥善处理好哪些？（多选题）

□政府主导与高校自主　　　　□政府与市场

□中央政府与省（市）级政府　　□一体化与多元化

□区域化与国际化　　　　　　□有序竞争与分工合作

□"增长极"与"辐射带"　　　□其他（请注明）_____

Q19 下列指标中，您认为最适合用于评价长三角区域高等教育一体化发展水平的是？（请选择4项）

□统一与统筹　　　□一致与趋同

□同一与均衡　　　□联动与协同

□协调与平衡　　□开放与共享

□合作与交流　　□其他(请注明)_____

Q20 如果请您对长三角区域高等教育一体化发展水平/进程进行一个总体性评价，您会打几分?

（最低）0------1------2------3------4------5------6------7------8------9------10（最高）

Q21 您看好长三角区域高等教育一体化发展的前景吗?

□很不看好　□不太看好　□一般　□比较看好　□非常看好

问卷到此结束，祝您工作顺利，生活愉快！

如果您愿意，请留下您的姓名：_____ 电话：_____ E-mail：_____

附录四 《长三角区域高等教育一体化水平评价指标体系》专家咨询表(第一轮)

尊敬的领导(老师):

　　您好! 鉴于您的学识和成就,我们诚挚邀请您参与本轮专家评议调查。

　　长三角区域高等教育一体化发展水平综合评价指标体系的构建,既是一体化行动目标的真实表达,也是具体的任务书和路线图,有利于适时监测一体化发展进程和成效,及时诊断一体化发展存在的问题,科学制定相关决策方案和措施,以实现更高质量一体化发展。

　　课题组本着"以评促建、以评促改、以评促管、以评促发展"原则,正着手建立一套科学、全面的长三角区域高等教育一体化发展水平评价指标体系。针对目前初步构建的评价指标体系架构,我们真诚希望听取您的意见和建议,并以此为依据作进一步修改和完善。

　　请您根据实际经验和知识对下列每项指标的重要性和可操作性进行评价。您的判断对我们的研究非常重要,恳请您仔细填答,预计将进行两轮调查。

　　衷心感谢您的指导和帮助,同时真诚期待您对本研究提出宝贵建议。

【个人基本信息】

　　请根据您的实际情况在相应的_____上填写完整,或者在空格内打"√"。此调查只作研究使用,不会以任何方式暴露您的个人身份及信息,不会对您的工作和生活产生任何影响。请您放心填答!

1. 您的姓名:_____   年龄:_____岁   性别:□男   □女

2. 您的受教育程度是:

　　□大专   □大学本科   □硕士   □博士(含在读)

3. 您目前所在的工作单位:_____

4. 您目前从事的职业是:

　　□政府或非高校事业单位行政人员   □高校专职行政管理人员

　　□高校专职教师   □科研院所专职研究人员   □其他(请注明)_____

5. 您的职称或职务是:

　　□正高级或处级及以上   □副高级或副处级   □中级或科级

　　□其他(请注明)_____

6. 您目前从事的主要专业领域是:

　　□高等教育学   □其他各类教育学   □管理学   □经济学   □交叉学科

　　□其他(请注明)_____

7. 您从事该专业领域研究的工作时间为:

　　□5年以下   □5~10年   □11~20年   □21~30年   □30年以上

【填写说明】

① 在填写之前,请您先仔细阅读评价指标体系的初步框架(见最后一页附件)。

② 请您对每一项指标的重要性、可操作性进行五级评价,并在相应的空格中打"✓"。从"很差"到"很好",表示该指标的重要性(或者可操作性)逐渐增强。其中:重要性表示指标在评价指标体系中的重要程度,指标越重要越能反映评价目标;可操作性表示对指标进行操作并获取相应数据的难易程度,指标越容易操作、数据越容易获取,说明可操作性越好。

③ 请您对每项指标是否属于相对应的上一级指标进行判断,并在相应的空格内打"✓",若不属于,请简要标注理由。

一、一级指标评价表

表1 "长三角区域高等教育一体化发展水平"一级指标评价表

指标评语	重要性					可操作性					是否属于这一套指标体系	
	很差	较差	一般	较好	很好	很差	较差	一般	较好	很好	是	否（含理由）
A1. 统一与统筹	□	□	□	□	□	□	□	□	□	□	□	
A2. 联动与协同	□	□	□	□	□	□	□	□	□	□	□	
A3. 协调与平衡	□	□	□	□	□	□	□	□	□	□	□	
A4. 开放与共享	□	□	□	□	□	□	□	□	□	□	□	

注：这里的四个一级指标是依据相关理论、政策和实践发展进程分析，同时结合问卷调查从预设的7个指标中提取出来的。

您对此有何其他看法，或者有更好的建议吗？

二、二级指标评价表

表2 "统一与统筹"层面二级指标评价表

指标评语	重要性					可操作性					是否属于该指标	
	很差	较差	一般	较好	很好	很差	较差	一般	较好	很好	是	否（含理由）
B1. 高等教育空间一体化	□	□	□	□	□	□	□	□	□	□	□	
B2. 教育政策一体化	□	□	□	□	□	□	□	□	□	□	□	
B3. 体制机制一体化	□	□	□	□	□	□	□	□	□	□	□	

您对此有何其他看法，或者有更好的建议吗？（包括增加、删除、修改指标，下同）

表3 "联动与协同"层面二级指标评价表

指标评语	重要性					可操作性					是否属于该指标	
	很差	较差	一般	较好	很好	很差	较差	一般	较好	很好	是	否(含理由)
B4. 联动发展与综合改革	□	□	□	□	□	□	□	□	□	□		
B5. 一体化平台与项目协同共建	□	□	□	□	□	□	□	□	□	□		
您对此有何其他看法,或者有更好的建议吗?												

表4 "协调与平衡"层面二级指标评价表

指标评语	重要性					可操作性					是否属于该指标	
	很差	较差	一般	较好	很好	很差	较差	一般	较好	很好	是	否(含理由)
B6. 高等教育系统协调度	□	□	□	□	□	□	□	□	□	□		
B7. 高等教育资源及结构平衡性	□	□	□	□	□	□	□	□	□	□		
您对此有何其他看法,或者有更好的建议吗?												

表5 "开放与共享"层面二级指标评价表

指标评语	重要性					可操作性					是否属于该指标	
	很差	较差	一般	较好	很好	很差	较差	一般	较好	很好	是	否(含理由)
B8. 优质高等教育资源共享度	□	□	□	□	□	□	□	□	□	□		

续表

指标评语	重要性					可操作性					是否属于该指标	
	很差	较差	一般	较好	很好	很差	较差	一般	较好	很好	是	否(含理由)
B9. 高等教育整体外向度	☐	☐	☐	☐	☐	☐	☐	☐	☐	☐	☐	
B10. 高等教育品牌共建度	☐	☐	☐	☐	☐	☐	☐	☐	☐	☐	☐	
您对此有何其他看法，或者有更好的建议吗?												

三、三级指标评价表

(一)"统一与统筹"层面

表6 "高等教育空间一体化"三级指标评价表

指标评语	重要性					可操作性					是否属于该指标	
	很差	较差	一般	较好	很好	很差	较差	一般	较好	很好	是	否(含理由)
C1. 区域高等教育集群度	☐	☐	☐	☐	☐	☐	☐	☐	☐	☐		
C2. 区域高等教育投入或产出空间关联性	☐	☐	☐	☐	☐	☐	☐	☐	☐	☐		
您对此有何其他看法或者有更好的建议吗?												

297

表 7 "教育政策一体化"三级指标评价表

指标评语	重要性					可操作性					是否属于该指标	
	很差	较差	一般	较好	很好	很差	较差	一般	较好	很好	是	否(含理由)
C3. 是否有国家层面的政策支持	☐	☐	☐	☐	☐	☐	☐	☐	☐		☐	
C4. 区域教育一体化发展规划、法律法规及协议数量	☐	☐	☐	☐	☐	☐	☐	☐	☐		☐	
C5. 区域内是否跨省开展教育政策对接	☐	☐	☐	☐	☐	☐	☐	☐	☐		☐	
您对此有何其他看法或者有更好的建议吗?												

表 8 "体制机制一体化"三级指标评价表

指标评语	重要性					可操作性					是否属于该指标	
	很差	较差	一般	较好	很好	很差	较差	一般	较好	很好	是	否(含理由)
C6. 是否成立长三角教育一体化发展决策领导机构	☐	☐	☐	☐	☐	☐	☐	☐	☐		☐	
C7. 是否形成长三角高等教育联合共管机制	☐	☐	☐	☐	☐	☐	☐	☐	☐		☐	
您对此有何其他看法或者有更好的建议吗?												

（二）"联动与协同"层面

表9 "联动发展与综合改革"三级指标评价表

指标评语	重要性					可操作性					是否属于该指标	
	很差	较差	一般	较好	很好	很差	较差	一般	较好	很好	是	否(含理由)
C8. 是否联合共建长三角高等教育功能主体区	□	□	□	□	□	□	□	□	□	□	□	
C9. 是否共同设立高等教育综合改革试验区	□	□	□	□	□	□	□	□	□	□	□	
您对此有何其他看法或者有更好的建议吗？												

表10 "一体化平台与项目协同共建"三级指标评价表

指标评语	重要性					可操作性					是否属于该指标	
	很差	较差	一般	较好	很好	很差	较差	一般	较好	很好	是	否(含理由)
C10. 区域内高校网络数据库交换互用平台覆盖率	□	□	□	□	□	□	□	□	□	□	□	
C11. 区域内各类特色高校联盟成立的数量	□	□	□	□	□	□	□	□	□	□	□	
C12. 区域内高校联合实验室建立的数量	□	□	□	□	□	□	□	□	□	□	□	

续表

指标评语	重要性					可操作性					是否属于该指标	
	很差	较差	一般	较好	很好	很差	较差	一般	较好	很好	是	否(含理由)
C13. 区域内高校科研成果分享转化基地建立的数量	☐	☐	☐	☐	☐	☐	☐	☐	☐	☐	☐	
C14. 区域内高等教育一体化发展项目覆盖率	☐	☐	☐	☐	☐	☐	☐	☐	☐	☐	☐	
您对此有何其他看法或者有更好的建议吗?												

(三)"协调与平衡"层面

表 11 "高等教育系统协调度"三级指标评价表

指标评语	重要性					可操作性					是否属于该指标	
	很差	较差	一般	较好	很好	很差	较差	一般	较好	很好	是	否(含理由)
C15. 一市三省高等教育内部协调度:内部协调指数均值	☐	☐	☐	☐	☐	☐	☐	☐	☐	☐	☐	
C16. 一市三省高等教育外部协调度:外部协调指数均值	☐	☐	☐	☐	☐	☐	☐	☐	☐	☐	☐	

续表

指标评语	重要性					可操作性					是否属于该指标	
	很差	较差	一般	较好	很好	很差	较差	一般	较好	很好	是	否(含理由)
C17. 一市三省高等教育综合协调度:内外部协调指数的加权平均值	☐	☐	☐	☐	☐	☐	☐	☐	☐	☐	☐	
您对此有何其他看法或者有更好的建议吗?												

表 12 "高等教育资源及结构平衡性"三级指标评价表

指标评语	重要性					可操作性					是否属于该指标	
	很差	较差	一般	较好	很好	很差	较差	一般	较好	很好	是	否(含理由)
C18. 一市三省"双一流"建设高校数量差异性(负向指标)	☐	☐	☐	☐	☐	☐	☐	☐	☐	☐	☐	
C19. 一市三省不同类型高校数量占比的离散程度	☐	☐	☐	☐	☐	☐	☐	☐	☐	☐	☐	
C20. 一市三省高等教育资源互补性	☐	☐	☐	☐	☐	☐	☐	☐	☐	☐	☐	
C21. 一市三省高校国家特色专业布点数占比的差异性(负向指标)	☐	☐	☐	☐	☐	☐	☐	☐	☐	☐	☐	
C22. 一市三省高校课程设置合理性	☐	☐	☐	☐	☐	☐	☐	☐	☐	☐	☐	

续表

指标评语	重要性					可操作性					是否属于该指标	
	很差	较差	一般	较好	很好	很差	较差	一般	较好	很好	是	否(含理由)
您对此有何其他看法或者有更好的建议吗?												

(四)"开放与共享"层面

表13 "优质高等教育资源共享度"三级指标评价表

指标评语	重要性					可操作性					是否属于该指标	
	很差	较差	一般	较好	很好	很差	较差	一般	较好	很好	是	否(含理由)
C23. 区域内高校"飞地"(异地)办学的数量	☐	☐	☐	☐	☐	☐	☐	☐	☐	☐	☐	
C24. 区域内高校课程跨地跨校开设覆盖率	☐	☐	☐	☐	☐	☐	☐	☐	☐	☐	☐	
C25. 区域内高校教师跨地跨校互聘人数占比	☐	☐	☐	☐	☐	☐	☐	☐	☐	☐	☐	
C26. 区域内高校学生跨地跨校交换人数占比	☐	☐	☐	☐	☐	☐	☐	☐	☐	☐	☐	
C27. 区域内高校学分转换与认定完成率	☐	☐	☐	☐	☐	☐	☐	☐	☐	☐	☐	
C28. 区域内高校联合学位授予率	☐	☐	☐	☐	☐	☐	☐	☐	☐	☐	☐	

续表

指标评语	重要性					可操作性					是否属于该指标	
	很差	较差	一般	较好	很好	很差	较差	一般	较好	很好	是	否(含理由)
您对此有何其他看法或者有更好的建议吗?												

表 14 "高等教育整体外向度"三级指标评价表

指标评语	重要性					可操作性					是否属于该指标	
	很差	较差	一般	较好	很好	很差	较差	一般	较好	很好	是	否(含理由)
C29. 区域内与国际知名高校合作办学的高校数	☐	☐	☐	☐	☐	☐	☐	☐	☐	☐	☐	
C30. 区域内在校外国留学生数	☐	☐	☐	☐	☐	☐	☐	☐	☐	☐	☐	
您对此有何其他看法或者有更好的建议吗?												

表 15 "高等教育品牌共建度"三级指标评价表

指标评语	重要性					可操作性					是否属于该指标	
	很差	较差	一般	较好	很好	很差	较差	一般	较好	很好	是	否(含理由)
C31. 区域高等教育品牌形象的特色化塑造程度(质性指标)	☐	☐	☐	☐	☐	☐	☐	☐	☐	☐	☐	

续表

指标评语	重要性					可操作性					是否属于该指标	
	很差	较差	一般	较好	很好	很差	较差	一般	较好	很好	是	否(含理由)
C32. 区域高等教育共建品牌的国内外知晓度(质性指标)	☐	☐	☐	☐	☐	☐	☐	☐	☐	☐	☐	
C33. 区域高等教育共建品牌的国内外认可度/满意度(质性指标)	☐	☐	☐	☐	☐	☐	☐	☐	☐	☐	☐	
您对此有何其他看法或者有更好的建议吗?												

【专家权威程度量化表】

一、指标熟悉程度

请根据您对整体评价指标的熟悉程度,在相应的空格内打"√"。

表 16　指标熟悉程度专家自评表

熟悉程度	很不熟悉	不熟悉	一般熟悉	熟悉	很熟悉
专家自评	☐	☐	☐	☐	☐

二、判断依据及其影响程度

请您根据"理论分析""实践经验""同行了解""个人直觉"四个方面影响本次判断的程度大小,分别在相应的空格内打"√"。

表 17　判断依据及其影响程度专家自评表

判断依据	影响程度大小		
	大	中	小
理论分析	☐	☐	☐
实践经验	☐	☐	☐
同行了解	☐	☐	☐
个人直觉	☐	☐	☐

<u>填写到此结束</u>，再次感谢您！祝您工作顺利，生活愉快！

如果您对我们本次咨询和后续研究有任何意见或建议，欢迎随时与我们联系。

如果方便，请您留下联系方式：电话：_____或 E-mail：_____

附件：长三角区域高等教育一体化发展水平评价指标体系的初步框架

一级指标	二级指标	三级指标	三级指标说明
A1. 统一与统筹	B1. 高等教育空间一体化	C1. 区域高等教育集群度	参照全国，反映长三角高等教育的集群优势
		C2. 区域高等教育投入或产出空间关联性	反映长三角高等教育在空间上存在相关性
	B2. 教育政策一体化	C3. 是否有国家层面的政策支持	国家对长三角教育一体化的政策支持力度
		C4. 区域教育一体化发展规划、法律法规及协议数量	长三角政府等部门对教育一体化的重视程度
		C5. 区域内是否跨省开展教育政策对接	区域内进行教育政策对接情况
	B3. 体制机制一体化	C6. 是否成立长三角教育一体化发展决策领导机构	反映长三角教育一体化发展的制度保障水平
		C7. 是否形成长三角高等教育联合共管机制	长三角高等教育一体化发展机制建立情况
A2. 联动与协同	B4. 联动发展与综合改革	C8. 是否联合共建长三角高等教育功能主体区	长三角高等教育行政区划改革与重构情况
		C9. 是否共同设立高等教育综合改革试验区	长三角高等教育综合改革情况
	B5. 一体化平台与项目协同共建	C10. 区域内高校网络数据库交换互用平台覆盖率	长三角高校网络数据库平台共建与使用情况
		C11. 区域内各类特色高校联盟成立的数量	长三角各类特色高校联盟成立情况
		C12. 区域内高校联合实验室建立的数量	长三角高校联合实验室建立情况
		C13. 区域内高校科研成果分享转化基地建立的数量	长三角高校科研成果分享转化基地建立情况
		C14. 区域内高等教育一体化发展项目覆盖率	长三角高等教育一体化相关项目实施情况

续表

一级指标	二级指标	三级指标	三级指标说明
A3. 协调与 平衡	B6. 高 等 教育 系 统 协调度	C15. 一市三省高等教育内部协调度:内部协调指数均值	一市三省高等教育投入产出协调指数
		C16. 一市三省高等教育外部协调度:外部协调指数均值	一市三省高等教育与经济社会发展协调指数
		C17. 一市三省高等教育综合协调度:内外部协调指数的加权平均值	一市三省高等教育系统内外部协调综合指数
	B7. 高 等 教育资源及结构平衡性	C18. 一市三省"双一流"建设高校数量差异性	一市三省"双一流"大学数量的差异性
		C19. 一市三省不同类型高校数量占比的离散程度	一市三省研究型、应用型和技术型高校比较
		C20. 一市三省高等教育资源互补性	一市三省之间高等教育资源的互补程度
		C21. 一市三省高校国家特色专业布点数占比的差异性	一市三省高校国家特色专业布点数占比差异
		C22. 一市三省高校课程设置合理性	一市三省高校课程设置的合理程度
A4. 开放与 共享	B8. 优质高等教育资源共享度	C23. 区域内高校"飞地"(异地)办学的数量	长三角地区进行异地办学或建分校的高校数
		C24. 区域内高校课程跨地跨校开设覆盖率	长三角地区高校合作开设课程情况
		C25. 区域内高校教师跨地跨校互聘人数占比	长三角地区实施校际互聘教师情况
		C26. 区域内高校学生跨地跨校交换人数占比	长三角地区实施校际学生互换情况

续表

一级指标	二级指标	三级指标	三级指标说明
A4. 开放与共享	B8. 优质高等教育资源共享度	C27. 区域内高校学分转换与认定完成率	长三角地区实施高校学分互认情况
		C28. 区域内高校联合学位授予率	长三角地区高校联合学位授予情况
	B9. 高等教育整体外向度	C29. 区域内与国际知名高校合作办学高校数	长三角高校与国际知名高校合作办学情况
		C30. 区域内在校外国留学生数	长三角高校吸引外国留学生情况
	B10. 高等教育品牌共建度	C31. 区域高等教育品牌形象的特色化塑造程度	长三角整体高等教育品牌的特色化塑造程度
		C32. 区域高等教育共建品牌的国内外知晓度	国内外对长三角高等教育品牌的知晓情况
		C33. 区域高等教育共建品牌的国内外认可度/满意度	国内外对长三角高等教育品牌的认可情况

附录五 《长三角区域高等教育一体化水平评价指标体系》专家咨询表(第二轮)

尊敬的_____(专家):

您好!

首先非常感谢您的鼎力支持和帮助!在上一轮专家咨询评议的基础上,综合各位专家学者的意见和建议,我们已完成了评价指标体系的修订工作。为了对修订后的指标进行再评议并确定指标体系,现向您发放第二轮专家咨询调查问卷。恳请您仔细填答,真诚期望您继续提出宝贵意见或建议。

我们承诺:所有填答仅供学术研究之用,不会给您带来任何不便。

您的意见对于我们继续开展研究非常非常重要!恳请您尽可能在两周之内填答完本轮咨询问卷并与我们联系。衷心感谢您的指导和帮助!

【填写说明】

① 请您先仔细阅读最后一页附件,表中加粗字体为修改或增加的指标。

② 请您对每一项指标的重要性、可操作性进行五级评价,并在相应的空格中打"√"。从"很差"到"很好",表示该指标的重要性(或者可操作性)逐渐增强。其中:重要性表示指标在评价指标体系中的重要程度,指标越重要越能反映评价目标;可操作性表示对指标进行操作并获取相应数据的难易程度,指标越容易操作、数据越容易获取,说明可操作性越好。

③ 请您对每项指标是否属于相对应的上一级指标进行判断,并在相应的空格

内打"√",若不属于,请简要标注理由。

一、一级指标评价表

表1 "长三角区域高等教育一体化发展水平"一级指标评价表

指标评语	重要性					可操作性					是否属于这一套指标体系	
	很差	较差	一般	较好	很好	很差	较差	一般	较好	很好	是	否(含理由)
A1. 规划与统筹	□	□	□	□	□	□	□	□	□	□	□	
A2. 联动与协同	□	□	□	□	□	□	□	□	□	□	□	
A3. 协调与平衡	□	□	□	□	□	□	□	□	□	□	□	
A4. 开放与共享	□	□	□	□	□	□	□	□	□	□	□	
您对此有何其他看法,或者有更好的建议吗?(包括增加、删除、修改指标,下同)												

二、二级指标评价表

表2 "规划与统筹"层面二级指标评价表

指标评语	重要性					可操作性					是否属于该指标	
	很差	较差	一般	较好	很好	很差	较差	一般	较好	很好	是	否(含理由)
B1. 教育政策一体化	□	□	□	□	□	□	□	□	□	□	□	
B2. 体制机制一体化	□	□	□	□	□	□	□	□	□	□	□	
您对此有何其他看法,或者有更好的建议吗?												

表3 "联动与协同"层面二级指标评价表

指标评语	重要性					可操作性					是否属于该指标	
	很差	较差	一般	较好	很好	很差	较差	一般	较好	很好	是	否(含理由)
B3. 联动改革	□	□	□	□	□	□	□	□	□	□	□	
B4. 一体化平台与项目协同共建	□	□	□	□	□	□	□	□	□	□	□	
您对此有何其他看法,或者有更好的建议吗?												

表4 "协调与平衡"层面二级指标评价表

指标评语	重要性					可操作性					是否属于该指标	
	很差	较差	一般	较好	很好	很差	较差	一般	较好	很好	是	否(含理由)
B5. 高等教育系统协调性	□	□	□	□	□	□	□	□	□	□	□	
B6. 高等教育结构平衡性	□	□	□	□	□	□	□	□	□	□	□	
您对此有何其他看法,或者有更好的建议吗?												

表5 "开放与共享"层面二级指标评价表

指标评语	重要性					可操作性					是否属于该指标	
	很差	较差	一般	较好	很好	很差	较差	一般	较好	很好	是	否(含理由)
B7. 优质高等教育资源共享度	□	□	□	□	□	□	□	□	□	□	□	

续表

指标评语	重要性					可操作性					是否属于该指标	
	很差	较差	一般	较好	很好	很差	较差	一般	较好	很好	是	否(含理由)
B8. 高等教育整体外向度	☐	☐	☐	☐	☐	☐	☐	☐	☐	☐	☐	
B9. 高等教育品牌共建度	☐	☐	☐	☐	☐	☐	☐	☐	☐	☐	☐	
您对此有何其他看法，或者有更好的建议吗?												

三、三级指标评价表

(一)"规划与统筹"层面

表6 "教育政策一体化"三级指标评价表

指标评语	重要性					可操作性					是否属于该指标	
	很差	较差	一般	较好	很好	很差	较差	一般	较好	很好	是	否(含理由)
C1. 是否有国家层面的政策支持	☐	☐	☐	☐	☐	☐	☐	☐	☐	☐	☐	
C2. 区域教育一体化发展规划、法律法规出台情况(质性指标)	☐	☐	☐	☐	☐	☐	☐	☐	☐	☐	☐	
C3. 区域教育一体化发展协议签署及落实情况(质性指标)	☐	☐	☐	☐	☐	☐	☐	☐	☐	☐	☐	

续表

指标评语	重要性					可操作性					是否属于该指标	
	很差	较差	一般	较好	很好	很差	较差	一般	较好	很好	是	否(含理由)
C4. 区域内是否跨省开展教育政策对接	☐	☐	☐	☐	☐	☐	☐	☐	☐	☐	☐	
您对此有何其他看法或者有更好的建议吗？												

表7 "体制机制一体化"三级指标评价表

指标评语	重要性					可操作性					是否属于该指标	
	很差	较差	一般	较好	很好	很差	较差	一般	较好	很好	是	否(含理由)
C5. 是否成立长三角教育一体化发展决策领导机构	☐	☐	☐	☐	☐	☐	☐	☐	☐	☐	☐	
C6. 是否有长三角教育一体化常设或临时协调机构	☐	☐	☐	☐	☐	☐	☐	☐	☐	☐	☐	
C7. 是否形成长三角高等教育联合共管机制	☐	☐	☐	☐	☐	☐	☐	☐	☐	☐	☐	
您对此有何其他看法或者有更好的建议吗？												

(二)"联动与协同"层面

表8 "联动改革"三级指标评价表

指标评语	重要性					可操作性					是否属于该指标	
	很差	较差	一般	较好	很好	很差	较差	一般	较好	很好	是	否(含理由)
C8. 是否联合共建长三角高等教育功能主体区	□	□	□	□	□	□	□	□	□		□	
C9. 是否共同设立高等教育综合改革试验区	□	□	□	□	□	□	□	□	□		□	
您对此有何其他看法或者有更好的建议吗?												

表9 "一体化平台与项目协同共建"三级指标评价表

指标评语	重要性					可操作性					是否属于该指标	
	很差	较差	一般	较好	很好	很差	较差	一般	较好	很好	是	否(含理由)
C10. 区域内高校网络数据库交换互用平台覆盖率	□		□	□	□	□	□		□		□	
C11. 区域内各类特色高校联盟成立及运行情况(质性指标)	□		□	□	□	□	□		□		□	
C12. 区域内高校联合实验室建设情况(质性指标)	□	□	□	□	□	□	□		□		□	

续表

指标评语	重要性					可操作性					是否属于该指标	
	很差	较差	一般	较好	很好	很差	较差	一般	较好	很好	是	否(含理由)
C13. 区域内高校科研成果分享转化基地共建情况(质性指标)	□	□	□	□	□	□	□	□	□	□	□	
C14. 区域内高等教育一体化发展项目覆盖率	□	□	□	□	□	□	□	□	□	□	□	
您对此有何其他看法或者有更好的建议吗?												

(三)"协调与平衡"层面

表10 "高等教育系统协调性"三级指标评价表

指标评语	重要性					可操作性					是否属于该指标	
	很差	较差	一般	较好	很好	很差	较差	一般	较好	很好	是	否(含理由)
C15. 省域高等教育投入水平与产出水平的内部协调指数均值	□	□	□	□	□	□	□	□	□	□	□	
C16. 省域高等教育发展水平与经济社会发展水平的外部协调指数均值	□	□	□	□	□	□	□	□	□	□	□	
您对此有何其他看法或者有更好的建议吗?												

表11　"高等教育结构平衡性"三级指标评价表

指标评语	重要性					可操作性					是否属于该指标	
	很差	较差	一般	较好	很好	很差	较差	一般	较好	很好	是	否(含理由)
C17. 省域不同类型高校数量占比的离散程度	☐	☐	☐	☐	☐	☐	☐	☐	☐	☐	☐	
C18. 省域高校国家特色专业布点数占比的差异性(负向指标)	☐	☐	☐	☐	☐	☐	☐	☐	☐	☐	☐	
您对此有何其他看法或者有更好的建议吗?												

(四)"开放与共享"层面

表12　"优质高等教育资源共享度"三级指标评价表

指标评语	重要性					可操作性					是否属于该指标	
	很差	较差	一般	较好	很好	很差	较差	一般	较好	很好	是	否(含理由)
C19. 区域内高校课程跨省开设覆盖率	☐	☐	☐	☐	☐	☐	☐	☐	☐	☐	☐	
C20. 区域内高校教师跨省互聘人数占比	☐	☐	☐	☐	☐	☐	☐	☐	☐	☐	☐	
C21. 区域内高校学生跨省交换人数占比	☐	☐	☐	☐	☐	☐	☐	☐	☐	☐	☐	
C22. 区域内跨省高校学分转换与认定完成率	☐	☐	☐	☐	☐	☐	☐	☐	☐	☐	☐	

续表

指标评语	重要性					可操作性					是否属于该指标	
	很差	较差	一般	较好	很好	很差	较差	一般	较好	很好	是	否(含理由)
C23. 区域内跨省高校联合学位授予率	□	□	□	□	□	□	□	□	□	□	□	
您对此有何其他看法或者有更好的建议吗？												

表 13　"高等教育整体外向度"三级指标评价表

指标评语	重要性					可操作性					是否属于该指标	
	很差	较差	一般	较好	很好	很差	较差	一般	较好	很好	是	否(含理由)
C24. 区域内与国际知名高校合作办学高校占全国的比例	□	□	□	□	□	□	□	□	□	□	□	
C25. 区域内在校外国留学生占全国比例	□	□	□	□	□	□	□	□	□	□	□	
您对此有何其他看法或者有更好的建议吗？												

表 14　"高等教育品牌共建度"三级指标评价表

指标评语	重要性					可操作性					是否属于该指标	
	很差	较差	一般	较好	很好	很差	较差	一般	较好	很好	是	否(含理由)
C26. 区域高等教育品牌形象的特色化塑造程度(质性指标)	□	□	□	□	□	□	□	□	□	□	□	

续表

指标评语	重要性					可操作性					是否属于该指标	
	很差	较差	一般	较好	很好	很差	较差	一般	较好	很好	是	否(含理由)
C27. 区域高等教育共建品牌的国内外知晓度(质性指标)	□	□	□	□	□	□	□	□	□	□	□	
C28. 区域高等教育共建品牌的国内外认可度/满意度(质性指标)	□	□	□	□	□	□	□	□	□	□	□	
您对此有何其他看法或者有更好的建议吗?												

【专家权威程度量化表】

一、指标熟悉程度

请根据您对整体评价指标的熟悉程度,在相应的空格内打"✓"。

表 15 指标熟悉程度专家自评表

熟悉程度	很不熟悉	不熟悉	一般熟悉	熟悉	很熟悉
专家自评	□	□	□	□	□

二、判断依据及其影响程度

请您根据"理论分析""实践经验""同行了解""个人直觉"四个方面影响本次判断的程度大小,分别在相应的空格内打"✓"。

表16 判断依据及其影响程度专家自评表

判断依据	影响程度大小		
	大	中	小
理论分析	☐	☐	☐
实践经验	☐	☐	☐
同行了解	☐	☐	☐
个人直觉	☐	☐	☐

填写到此结束!

再次感谢您,祝您工作顺利,生活愉快!

附件:经第一轮专家咨询修订后的长三角区域高等教育一体化发展水平评价指标体系

一级指标	二级指标	三级指标	三级指标说明
A1. 规划与统筹	B1. 教育政策一体化	C1. 是否有国家层面的政策支持	国家对长三角教育一体化的政策支持力度,反映对教育一体化的重视程度
		C2. 区域教育一体化发展规划、法律法规出台情况	区域教育一体化方面规划、法律法规出台情况
		C3. 区域教育一体化发展协议签署及落实情况	区域教育一体化发展协议签署及落实情况
		C4. 区域内是否跨省开展教育政策对接	区域内省际层面进行教育政策对接情况
	B2. 体制机制一体化	C5. 是否成立长三角教育一体化发展决策领导机构	反映政府部门对长三角教育一体化的落实情况
		C6. 是否有长三角教育一体化常设或临时协调机构	反映长三角教育一体化发展的制度保障水平
		C7. 是否形成长三角高等教育联合共管机制	长三角高等教育一体化发展机制建立情况

319

一级指标	二级指标	三级指标	三级指标说明
A2. 联动与协同	**B3. 联动改革**	C8. 是否联合共建长三角高等教育功能主体区	长三角高等教育行政区划界限的突破情况
		C9. 是否共同设立高等教育综合改革试验区	长三角高等教育联动改革及落实情况
	B4. 一体化平台与项目协同共建	C10. 区域内高校网络数据库交换互用平台覆盖率	长三角高校网络数据库平台共建与使用情况
		C11. 区域内各类特色高校联盟成立及运行情况	长三角各类特色高校联盟成立及运行情况
		C12. 区域内高校联合实验室建设情况	长三角高校联合实验室建立情况
		C13. 区域内高校科研成果分享转化基地共建情况	长三角高校科研成果分享转化基地共建情况
		C14. 区域内高等教育一体化发展项目覆盖率	长三角高等教育一体化相关项目实施情况
A3. 协调与平衡	**B5. 高等教育系统协调性**	**C15. 省域高等教育投入水平与产出水平的内部协调指数均值**	反映长三角区域高等教育子系统投入与产出的协调状况
		C16. 省域高等教育发展水平与经济社会发展水平的外部协调指数均值	反映长三角区域高等教育子系统与外部系统的协调状况
	B6. 高等教育结构平衡性	C17. 省域不同类型高校数量占比的离散程度	一市三省研究型、应用型和技术型高校比较
		C18. 省域高校国家特色专业布点数占比的差异性	一市三省高校国家特色专业布点数占比差异

续表

一级指标	二级指标	三级指标	三级指标说明
A4. 开放与共享	B7. 优质高等教育资源共享度	**C19. 区域内高校课程跨省开设覆盖率**	长三角地区高校合作开设课程情况
		C20. 区域内高校教师跨省互聘人数占比	长三角地区实施校际互聘教师情况
		C21. 区域内高校学生跨省交换人数占比	长三角地区实施校际学生互换情况
		C22. 区域内跨省高校学分转换与认定完成率	长三角地区实施高校学分互认情况
		C23. 区域内跨省高校联合学位授予率	长三角地区高校联合学位授予情况
	B8. 高等教育整体外向度	**C24. 区域内与国际知名高校合作办学高校占全国的比例**	反映在整个长三角区域,高校与国际知名高校合作办学情况
		C25. 区域内在校外国留学生占全国的比例	长三角区域的高校吸引外国留学生情况
	B9. 高等教育品牌共建度	C26. 区域高等教育品牌形象的特色化塑造程度	长三角整体高等教育品牌的特色化塑造程度
		C27. 区域高等教育共建品牌的国内外知晓度	国内外对长三角高等教育品牌的知晓情况
		C28. 区域高等教育共建品牌的国内外认可度/满意度	国内外对长三角高等教育品牌的认可情况

注：表中加粗字体为修改或增加的指标(不包括序号变更项)。

附录六　评价指标体系咨询专家基本信息一览表

编号	性别	学历	工 作 单 位	职业职务/职称
N_{01}	男	博士	B 大学人文社会科学处	处长/教授
N_{02}	男	博士	F 大学	副校长/长江学者特聘教授
N_{03}	男	博士	N 大学教育科学学院	专职教师/教授
N_{04}	女	博士	A 大学	副校长/教授
N_{05}	男	博士	S 市教育科学研究院	副院长/研究员
N_{06}	男	博士	H 大学国家教育宏观政策研究院	副院长/教授
N_{07}	男	硕士	H 大学国家教育宏观政策研究院	专职研究人员/—
N_{08}	男	博士	N 市教育局政策法规处	四级调研员/—
N_{09}	男	博士	S1 大学教育学院	专职教师/教授
N_{10}	女	博士	N 大学高等教育研究所	专职教师/教授
N_{11}	男	博士	W 学院	校长助理/副研究员
N_{12}	女	博士	T 大学 J 研究院	专职研究人员/助理研究员
N_{13}	男	博士	A 大学教育科学学院(长三角教育一体化发展 A 研究院)	院长/教授
N_{14}	男	博士	W 职业技术学院	党委书记/研究员

续表

编号	性别	学历	工 作 单 位	职业职务/职称
N_{15}	男	博士	S市教育科学研究院(长三角教育一体化发展研究院总秘书处)	专职研究人员/副研究员
N_{16}	男	博士	Z大学教育学院	专职教师/长江学者特聘教授
N_{17}	男	博士	S1大学研究生院	院长/教授
N_{18}	男	硕士	L市教育局	副局长/—
N_{19}	男	博士	A大学高等教育研究所	专职教师/副教授

注：$N_{01} \sim N_{19}$表示咨询专家的编号；—表示信息缺失(本人未填)。

附录七 《长三角区域高等教育一体化水平评价指标体系》权重研究专家咨询表

职务名称：_____ 所属单位：_____ 编号：_____

尊敬的_____（专家/领导）：

您好！鉴于您的学识和成就，诚挚邀请您参加我们这项研究活动。

非常感谢您能接受我们的请求，在百忙中抽空填写这份专家调查问卷，我们对您的大力支持和协助表示最诚挚的谢意！

在长三角区域一体化发展上升为国家战略的大背景下，长三角区域高等教育一体化发展在理论上是应然与实然，在趋势上是热点，但在实践推进过程中仍然存在着各种具体问题。构建科学有效的长三角区域高等教育一体化发展综合评价指标体系既是行动目标的真实表达，也是具体的任务书和路线图，更是持续优化其长效发展机制的有力保障。

在前期研究基础上，综合相关领域专家学者的意见和建议，我们对指标体系的初步方案进行了不断修改和完善，最终形成了长三角区域高等教育一体化发展水平综合评价指标体系框架。本次专家咨询结果是为了使用层次分析法（AHP）来确定各指标权重，恳请您根据自己的实际经验和理论知识进行填答，完成后请仔细检查，确保无漏填。

我们承诺：所有填答仅供学术研究使用，不会给您带来任何不便。

　　您的支持和协助对我们的研究非常重要，当然您若有任何意见和建议最好，我们真诚期望继续得到您的指导和帮助。恳请您尽可能在两周之内填答完并反馈给我们，对此我们表示由衷的感谢！

　　祝安康如意！

【填表说明】

　　请您对本研究设计的各级指标的相对重要性加以比较，并在相应的空格内打"✓"，所有填答均无所谓正确与否。越偏向左边表示左边的指标越重要，越偏向右边表示右边的指标越重要。对应的重要性等级定义及说明如下表所示：

重要性等级	含 义	说 明
1	同等重要	两因素相比，具有相同的重要性
3	稍重要	两因素相比，一个因素比另一个因素稍微重要
5	重要	两因素相比，一个因素明显比另一个因素重要
7	很重要	两因素相比，实际上非常倾向于偏好某一因素
9	极重要	两因素相比，确有理由认为某一因素极为重要
2，4，6，8	上述相邻判断的中间值	当认为有需要取相应的中间值时，可勾选

　　例如，比较"区域高等教育统一与统筹"和"区域高等教育联动与协同"两个指标时，若您认为前者比后者重要，则在左边的"重要"一栏打"✓"；若您认为后者比前者重要，则在右边的"重要"一栏打"✓"；若需要取中间值，则在两等级中间填写对应的中间值数字。如以下范例所示：

	左边指标相对更重要									右边相对更重要
指标	极重要	很重要	重要	稍重要	同等重要	稍重要	重要	很重要	极重要	指标
	9	7	5	3	1	3	5	7	9	
区域高等教育规划与统筹	☐	☐	☑	☐	☐	☐	☐	☐	☐	区域高等教育联动与协同

下面正式开始本次调查问卷填写：

一、一级指标

	左边指标相对更重要									右边相对更重要
指标	极重要	很重要	重要	稍重要	同等重要	稍重要	重要	很重要	极重要	指标
	9	7	5	3	1	3	5	7	9	
规划与统筹	☐	☐	☐	☐	☐	☐	☐	☐	☐	联动与协同
规划与统筹	☐	☐	☐	☐	☐	☐	☐	☐	☐	协调与平衡
规划与统筹	☐	☐	☐	☐	☐	☐	☐	☐	☐	开放与共享
联动与协同	☐	☐	☐	☐	☐	☐	☐	☐	☐	协调与平衡
联动与协同	☐	☐	☐	☐	☐	☐	☐	☐	☐	开放与共享
协调与平衡	☐	☐	☐	☐	☐	☐	☐	☐	☐	开放与共享

二、"规划与统筹"维度下的二级指标

	左边指标相对更重要									右边相对更重要
指标	极重要	很重要	重要	稍重要	同等重要	稍重要	重要	很重要	极重要	指标
	9	7	5	3	1	3	5	7	9	
教育政策一体化	☐	☐	☐	☐	☐	☐	☐	☐	☐	体制机制一体化

三、"联动与协同"维度下的二级指标

指标	左边指标相对更重要							右边相对更重要		指标
	极重要	很重要	重要	稍重要	同等重要	稍重要	重要	很重要	极重要	
	9	7	5	3	1	3	5	7	9	
联动改革	□	□	□	□	□	□	□	□	□	一体化平台与项目协同共建

四、"协调与平衡"维度下的二级指标

指标	左边指标相对更重要							右边相对更重要		指标
	极重要	很重要	重要	稍重要	同等重要	稍重要	重要	很重要	极重要	
	9	7	5	3	1	3	5	7	9	
高等教育系统协调性	□	□	□	□	□	□	□	□	□	高等教育结构平衡性

五、"开放与共享"维度下的二级指标

指标	左边指标相对更重要							右边相对更重要		指标
	极重要	很重要	重要	稍重要	同等重要	稍重要	重要	很重要	极重要	
	9	7	5	3	1	3	5	7	9	
优质高等教育资源共享度	□	□	□	□	□	□	□	□	□	高等教育整体外向度
优质高等教育资源共享度	□	□	□	□	□	□	□	□	□	高等教育品牌共建度

	左边指标相对更重要									右边相对更重要
指标	极重要	很重要	重要	稍重要	同等重要	稍重要	重要	很重要	极重要	指标
	9	7	5	3	1	3	5	7	9	
高等教育整体外向度	□	□	□	□	□	□	□	□	□	高等教育品牌共建度

六、"教育政策一体化"维度下的三级指标

	左边指标相对更重要									右边相对更重要
指标	极重要	很重要	重要	稍重要	同等重要	稍重要	重要	很重要	极重要	指标
	9	7	5	3	1	3	5	7	9	
是否有国家层面政策支持	□	□	□	□	□	□	□	□	□	区域教育一体化发展规划、法律法规出台情况
是否有国家层面政策支持	□	□	□	□	□	□	□	□	□	区域教育一体化发展协议签署及落实情况
是否有国家层面政策支持	□	□	□	□	□	□	□	□	□	区域内是否跨省开展教育政策对接
区域教育一体化发展规划、法律法规出台情况	□	□	□	□	□	□	□	□	□	区域教育一体化发展协议签署及落实情况
区域教育一体化发展规划、法律法规出台情况	□	□	□	□	□	□	□	□	□	区域内是否跨省开展教育政策对接
区域教育一体化发展协议签署及落实情况	□	□	□	□	□	□	□	□	□	区域内是否跨省开展教育政策对接

七、"体制机制一体化"维度下的三级指标

指标	极重要	很重要	重要	稍重要	同等重要	稍重要	重要	很重要	极重要	指标
	9	7	5	3	1	3	5	7	9	
是否成立长三角教育一体化发展决策领导机构	☐	☐	☐	☐	☐	☐	☐	☐	☐	是否有长三角教育一体化常设或临时协调机构
是否成立长三角教育一体化发展决策领导机构	☐	☐	☐	☐	☐	☐	☐	☐	☐	是否形成长三角高等教育联合共管机制
是否有长三角教育一体化常设或临时协调机构	☐	☐	☐	☐	☐	☐	☐	☐	☐	是否形成长三角高等教育联合共管机制

上表中："左边指标相对更重要"、"右边相对更重要"

八、"联动改革"维度下的三级指标

指标	极重要	很重要	重要	稍重要	同等重要	稍重要	重要	很重要	极重要	指标
	9	7	5	3	1	3	5	7	9	
是否联合共建长三角高等教育功能主体区	☐	☐	☐	☐	☐	☐	☐	☐	☐	是否共同设立高等教育综合改革试验区

上表中："左边指标相对更重要"、"右边相对更重要"

九、"一体化平台与项目协同共建"维度下的三级指标

指标	左边指标相对更重要					右边相对更重要				指标
	极重要	很重要	重要	稍重要	同等重要	稍重要	重要	很重要	极重要	
	9	7	5	3	1	3	5	7	9	
区域内高校网络数据库交换互用平台覆盖率	☐	☐	☐	☐	☐	☐	☐	☐	☐	区域内各类特色高校联盟成立及运行情况
区域内高校网络数据库交换互用平台覆盖率	☐	☐	☐	☐	☐	☐	☐	☐	☐	区域内高校联合实验室建设情况
区域内高校网络数据库交换互用平台覆盖率	☐	☐	☐	☐	☐	☐	☐	☐	☐	区域内高校科研成果分享转化基地共建情况
区域内高校网络数据库交换互用平台覆盖率	☐	☐	☐	☐	☐	☐	☐	☐	☐	区域内高等教育一体化发展项目覆盖率
区域内各类特色高校联盟成立及运行情况	☐	☐	☐	☐	☐	☐	☐	☐	☐	区域内高校联合实验室建设情况
区域内各类特色高校联盟成立及运行情况	☐	☐	☐	☐	☐	☐	☐	☐	☐	区域内高校科研成果分享转化基地共建情况
区域内各类特色高校联盟成立及运行情况	☐	☐	☐	☐	☐	☐	☐	☐	☐	区域内高等教育一体化发展项目覆盖率
区域内高校联合实验室建设情况	☐	☐	☐	☐	☐	☐	☐	☐	☐	区域内高校科研成果分享转化基地共建情况
区域内高校联合实验室建设情况	☐	☐	☐	☐	☐	☐	☐	☐	☐	区域内高等教育一体化发展项目覆盖率

指标	左边指标相对更重要									右边相对更重要
	极重要	很重要	重要	稍重要	同等重要	稍重要	重要	很重要	极重要	指标
	9	7	5	3	1	3	5	7	9	
区域内高校科研成果分享转化基地共建情况	□	□	□	□	□	□	□	□	□	区域内高等教育一体化发展项目覆盖率

十、"高等教育系统协调性"维度下的三级指标

指标	左边指标相对更重要									右边相对更重要
	极重要	很重要	重要	稍重要	同等重要	稍重要	重要	很重要	极重要	指标
	9	7	5	3	1	3	5	7	9	
省域高等教育投入水平与产出水平的内部协调指数均值	□	□	□	□	□	□	□	□	□	省域高等教育发展水平与经济社会发展水平的外部协调指数均值

十一、"高等教育结构平衡性"维度下的三级指标

指标	左边指标相对更重要									右边相对更重要
	极重要	很重要	重要	稍重要	同等重要	稍重要	重要	很重要	极重要	指标
	9	7	5	3	1	3	5	7	9	
省域不同类型高校数量占比的离散程度	□	□	□	□	□	□	□	□	□	省域高校国家特色专业布点数占比的差异性

十二、"优质高等教育资源共享度"维度下的三级指标

指标	极重要 9	很重要 7	重要 5	稍重要 3	同等重要 1	稍重要 3	重要 5	很重要 7	极重要 9	指标
	左边指标相对更重要							右边相对更重要		
区域内高校课程跨省开设覆盖率	☐	☐	☐	☐	☐	☐	☐	☐	☐	区域内高校教师跨省互聘人数占比
区域内高校课程跨省开设覆盖率	☐	☐	☐	☐	☐	☐	☐	☐	☐	区域内高校学生跨省交换人数占比
区域内高校课程跨省开设覆盖率	☐	☐	☐	☐	☐	☐	☐	☐	☐	区域内跨省高校学分转换与认定完成率
区域内高校课程跨省开设覆盖率	☐	☐	☐	☐	☐	☐	☐	☐	☐	区域内跨省高校联合学位授予率
区域内高校教师跨省互聘人数占比	☐	☐	☐	☐	☐	☐	☐	☐	☐	区域内高校学生跨省交换人数占比
区域内高校教师跨省互聘人数占比	☐	☐	☐	☐	☐	☐	☐	☐	☐	区域内跨省高校学分转换与认定完成率
区域内高校教师跨省互聘人数占比	☐	☐	☐	☐	☐	☐	☐	☐	☐	区域内跨省高校联合学位授予率
区域内高校学生跨省交换人数占比	☐	☐	☐	☐	☐	☐	☐	☐	☐	区域内跨省高校学分转换与认定完成率
区域内高校学生跨省交换人数占比	☐	☐	☐	☐	☐	☐	☐	☐	☐	区域内跨省高校联合学位授予率
区域内跨省高校学分转换与认定完成率	☐	☐	☐	☐	☐	☐	☐	☐	☐	区域内跨省高校联合学位授予率

十三、"高等教育整体外向度"维度下的三级指标

指标	左边指标相对更重要									右边相对更重要
	极重要	很重要	重要	稍重要	同等重要	稍重要	重要	很重要	极重要	指标
	9	7	5	3	1	3	5	7	9	
区域内与国际知名高校合作办学高校占全国的比例	☐	☐	☐	☐	☐	☐	☐	☐	☐	区域内在校外国留学生占全国的比例

十四、"高等教育品牌共建度"维度下的三级指标

指标	左边指标相对更重要									右边相对更重要
	极重要	很重要	重要	稍重要	同等重要	稍重要	重要	很重要	极重要	指标
	9	7	5	3	1	3	5	7	9	
区域高等教育品牌形象的特色化塑造程度	☐	☐	☐	☐	☐	☐	☐	☐	☐	区域高等教育共建品牌的国内外知晓度
区域高等教育品牌形象的特色化塑造程度	☐	☐	☐	☐	☐	☐	☐	☐	☐	区域高等教育共建品牌的国内外认可度/满意度
区域高等教育共建品牌的国内外知晓度	☐	☐	☐	☐	☐	☐	☐	☐	☐	区域高等教育共建品牌的国内外认可度/满意度

<u>填答到此结束！</u>

再次向您表示最诚挚的感谢，祝您工作顺利，生活愉快！

如果您对我们本次咨询和后续研究有更好的建议，欢迎随时与我们联系。

如果愿意，您可在下方留下联系方式：

电话：＿＿＿＿＿＿　E-mail：＿＿＿＿＿＿

附录八 长三角区域规划范围演变：概念界定

一、基于"协调会"的长三角区域规划范围演变(从 1997 年开始)

年份	历次会议	成 员 城 市	总个数
1997	第一次会议	上海市 江苏省的南京市、苏州市、无锡市、常州市、镇江市、扬州市、南通市、泰州市 浙江省的杭州市、宁波市、嘉兴市、绍兴市、湖州市、舟山市	15
2003	第四次会议	上海市 江苏省的南京市、苏州市、无锡市、常州市、镇江市、扬州市、南通市、泰州市 浙江省的杭州市、宁波市、嘉兴市、绍兴市、湖州市、舟山市、台州市	16

年份	历次会议	成 员 城 市	总个数
2010	第十次会议	上海市 江苏省的南京市、苏州市、无锡市、常州市、镇江市、扬州市、南通市、泰州市、盐城市、淮安市 浙江省的杭州市、宁波市、嘉兴市、绍兴市、湖州市、舟山市、台州市、金华市、衢州市 安徽省的合肥市、马鞍山市	22
2013	第十三次会议	上海市 江苏省的南京市、苏州市、无锡市、常州市、镇江市、扬州市、南通市、泰州市、盐城市、淮安市、徐州市、宿迁市、连云港市 浙江省的杭州市、宁波市、嘉兴市、绍兴市、湖州市、舟山市、台州市、金华市、衢州市、温州市、丽水市 安徽省的合肥市、马鞍山市、芜湖市、滁州市、淮南市	30
2018	第十八次会议	上海市 江苏省的南京市、苏州市、无锡市、常州市、镇江市、扬州市、南通市、泰州市、盐城市、淮安市、徐州市、宿迁市、连云港市 浙江省的杭州市、宁波市、嘉兴市、绍兴市、湖州市、舟山市、台州市、金华市、衢州市、温州市、丽水市 安徽省的合肥市、马鞍山市、芜湖市、滁州市、淮南市、铜陵市、安庆市、宣城市、池州市	34

续表

年份	历次会议	成 员 城 市	总个数
2019	第十九次会议	上海市 江苏省的南京市、苏州市、无锡市、常州市、镇江市、扬州市、南通市、泰州市、盐城市、淮安市、徐州市、宿迁市、连云港市 浙江省的杭州市、宁波市、嘉兴市、绍兴市、湖州市、舟山市、台州市、金华市、衢州市、温州市、丽水市 安徽省的合肥市、马鞍山市、芜湖市、滁州市、淮南市、铜陵市、安庆市、宣城市、池州市、蚌埠市、黄山市、六安市、淮北市、宿州市、亳州市、阜阳市	41

资料来源：根据上海市人民政府官方网站、相关电子新闻网以及文献资料自行整理。

参见：

①上海市人民政府合作交流办公室. 长江三角洲城市经济协调会简介[EB/OL]. (2015-06-29)[2019-08-17]. http：//www. shzgh. org/node2/node4/n1021/n1024/n1123/u1ai1058 00. html.

②长江三角洲城市经济协调会办公室. 共建世界级城市群——长江三角洲城市经济协调会二十年发展历程(1997—2017)[M]. 上海：东方出版中心，2017：6-10.

③人民网. 推动长三角一体化进程，长三角城市经济协调会成员单位扩充至34 个[EB/OL]. (2018-04-13)[2019-08-17]. http：//sh. people. com. cn/n2/2018/0413/c176738-31458286. html.

④新华网. 长三角城市经济协调会新增7 个城市[EB/OL]. (2019-10-15)[2019-10-20]. http：//www. xinhuanet. com/2019-10/15/c_1125107402. htm.

二、基于区域政策的长三角区域规划范围演变(从 2008 年开始)

年份	区域政策	规划范围	核心/中心区的城市分布	总个数
2008	国务院关于进一步推进长江三角洲地区改革开放和经济社会发展的指导意见	上海市、江苏省、浙江省	—	—
2010	国务院关于长江三角洲地区区域规划的批复 长江三角洲地区区域规划	上海市、江苏省、浙江省	上海市 江苏省的南京市、苏州市、无锡市、常州市、镇江市、扬州市、泰州市、南通市 浙江省的杭州市、宁波市、湖州市、嘉兴市、绍兴市、舟山市、台州市	16
2014	国务院关于依托黄金水道推动长江经济带发展的指导意见	长三角城市群为长江经济带的一部分	上海市 江苏省的南京市 浙江省的杭州市 安徽省的合肥市	4
2016	长江三角洲城市群发展规划	上海市、江苏省、浙江省、安徽省	上海市 江苏省的南京市、无锡市、常州市、苏州市、南通市、盐城市、扬州市、镇江市、泰州市 浙江省的杭州市、宁波市、嘉兴市、湖州市、绍兴市、金华市、舟山市、台州市 安徽省的合肥市、芜湖市、马鞍山市、铜陵市、安庆市、滁州市、池州市、宣城市	26

续表

年份	区域政策	规划范围	核心/中心区的城市分布	总个数
2019	长江三角洲区域一体化发展规划纲要	上海市、江苏省、浙江省、安徽省	上海市 江苏省的南京市、无锡市、常州市、苏州市、南通市、扬州市、镇江市、盐城市、泰州市 浙江省的杭州市、宁波市、温州市、湖州市、嘉兴市、绍兴市、金华市、舟山市、台州市 安徽省的合肥市、芜湖市、马鞍山市、铜陵市、安庆市、滁州市、池州市、宣城市	27

注："—"表示未作具体划定。资料根据政府及相关部(委)官方网站和报纸等自行整理。参见：

①中华人民共和国中央人民政府网. 国务院关于进一步推进长江三角洲地区改革开放和经济社会发展的指导意见[EB/OL]. (2008-09-16)[2019-08-17]. http://www. gov. cn/zhengce/content/2008-09/16/content_1715. htm.

②国家发展改革委. 国家发展改革委关于印发长江三角洲地区区域规划的通知[EB/OL]. (2010-06-22)[2019-08-17]. http://www. gov. cn/zwgk/2010-06/22/content_16338 68. htm.

③中华人民共和国中央政府. 国务院关于依托黄金水道推动长江经济带发展的指导意见[EB/OL]. (2014-09-25)[2019-08-17]. http://www. gov. cn/zhengce/content/2014-09/25/content_9092. htm.

④中华人民共和国中央人民政府. 关于印发长江三角洲城市群发展规划的通知[EB/OL]. (2016-06-01)[2019-08-17]. https://www. ndrc. gov. cn/xxgk/zcfb/ghwb/201606/t20160603_962187. html.

⑤新华社. 中共中央国务院印发《长江三角洲区域一体化发展规划纲要》[N]. 光明日报，2019-12-02(01-15).